今野真二
Shinji Konno

日本語と漢字

――正書法がないことばの歴史

岩波新書
2015

目　次

序章　正書法がないことばの歴史

正書法

まず本書がサブタイトルとしている「正書法がないことば」について説明をしよう。

言語は、その言語を視覚的にあらわすための文字をもっているとは限らない。文字をもっていない言語を「無文字言語」と呼ぶことがある。無文字言語には、文字がないのだから「音声言語＝はなしことば」だけがあって、「文字言語＝かきことば」がないことになる。日本語も、日本語をあらわすための文字として漢字を使い始めた五世紀半ば頃までは「無文字言語」だった。

筆者は「はなしことば」「かきことば」には、その言語を使っている人々に共有されている「かたち《フォーム》」があると考えている。「かたち」は「器」と言い換えてもよい。「器」に入れるものは「言語情報」だ。「器」だから、きれいに、効率よく言語情報を入れるためには、入れる言語情報にあわせて、時間をかけて「器」をつくりあげていかなければならない。特に「かきことば」という「器」ができあがるまでには少し時間がかかる。「はなしことば」と「かきことば」については後に詳しくふれることにする。

音声言語と「はなしことば」、文字言語と「かきことば」は厳密にいえばイコールではないが、本書ではほぼ同じものとみておくことにする。また本書では文字を使って音声言語を文字言語に移すプロセスを「文字化」と呼ぶことにしたい。「書く」といえばいいようなものだが、「書く」は「小説を書く」「きれいな字を書く」など、ひろく使われている語なので、音声言語を文字言語に移すことについては「文字化」という用語を使うことにする。

音声言語を文字化するにあたって、「文字化のしかた」が一つしかなければ、その言語は「正書法（orthography）があることば」ということになる。「日本語の「ココロ」にあたる英語は「heart」だ」といった時の「heart」は、五つのラテン文字（ローマ字）をこの順番に並べなければ「間違った並べ方＝綴り」ということになる。orthography の接頭辞 orth は「正しい」ということで、「正書法がある」ということは言い換えれば「文字化のしかたが一つだけある」ということだ。「一つだけある」のだから、その一つが正しくて、それ以外は間違っている、つまり許されないということになる。

日本語は仮名がうまれた九世紀末頃以降は漢字と仮名とを使って文字化を行なっている。仮名には平仮名と片仮名とがある。英語「heart」にあたる日本語は「心」「こころ」「ココロ」と少なくとも三つの文字化のしかたがある。「憚《はばか》りなき精神《こころ》を溺《おぼ》れしめた」（夏目漱石『三四郎』初版三二五〜三二六頁）のように二字の漢字「精神」によって文字化することもできる。夏目漱石の例は、過去における「事実」であるが、過去の文献にひろくあたれば、他の文字化の例も存在していたことが予想される。

つまり、日本語の文字化に際してはつねに選択肢がある。選択肢があるのだから、文字化のしかたが一つではない。だから「正書法」はない、ということになる。「正書法」がないというと、「正書法」のある言語が優れていて、ない言語はだめな言語と思いそうになるが、そういうことではまったくない。「正書法」がある言語は、ラテン文字のような「表音文字」を使っていることが多い。このことについては本章の最後で改めて述べることにしたい。

本書のサブタイトルは「正書法がないことばの歴史」である。「正書法がないことば」が日本語で、「正書法がない」という観点から「日本語の歴史」をみなおしてみようというのが本書の目的である。そのみなおしにあたっては漢字に注目していきたい。なぜ漢字なのかについて、次に触れよう。

ことばの歴史＝日本語の歴史

まず「歴史」を「過去の事象・事物の変遷や変化の過程をある観点から記述したもの」と定義してみよう。この定義にあてはめると「日本語の歴史」は「日本語の変遷や変化の過程をある観点から記述したもの」ということになる。「変遷や変化」には時間がかかわるので、「変遷や変化」を話題にするにあたっては、時間を何らかのかたちでくみこんだ「枠組み＝語りの外枠」を設定しておくことが必要になる。どんな言語も時間が経過すると変化することがわかっている。当然、日本語も時間が経過すると変わる。それを記述したものがひろい意味合いでの「日本語の歴史」であることになる。

「日本語の歴史」をタイトルにしている本やタイトルに含む本はこれまでに多数出版されている。それらの本においては「奈良時代」「平安時代」「鎌倉時代」「室町時代」「江戸時代」といった政治史的な時間区分と「明治」「大正」という元号とを合わせて、それぞれの時代、時期の日本語について語るという語り方がもっとも多いといってよいだろう。こうした語り方はわかりやすいけれども、便宜的なものであるともいえる。なぜならば、平成から令和に元号が変わった瞬間に使っている日本語が変化していないことを多くの人が経験しているように、言語のありかたと元号とはかかわりがないからだ。政治史的な時間区分・元号を区切りとして語る場合は、「歴史を語る」の前提となる二つの要素「時間の経過」と「変化」のうち「変化」が確認できていないことになる。あるいは「変化」に基づいて語る時期を区分していないといってもよい。

言語変化といっても、言語全体が変わってまったく異なる言語になるわけではない。変化しているところと、変化していないところがある。歴史は「変遷や変化」を記述するから、変化していないところは記述しない。しかし変化していないところがあるから、変化しているところがあることがわかるとみることもできる。

本書においては「日本語の歴史」を、変化していないこと、一貫していると思われることの側からよみなおすことを試みたい。「日本語の歴史」の中で一貫していること、それは漢字によって日本語を文字化し、漢語を使っていることだ。

したがって、本書は「漢字・漢語」という「定点」を設定し、その定点から「日本語の歴史」を照射してみると何が見えてくるかを述べることを目的としていることになる。「何が見えてくるか」というと「漢字・漢語」が「日本語の歴史」の中でどう使われてきたか、ということを観察するように思われるかもしれない。もちろんそうした観察はしっかりする必要があるが、そうした観察をいわば超えて、「漢字・漢語」がどのように日本語という言語そのものの内部に入り、日本語に影響を与えてきたか、というところまで述べたい。

文字である漢字が日本語という一つの言語にそんなに影響を与えることがあるのか、と思われるかもしれないが、それがあった、ということを述べていきたいと考えている。

九世紀末頃には、日本語のための文字として仮名を獲得する。仮名は表音文字（音節文字）であるので、仮名を使えば、どのような日本語も文字化できることになる。そうであるのに、現在も漢字は使われている。それはなぜなのだろうか。その理由は『万葉集』を丁寧によむとわかってくる。本書では『万葉集』を起点として日本語の歴史をよみなおしてみたい。

抽象度のたかい話の方がわかりやすいことがある。しかしまたあまり抽象度をたかくしていくと、当たり前の話に近づいてしまうこともある。「歴史を語る」ということはそれだけですでに抽象度がたかい。だから、具体と抽象のバランスには、特に気をつけて述べていくようにしたい。本書においては、図版を使って、具体的な言語のありかたを示しながら、できるだけ具体的に述べていくことをこころがけた。

共時態と通時態

言語学では、その言語を使っている社会の構成員に言語が共有されていると思われる時間幅を設定し、それを「共時態」と呼ぶ。どのような言語変化に着目し、何を主張したいかによって「共時態」はどのようにでも設定することができる。例えば、幕末から明治初期を一つの「共時態」として設定することもできるし、明治時代の四十五年間を一つの「共時態」として設定することもできる。「観察者・分析者」が観察したいこと、述べたいことに応じて、観察する時期をまず設定しておくと思えばよい。自由に設定できるのだから、観察対象とする言語を「共時態」と名づけておきますという仮説といってもよい。

まずある「共時態」の言語がどのような状態であるかを観察し整理する。そして、ある「共時態」の言語が変化して、次の「共時態」の言語になるというように、言語の変化を「共時態」から「共時態」への変化としてとらえる。これが言語学的な狭義の言語変化で、近代的な言語学の祖と呼ばれることがあるフェルディナン・ド・ソシュール Ferdinand de Saussure（一八五七〜一九一三）の提唱した言語学においては「共時態」の観察が優先されている。それに対して「共時態」を設定しない「言語の歴史的変遷」というとらえかたがある。

しかし、例えば、明治時代を一つの「共時態」として設定した場合、つまりその四十五年の間は言語変化はないとみなすことにした場合であっても、実際には言語は少し変化するだろう。設定上、言語が変化することを考えないようにしようとしても変化はあるということになる。そうしたことをふまえて、「共時態」の観察を優先するのではないとらえかたをする言語学者もいる(1)。

どのように語るか

言語研究は「音声・音韻《おんいん》」「語彙《ごい》」「統語《とうご》（文法）」「文字・表記《ひょうき》」などさまざまな分野に分かれて行なわれてきている。それは、言語にそのようなさまざまな「面」があるからだ。何本かの単線がより合わされているケーブルを喩《たと》えとして使うならば、「音声・音韻」「語彙」「統語（文法）」「文字・表記」といった細い単線が集まって一つの言語という太いケーブルになっている。この太いケーブルについて説明するにあたって、単線一つ一つについて説明をして、それが寄り集まったものが太いケーブルです、という説明は誠実かもしれないが、結局はケーブル全体を説明していることにならないという「みかた」はありそうだ。「太いケーブル全体をひとことで説明してください」と言われるかもしれない。

「日本語の文法の歴史(日本語文法史)」の記述は「文法」を観点として設定した日本語の歴史ではあるが、文法の歴史を記述すれば日本語全体の歴史を記述したことになるか？という疑問が生じることになるだろう。つまり、単線のどれかが太いケーブルの代表になり、それについて説明すれば太いケーブル、すなわち言語全体について説明したのとほぼ同じであるのだったら、その単線の説明をすればよい。しかし、言語研究の分野は独立性がたかく、つまり、分野となっている観点は、それぞれが言語をとらえるにあたっての重要な観点であるので、どれか一つの分野＝観点が言語全体を代表するとは考えにくい。そうなると、そもそも言語の歴史、日本語の歴史を総合的に記述することは難しいということになってしまうので、やはりこれが重要だ、という観点を設定し、その観点に基づいて日本語の歴史を語ることになる。

本書では、「語彙」としては「漢語」に、「文字・表記」としては「漢字」に着目して日本語の歴史をよみなおそうとしているので、二つの分野にまたがって観点を設定したことになる。

こうした設定はこれまであまりされたことがない。

これまでは、奈良時代の日本語について「音声・音韻」「語彙」「統語(文法)」「文字・表記」

のように、分野を分けて記述し、平安時代、鎌倉時代も同様に記述していくというやりかたがとられてきた。奈良時代、平安時代はたしかにある時間幅をもっているので、それぞれを別の「共時態」とみることはできる。しかしそれをつなげてとらえていいかどうかはわからないともいえる。なぜならば、奈良と京都では、空間が異なるからだ。つまり奈良時代の日本語と思っている日本語はいわば「奈良方言」であり、平安時代の日本語と思っている日本語はいわば「京都方言」であり、異なる方言なのだから違うのは当たり前という可能性が完全には排除されていないからだ。こうした語り方が不都合とまではいえないかもしれないが、そうしたことにも目を配る必要がある。しかし、あまりそうした配慮はなされてきていないと思われる。

歴史を語るのだから、「変遷や変化」が話題の中心になる。すべての時代にあらゆる分野で「変遷や変化」が均一に生じているわけではないし、残されている文献からわかる言語情報にも「濃淡」がある。そうなると、奈良時代においては「語彙」について記述するが、平安時代から江戸時代までにおいては記述せず、また明治時代以降では記述するというようなことになる可能性がたかい。日本語の歴史を、あらゆる時期を均一に語ることは難しいだろうが、「漢字・漢語」という観点からであれば、均一にとらえることができる。漢字は日本語の文字化において一貫して使われているし、漢語もずっと使われている。「漢字・漢語」は日本語の歴史において、「変わらないもの」である。

「はなしことば」と「かきことば」

その言語を文字化するための文字を獲得した言語には「はなしことば」と「かきことば」があるとみることができる。「かきことば」を獲得するためには文字を獲得する必要があるといってもよい。

「はなしことば」は使われるそばから消えていく。「はなしことば」は「話し手」と「聞き手」が、言語が使われる空間＝場を共有している。そして、より具体的にいえば、「はなしことば」は空気振動として伝わるので、空気がないところでは「はなしことば」は伝わらないし、空気があっても振動がなくなってしまえば消えてしまう。声が届く範囲は限られている。つまり「はなしことば」には時間的・空間的な制限がある。

「かきことば」は「はなしことば」の制限をのりこえるためにうみだされたといってもよい。エジプトのヒエログリフもメソポタミアの楔形文字《くさびがたもじ》も、解読することができれば、時空を超えて「情報」を伝えることができる。

ほんとうは、「はなしことばの歴史」がわかるとおもしろいだろう。録音手段を獲得してからは「はなしことば」を記録することができる。しかしそれは、ずいぶんと最近になってからのことだ。

口授《くじゅ》されていた部族の歴史や王の業績を記録するために文字を使うということは、自然なことといってよい。「かきことば」も当初は「はなしことば」を記録するための手段にちかいものであった側面はあるだろう。しかし「はなしことば」をさながらに「かきことば」に移すことは難しい。

当初は記録にちかい面もあった「かきことば」が使われ続けていくうちに「かきことば」は「ことがら」の記録を離れ、人の「気持ち・感情」をのせ、「表現」を担うようになっていった。そもそもことばを発する、ことばを使うということは「気持ち・感情」を表出したいという人間の欲求と結びついていたともいえるだろう。『古事記』『日本書紀』をひろい意味合いで民族の歴史を記録したものとみるならば、『万葉集』は民族の「気持ち・感情」をもりこんだ和歌を記録したものといってもよいだろう。「ことがら」と「気持ち・感情」をもりこむ「器」がことば＝言語であるとみることができる。

現代は「はなしことば」と「かきことば」との違いが大きくない。したがって、そもそも「はなしことば」と「かきことば」という二つの言語態があることが意識されにくいかもしれない。過去においては、「はなしことば」と「かきことば」はかなり隔たったものであったと思われる。本書は「日本語の歴史」をテーマとしているが、その「日本語」はおおむね「かきことば」であることを念のため一言ことわっておきたい。

漢語が語彙の半分を占める日本語

今ここでは、ごく常識的に「純粋な日本語」を設定し、それを「和語」と呼ぶことにする。漢語は中国からもたらされた語であるので、「外来語」といってもよいが、日本語に関して「和語」「漢語」「外来語」という三つの語種を設定する場合の「外来語」は中国以外の外国からもたらされた語である。つまり中国からもたらされた漢語はいわば特別扱いされている。それはなぜかといえば、日本語の語彙体系内に借用されている漢語が多いからということにつきる。

『新撰国語辞典』第九版(二〇一一年、小学館)は「この辞典に収録した語の内訳」を数値で示している。それによると総語数九〇三二〇語のうち、一般語が七六五三六語で、その内訳は、和語が二五三六五(三三・二パーセント)、漢語が三七八三四語(四九・四パーセント)、外来語が六八八六(九・〇パーセント)、混種語が六四五一語(八・四パーセント)であるという。これは『新撰国語辞典』が見出しとしている語の分布で、現代日本語の語彙全体においてもそうであるとはいえない。しかしまた、国語辞書が見出しにしている語が実際の言語生活と極端にかけはなれていることはないと考えるならば、一つの目安にはなるだろう。

そうだとすれば、借用語である漢語が語彙の五〇パーセントちかくを占めているということには注目する必要がある。英語の場合は、語彙の六〇パーセントちかくがフランス語、ラテン語からの借用語という指摘もあるので、借用語が多いのは日本語だけということではない。しかし、語彙の半分ちかくが漢語であるということからすれば、漢語をきちんと理解し、使いこなすことができなければ、日本語によってなめらかな言語生活が行ないにくいということはいえるだろう。「かきことば」内では漢語は漢字によって文字化するのが一般的といってよい。漢字についてきちんと理解していなければ漢語、特にあまりなじみがない漢語を理解することが難しい。そうであれば、漢語を使う以上、漢字を捨てることはできない、あるいは捨てにくいことになる。

非ソシュール的な言語のとらえかた

先にふれたように、近代的な言語学はフェルディナン・ド・ソシュールに始まる。ソシュールに淵源をもつ言語学は欧米で発達した。欧米の多くの言語には「正書法」があり、かつまた多くの言語が文字化において表音文字のみを使う。冒頭で述べたように、「正書法」とは語を文字化するにあたって、こう書くということが一つに定められていることをいう。その定められている一つの書き方＝文字化のしかたが「正しい書き方」でそれ以外は「誤った書き方」ということになる。

「正書法」がある言語には文字化に際しての選択肢がない。選択肢がないので「表記」について論じる「表記論」もない。つまり、欧米流の言語学は言語を「文字・表記」の面から観察することがほとんどないといってよい。

日本語を文字化するための文字として表音文字(音節文字)である仮名をうみだした後も日本語は表意文字である漢字を使い続けた。日本語は表意文字と表音文字という、機能の異なる二つの文字を文字化に使っている。英語で「spring」と綴る「ハル」は平仮名で「はる」と書いてもよいし、片仮名で「ハル」と書いてもよく、漢字で「春」と書いてもよい。場合によっては「haru」と書くこともできる。『万葉集』には「寒過暖来良思(冬過ぎて春来るらし)」(巻十・一八四四番歌)のように、漢字「暖」で「ハル」を書いた例がある。日本語においては、文字化に際して選択肢がある。ということは「正書法」がないということになる。

本書は、「正書法」がなく、表意文字と表音文字とを使って文字化を行なう日本語を観察対象として、漢字と漢語に焦点をあてて日本語の歴史をみなおしていきたい。第一章でくわしく説明するが、特に「漢字列」については注目したい。そうした試みが、ソシュール的な言語学にはなかったアプローチで、本書がこれまでに知られていない日本語のおもしろさ、複雑さを少しでもひきだせることを願って、書き進めていくことにしたい。

注

（1） エウジェニオ・コセリウ Eugenio Coseriu（一九二一～二〇〇二）は「言語の特性が動的であるという認識にたってこそ言語のただしい理解がなされる」（田中克彦訳『言語変化という問題 共時態、通時態、歴史』二〇一四年、岩波文庫、八頁）と述べ「共時態」内部にも「言語の動き」をみる。

（2） 中国語を文字化するための漢字は一字で一つの語をあらわす「表語文字」であることを原則としている。したがって、素材として漢字をとらえた場合は「表語文字」ということになる。日本語においても漢字一字が一語をあらわす場合はあるが、多くの場合は、そうではないので、意味を喚起しているが、一語を限定的にあらわしていないという意味合いで、「表意文字」ととらえ、そのように呼ぶことにしたい。「表音文字」は音と対応する文字で、ラテン文字は音素文字、仮名は音節文字にあたる。

（3） 一重鉤括弧に入れた片仮名は文字化されていない語形そのものを示す。ただし、このやりかたでは、片仮名で文字化されている語については、語形と文字化されたかたちとの区別がつけられないが、その点については文脈で判断していただければと思う。

第一章

すべては『万葉集』にあり

1　漢字との出会いから始まる日本語の歴史

『万葉集』は試行錯誤の場ではない

現在私たちは、漢字と仮名（場合によってはラテン文字）とによって日本語を文字化している。それに慣れている現代日本語母語話者は、漢字だけで日本語を文字化するというと、「そんなことができるのか」とか「大変そうだな」と思う。しかしそれは、漢字と仮名とを使っているから、そう感じるにすぎない。東海道本線が開通すれば、東海道を歩いて行き来していた頃は「大変だっただろうな」と思う。しかし東海道新幹線が開通すれば、東海道本線は「時間がかかる」ということになる。新しいものを獲得した時点で、獲得していない時点を想像すれば、「大変そうだな」ということになる。それはいわば「感想」のようなものといってもよい。

『万葉集』をめぐって、日本語を漢字によって必死になって文字化しようとしていた、日本語を漢字によって文字化するために試行錯誤していた、というようなことが言われることが少なくない。しかし、そうではなかったことは漢字で文字化された『万葉集』を、よみくだした「本文」と対照しながらよんでみれば、すぐにわかるのではないだろうか。

漢字から仮名がうみだされたのは、九世紀末頃と推測されている。それは『万葉集』が成った八世紀から二五〇年ほど後にあたる。漢字は朝鮮半島においても使われていた。というよりも、朝鮮半島を経由して「漢字文化」は日本にもたらされた。朝鮮半島の言語も日本語も、最初に出会った文字は漢字であった。李氏朝鮮第四代国王の世宗《セジョン》が訓民正音、現在のハングルを公布したのが一四四三年、十五世紀のことになる。このことをもって、日本においては短期間に漢字から仮名をうみだした、とみるむきがある。

しかしおそらくそういうことではなく、『古事記』『日本書紀』『万葉集』が成った八世紀の時点では、「漢字によって日本語を文字化する」ということが一つの到達をみていたために、そこから仮名の発生まであまり時間がかからなかったということではないだろうか。仮名のようなものが必要であるという「日本語内部での圧力＝内圧」がたかまっていた、といってもよいだろう。漢字によって日本語を文字化することに関しての試行錯誤があったとすれば、それは『万葉集』が成る前の二五〇年間がそうした時期なのであろう。その試行錯誤の跡を窺わせる文献は存在していない。

また、漢字によって日本語を文字化するということを話題にするにあたって、「文字社会」の広狭が考慮にはいっていないことが少なくない。現在は文字を読み書きできる人の数が多い。つまり「文字社会」が広い。しかし、八世紀頃、文字を読み書きできる人は相当に限定的であったと思われる。中国語、漢字についての知識、理解がなければ漢字によって日本語を文字化することはできない。中国語を母語として日本語が理解できる人、日本語を母語として中国語がかなり、あるいはある程度理解できる人が、漢字を使って日本語を文字化できる人であっただろう。

「日本語を文字化する」ということの中心《センター》に漢字があった。そして後に述べるように、漢文訓読が日本語の「かきことば」の発生に深くかかわっていた。そうであるならば、漢字は日本語を文字化するための文字であることを超えて、日本語に深くかかわりをもった存在であったことになる。そう考えると、仮名がうまれたからといって漢字を捨てなかったことは、むしろ当然といってよい。八世紀の時点ですでに漢字は日本語とともにあり、その頃から漢字とともに日本語の歴史が動き出したといえるだろう。

漢字・中国語との出会い

中国の新《しん》の王莽《おうもう》(在位西暦九〜二三年)が制定し、西暦一四〜四〇年の間に鋳造・流通したと考えられている、円形で四角の孔《あな》が開いている方孔円形の銅銭がある。この銅銭には篆書体《てんしょたい》で孔の右側に「貨」、左側に「泉」と鋳出《いだ》されているので「貨泉」と呼ばれることがある。この貨泉が、弥生時代後期のものと目されている長崎県シゲノダン遺跡をはじめとして、福岡県や近畿地方の日本海沿岸や淀川流域から出土している（図1－1）。

新の滅亡後、後漢の光武《こうぶ》帝《てい》は貨泉の使用を停止し、前漢の武《ぶ》帝《てい》の元狩《げんしゅ》四（紀元前一一九）年に開鋳された方孔円形の銅銭で、孔の右側に「五」、左側に「銖」と鋳出されている「五銖銭《ごしゅせん》」を復活させた。この五銖銭が、弥生時代後期頃のものと推定されている山口県沖ノ山松浜から出土した甕の中に、前漢の文《ぶん》帝《てい》五（紀元前一七五）年に開鋳され「半両」の文字が鋳出された方孔円形の銅銭「半両銭」とともに七十八枚入っていた。

これらの銭貨は、日本においては通貨としてではなく、装身具、威信財（＝権力者の権威を示す財物）として使われたものと考えられている。そうであるとすれば、鋳出されている「貨」「泉」「五」「銖」「半」「両」は、日本においては文字としてではなく、デザインとしてとらえられていたことになる。弥生時代中期頃から、中国製の鏡を摸倣した仿製鏡《ぼうせいきょう》が日本で作られているが、中国製の鏡に刻まれている文字は、文様化されており、やはり文字として認識されていなかったことを窺わせる。

図1-1　貨泉

「漢字との出会い」はまずはこのようであったことが推測されるので、漢字が文字として認識されたのがいつかを特定することは難しい。奈良県天理市の石上神宮《いそのかみじんぐう》に「七支《しちし》刀《とう》」（図1－2）と呼ばれる、六本の枝刃をもち、金象嵌《きんぞうがん》の六十一文字の銘文が刻まれている鉄剣が伝来している。現

図1-2　七支刀

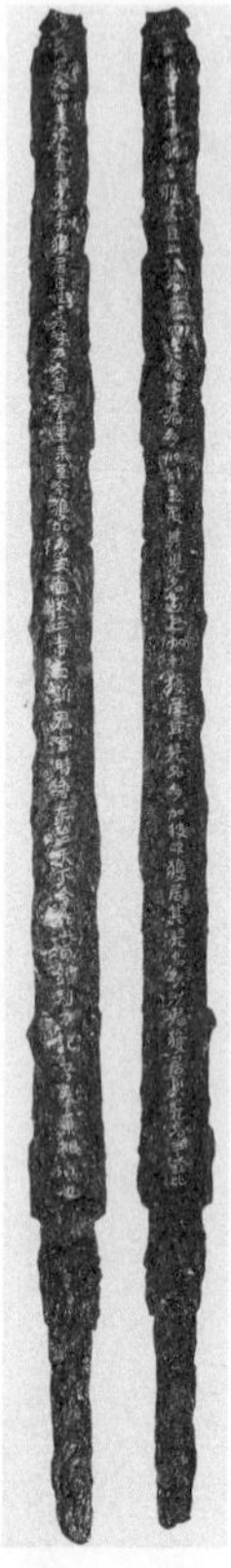

図1-3　稲荷山鉄剣

在は、百済王が自国でつくらせ、倭王に贈ったものと考えられている。そうであれば、この七支刀を贈られた倭王及びその周辺の人々は剣に刻まれている漢字六十一文字をみているはずで、それを「漢字との出会い」と呼ぶことができなくはない。しかしその時点でも、漢字が文字として認識されていたかどうかはわからない。「文字として認識されていた」とは、この場合は中国語ということになるが、ある言語を文字化している文字として認識されていたということであるから、言語として、ある程度にしても解読できるということになる。

「日本語と漢字との出会い」となると、「漢字を使って日本語を文字化する」ということになる。昭和四十三（一九六八）年に、埼玉県行田市《ぎょうだし》にある稲荷山古墳の発掘調査が行なわれた時に、古墳頂上部の礫槨《れきかく》から銘文を刻んだ鉄剣（図１－３）が出土した。鉄剣には金象嵌で、表に五十七字、裏に五十八字の漢字が刻まれていた。その中に「ヲワケ」「オホヒコ」「タカリ」「テヨカリワケ」「タカヒシワケ」「タサキワケ」「ハテヒ」といった、日本人の名と思われる語が「乎獲居」「意富比垝」「多加利」「弖已加利獲居」「多加披次獲居」「多沙鬼獲居」「半弖比」と文字化されていた。銘文には「辛亥年七月中」とあり、この「辛亥年」は西暦四七一年であると推測されている。今後、さらに古い時期の、日本語の文字化を示すものが出土する可能性はあるが、本書では、ひとまずこの西暦四七一年を、漢字が日本語の文字化に使われた始まりと前提することにしたい。

まずは「漢字と接する」。次に「漢字が言語をあらわしている文字であることを認識する」。「漢字によって文字化されている中国語を理解する」。そして「漢字を使って日本語を文字化する」という段階に至る。

『日本書紀』（図１－４）の応神天皇の十五年の条には応神天皇の太子である菟道稚郎子《うちのわきいらつこ》が百済からの渡来人とされる阿直岐《あちき》を師として「経典」（＝経書・典籍）を学んだことが記されている。『日本書紀』の年紀については、いろいろな「みかた」が提示されている。応神天皇十五年を西暦四〇四年、すなわち五世紀初頭と推定する「みかた」に従うならば、五世紀には朝鮮半島を経由して、中国大陸の漢字文化が日本に伝わり、経書・典籍も伝えられていたことになる。

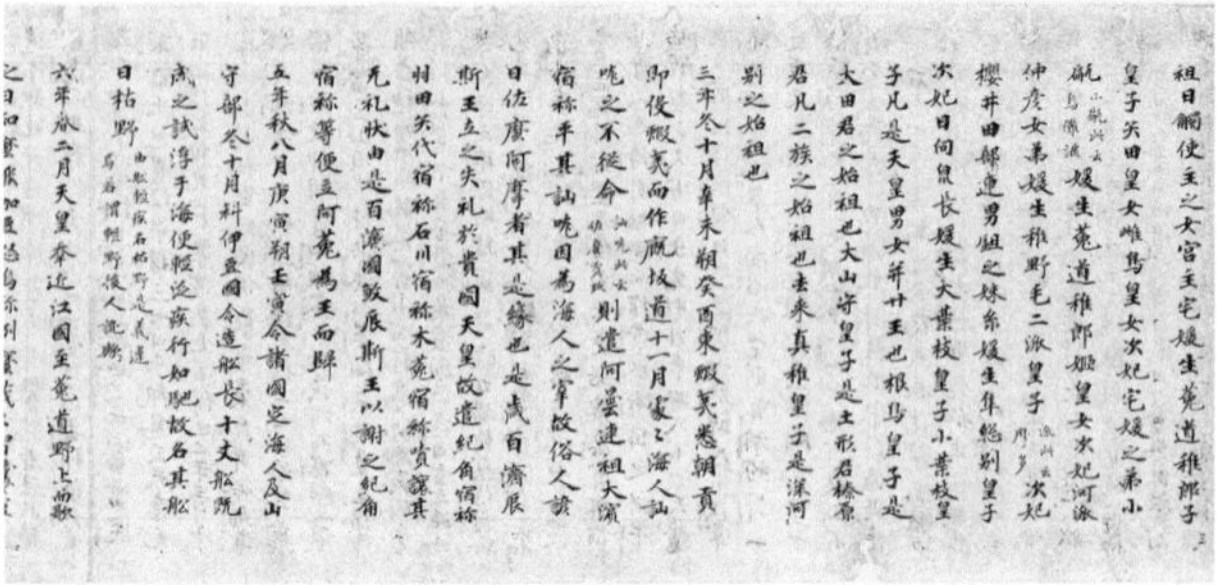

図1-4　日本書紀（巻第十残巻，平安時代．国宝）

経書・典籍はまとまった書物であり、そうした書物＝テキストは、漢字が言語をあらわしている文字であることを認識させたとみるのが自然であろう。「漢字が文字であることを認識した」ということは漢字によって中国語が文字化されていることを認識したということで、それはすなわち中国語を、当初はある程度であったであろうが、理解したということになる。したがって、「漢字が文字であることを認識した」という表現を使った場合、その「認識」の内実にも段階があることが推測されるが、今ここでは段階があると思われるということを指摘するにとどめる。

「古文」と「今文」

『日本書紀』天武天皇十一（六八二）年の条には天皇が境部《さかいべの》連石積《むらじいわつみ》らに命じて「新字《にいな》一部四十四巻」をつくらせたことが記されている。「新字一部四十四巻」とあることから、「新字」は書物の名前であると考えられている。

秦の始皇帝は、東方六国と呼ばれる、秦の東に位置していた六つの大国、斉・楚・燕・韓・魏・趙を統一した後、各国がそれぞれ使っていた文字や用字法を秦の言語表記体系に統一し、隷書《れいしょ》の使用を強制した。さらに紀元前二一三年には「挟書律《きょうしょりつ》」(「挟書」は書物を所蔵する意)を制定して、医学書・占筮《せんぜい》にかかわる書・農書以外の書物を所持することを禁止し、民間にあった経書や諸子百家の書物を焼き払う「焚書《ふんしょ》」を行なった。こうしたことによって、六国で使われていた文字やそうした文字で書かれていたテキストが失われたが、前漢の恵帝の時に「挟書律」が廃止されたことをきっかけとして、秦以前の文字で記されたテキストが世に現れるようになった。これらのテキストは漢代に使われていた隷書とは異なる文字で書かれていたために、その文字及び、その文字で書かれているテキストを「古文」と呼ぶようになった。

これに対して隷書が「今文《きんぶん》」と呼ばれた。「古文」「今文」は漢字字体についての用語であると同時に、その漢字字体で書かれたテキストの名称でもある。漢字字体についての用語であるので「古文」は「古字」、「今文」は「今字」ということになる。秦末漢初あたりを画期として、「古代文字」(甲骨文・金文・篆文《てんぶん》)、「近代文字」(隷書・草書・楷書・行書)とに分けることがある。

さて、「新字」という名前の書物は現存していないので、どのような書物であったかは想像するしかない。「新字」という書名であることからすると、この「新字」は「今字(今文)」のことと考えるのが自然であろう。編纂を命じられた境部連石積は白雉《はくち》四(六五三)年と天智四(六六五)年に渡唐し、天智六(六六七)年に帰朝しているので、中国で「今字」にかかわる文献を入手して持ち帰り、それをもとに「新字」を編んだと推測されている。そうであれば、「新字」が編まれた時点で中国には「古文(古字)」「今文(今字)」があることが(日本においても)認識されていて、そうしたことに対応するために、おそらく辞書が編まれていたことになる。

「新字」四十四巻は現存していない。していないからほんとうに四十四巻仕立ての辞書として完成したかどうかもわからないといえばわからない。しかし、完成していたのだとすれば、それは中国の「今文(今字)」についての辞書であったはずで、しかもそれは漢字によって文字化されていた。つまり、境部連石積らは中国の「今文(今字)」についての文献を読み解き、それをアレンジして、漢文で記された日本語母語話者向けの「新字」という書物を作った。

先に述べたように稲荷山古墳は埼玉県にある。そのことからすれば、この時期には漢字の使用が、畿内だけではなく関東地方でも行なわれていたことになる。『万葉集』は八世紀には成ったと考えられている。そうすると、五世紀半ば頃に、日本語と漢字が出会ってから三百年ちかく経過していることになる。『万葉集』が日本語を漢字によって文字化する試行錯誤の場であったはずはないとみるのはむしろ自然といってよい。

以下では、日本語と何らかのかかわりがあること、日本語として理解しようとしていること、日本語を文字化していることが推測される場合は「漢文」という呼称を使い、積極的にはそうはみなしにくい場合は「中国語文」という呼称を使い、可能な範囲で「漢文」と「中国語文」とを区別したい。「漢語」「中国語」も同様で、日本語の語彙体系内で使われている場合は「漢語」と呼び、そうでない場合は「中国語」と呼ぶことにする。

2　日本語を文字化する試み

『万葉集』の余裕——和歌の文字化を考える

『古事記』は和銅五(七一二)年に、『日本書紀』は養老四(七二〇)年に成立していたと考えられているので、『万葉集』が成ったと考えられている八世紀に『古事記』も『日本書紀』も成っていた。『万葉集』は現存最古の歌集と呼ばれることがあるが、詞書《ことばがき》や左注《さちゅう》は漢文で記され、巻五には漢文で記された山上憶良《やまのうえのおくら》の長大な文章や手紙が載せられている。巻十七、十八にも大《おお》伴家持《とものやかもち》と大伴池主《いけぬし》との間でやりとりされた漢文の手紙が載せられている。一方、『古事記』は「諸家之所賷帝紀及び本辞」(＝諸氏族に伝来していた帝紀・本辞)を「討覈《とうかく》」(＝詳しく調べる)し「撰録」したものであるが、歌謡を含む。「帝紀」は「すめろきのふみ」と訓読されることがあるが、帝王の事績を年次順に記したもの、「本辞」は続くくだりでは「(先代)旧辞」と言い換えられているが、「ふること」と訓読されることがある。つまり、『古事記』は「ふること(古

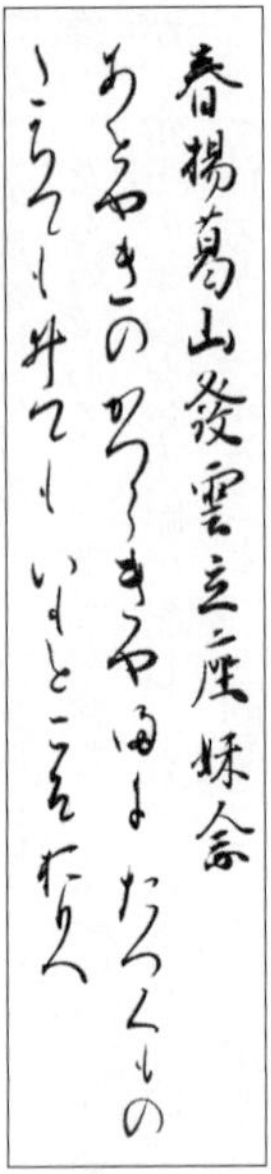

図1-5「春楊葛山發雲立座妹念」『万葉集』

事)」を記したテキストであったが、歌謡を含んでいる。『日本書紀』は「日本」を書名に含む、勅撰国史であったが、これも歌謡を含む。

『万葉集』に収められている歌も、『古事記』『日本書紀』に収められている歌謡も、短歌であれば五・七・五・七・七というように、五拍七拍を基調とした「形」をもっている。定型をもっているということはその形に合わせてつくられているということであって、その形に戻せなければ文字化の意義は薄いといってよい。

『万葉集』巻十一(二四五三番歌)に「春楊葛山發雲立座妹念」と文字化された歌が収められている(図1-5)。この歌は現在は「春柳葛城山《かづらきやま》に立つ雲の立ちても居《い》ても妹《いも》をしぞ思ふ(=葛城山に立つ雲のように、立ってもすわってもあの娘のことを思うのだ)」とよまれている(図1-5は現在とは異なり、第五句を「いもをこそおもへ」とよんでいる)。「立座」をいくら眺めていても「たちてもいても」を文字化したものだとはわからない。「よまれている」はそういう日本語を文字化していると総合的に推測しているということだ。

「総合的に」はまずこの歌が定型の短歌であるならば、五・七・五・七・七の五句を漢字二字ずつで文字化しているのではないかという見当をつける。そうすると「立座」は七拍の日本語を文字化したものであることになる。次に『万葉集』の中に「立座妹念」に相当するような類歌、類似表現がないか探してみる。そうすると、巻第十に収められている二二九四番歌には「立而毛居而毛君乎思曽念(立ちても居ても君をしそ念《おも》ふ)」とあり、巻第十二に収められている三〇八九番歌には「立毛居毛君乎之曽念(立ちても居ても君をしそ念ふ)」とあることから、「立座妹念」が「タチテモイテモイモヲシソオモフ」という日本語を文字化したものではないかという推測ができる。このことを逆に考えると、定型であること、和歌であることが、『万葉集』における文字化をいわば「裏支え」しているということになる。「和歌であること」は原則として漢語を使わない、ということでもある。

「春楊葛山發雲立座妹念」の「楊」「山」「雲」「念」はいずれも撥音《はつおん》の韻尾《いんび》(ヤン・サン・ウン・ネンのン)をもつ漢字であるので、韻をふんだ漢詩風に和歌を文字化しようとしていることがわかる。『万葉集』にはこうしたいわば「余裕」が随所にみられる。やはり『万葉集』は「漢字によって日本語を文字化する」試行錯誤の場ではないとみるのが自然であろう。

さて、和歌を「春楊葛山發雲立座妹念」のように文字化するとどのような日本語を文字化したかがわかりにくい。この歌の場合、このように文字化するということに意義があったのだろう。この場合は和歌であることがわかっているので、「定型」ということを手がかりにして日本語を推測することができる。また先に述べたように、『万葉集』全体から類歌、類似表現を探し出してそれを手がかりにすることもできる。しかしこれが和歌でなく「散文」であったとしたら、どのような日本語を文字化したものかという推測はかなり困難になる。具体的な日本語としてよむことはできないかもしれない。

亀井孝(一九五七)は「春楊葛山發雲立座妹念」のように、漢字によって文字化されている日本語を、具体的な日本語にまでもどす操作を「ヨミ・ヨム」、内容を理解することを「よみ・よむ」と表示して、「読み」に二つの相(phase)を設定した。具体的な日本語にもどすことはできない。しかし内容＝言いたいことはわかるという場合は、「よめるけどヨメない」ということになる。このことについてもう少し考えてみよう。

よめるけどヨメない

具体的な日本語がつかめていない＝ヨメていないにもかかわらず、なぜ内容＝言いたいことが(だいたいにしても)わかるのだろうか。それは漢字が表語文字(1)であるからといってよい。漢字一字は中国語一語と対応している。「楊」であれば〈やなぎ〉、「雲」であれば〈くも〉という語義をもった中国語をあらわしている(以下本書では語義を〈　〉に入れて示すことにする)。

「楊」や「雲」を使って文字化している以上、その背後にある日本語も〈やなぎ〉〈くも〉という語義をもっている可能性がたかい。可能性がたかいというよりはそうでなければおかしい。そう考えると「春楊」であればこの漢字列があらわしている語義は〈春〉＋〈柳〉だろう。「漢字列」という用語、概念については後に説明する。「立座妹念」とあれば、〈立ったり座ったり〉〈妹〉〈思う〉というようなことが言いたいのだろうということがわかる。中国語を文字化するための文字である漢字によって日本語を文字化するということは、日本語を中国語に翻訳するということに限りなくちかい。翻訳だから、言いたいことが少しずれてしまうこともあり得る。「すべては『万葉集』にあり」つまり、日本語の文字化に関して、『万葉集』の時点ですべてのやりかたが出揃っていたというのが本章で述べたいことの一つであるが、それは「少しずれてしまうこともあり得る」という認識を含んだものであったと推測する。

例えば「丘」は〈四方が小山に囲まれた高台〉で、〈岡〉は〈小高い所〉をあらわす漢字であるという「みかた」がある。それは「丘」と「岡」とは違う中国語をあらわしているということを意味する。「丘」「岡」は別の字であるので、そもそも異なる中国語をあらわしているとみるのは自然な「みかた」である。

『万葉集』においては「此岡　草苅小子（この岡に草苅る童）」（巻七・一二九一番歌）、「出見　向岡（出でて見る向かひの岡に）」（巻十・一八九三）のように「岡」が使われる一方で、「吾丘之秋芽花（我が丘の秋萩の花）」（巻八・一五四二番歌）や「宇能花乃　開落丘尓（卯の花の咲き散る丘に)」(巻十・一九四二番歌)のように「丘」も使われている。「岡」を使った「ヲカ」と、「丘」を使った「ヲカ」とに特に違いがあるようにはみえない。こうした例においては「岡」「丘」によって日本語の「ヲカ」が文字化されているとみるのがもっとも自然であろう。そうであれば、中国語においては「岡」「丘」には違いがあるが、これらの漢字によって文字化されている日本語は「ヲカ」という一つの語であることになる。それは中国語が二つに分けている概念＝語を日本語は一つにまとめて認識しているということでもある。

日本語の文字化にあたって、中国語と同じように「岡」「丘」を使おうとしたとしても、日本語と中国語とは言語が異なるので、そもそも準備されている語の全体としての「配置」(＝語彙体系)が異なる。日本語の文字化にあたって、中国語のように漢字を使うことはできないし、日本語にぴったりと沿って漢字を使うこともできない。つまり、漢字を使って日本語を文字化しようとすると、何らかの「ずれ」を生じることになる。

「何らかの「ずれ」を生じること」は認めるしかない。しかし、それを認めることは「諦めた」というようなことではまったくなく、漢字による日本語の文字化に伴って必ず起こることがすでにつかめていたということといってもよい。おそらく、現代日本語母語話者には、「漢字による日本語の文字化に「ずれ」が内包されている」ということがわかりにくいと思うので、折に触れてそのことについては述べていきたい。

漢字による翻訳

ある言語Xをある言語Yに移すことが翻訳だから、翻訳によってもともとの内容＝言いたいことが少しずれてしまうこともある。これはわかりやすいだろう。翻訳は、内容＝言いたいことを伝えることに重点があるとみるならば、内容が伝わりさえすればよい。こういう日本語を伝えようとしていたのです、ということまで伝える必要がないとすれば、そこでは具体的な日本語の形、すなわち語形はあまり問題ではない、ということになる。

日本語母語話者が、英語圏に行って、自身の「言いたいこと」を英語で話したとしよう。相手に自身の言いたいことを伝えることが目的だから、それが相手に伝わりさえすれば、自身の「言いたいこと」はそもそもこういう日本語であったということはあまり問題にならないということと似ている。

中国語における漢字は表語文字であるから、語すなわち語義を示すことにはたけている文字ということになる。したがって、漢字によって日本語を翻訳できないことはないし、文字化できないことはない。しかしその翻訳や文字化は漢字寄り、すなわち中国語寄りにできあがる。具体的な日本語はどうなのか、ということになると、「微調整」をして日本語側に少し引き戻す必要がある。そうした「微調整」のために表音文字である仮名がうまれたとみると、仮名がうまれても漢字を捨てなかった理由がきれいに説明できる。漢字によって日本語は文字化できる。できるけれども、「微調整」できればもっと日本語の形がはっきりする。仮名は「微調整」のためのものだから、「文字化の主役」にはならない。仮名発生後も、仮名だけで文字化された文献の数が多くないのはそういうことだろう。そう考えると漢字が「文字化の主役」であることは八世紀の時点ですでに決まっていたことになる。日本語を文字化する「システム」があると考えた時に、漢字が「メインシステム」を支え、仮名は「サブシステム」として「日本語の文字化」を支えているといえるのではないだろうか。

漢文訓読から「かきことば」がうまれた

それを示すテキストは見つかっていないけれども、奈良時代には中国語文を訓読することがおそらく行なわれていただろうと推測されている。そして、平安時代の初期頃から訓点を記入したテキストが少なからずみられるようになる。

寛弘五(一〇〇八)年には、部分的にしても成っていたと推測されている『源氏物語』には『史記』や『白氏文集《はくしもんじゅう》』などの一節が漢文ではないかたちで引用されている。つまりこの頃には、漢文を訓読し、それを日本語文として「書き下す」ということが行なわれていたと推測できる。訓読され、日本語文として書き下された中国語文は漢文訓読文ということになる。書き下されているのだから「かきことば」ということになる。こうして漢文訓読という「翻訳方法」から日本語の「かきことば」がうまれてきた。ただし、漢文訓読文は、中国語寄りの「翻訳文」であるので、それを「かきことば」とみることはできるが、きわめて中国語寄りの「かきことば」であることになる。中国語を離れた日本語の「かきことば」の獲得は鎌倉時代に入ってからと考えられている。

表語・表意・表音

先に、漢字によって文字化されている日本語を、具体的な日本語にもどす操作を「ヨミ・ヨム」、内容を理解することを「よみ・よむ」と表示して、二つの相(phase)を区別することについて述べた。ここでもその方針に沿って述べていくことにしたい。

文字について「表語文字(logogram)」という用語、概念がある。語と一対一の対応をする文字が「表語文字」であるが、語と対応をしているので、当然のことながら語の発音もあらわしていることになる。中国語を文字化する場合の漢字は基本的に表語文字として機能している。

中国語と漢字とが一対一の対応をすることからすれば、中国語による言語生活に必要な語と同じ数の漢字が必要になる。漢字は新しい字をつくることができる文字体系であるので、新し

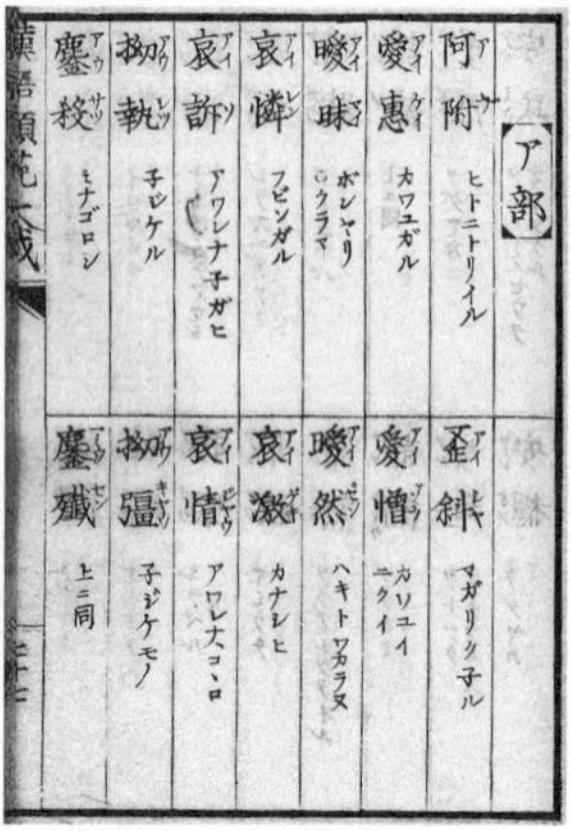

図 1-6　『漢語類苑大成』

い語がうまれるたびに新しい漢字をつくることはできなくはない。

日本で編集された『大漢和辞典』(大修館書店)には約五万字が収められている。日常的な言語生活に必要な語がどのくらいであるのかという問いは、言語によっても違いがありそうで、またどうやって数えればよいかということもあるので簡単に答えが出せるような問いではない。現在日本で出版されている小型の国語辞書は七万から九万ぐらいの見出しをもつ。見出しになっている語がすべて現在の日常的な言語生活で必要な語とはいえないだろうが、それを目安にしてやや多めに考えるならば、およそ十万語という数がでてくる。『大漢和辞典』に収められている漢字が五万字であるとすると、五万字足りない。既存の五万字に加えてさらに五万の漢字をつくることはできなくはないだろうが、そうなると、総画数が多くなったり、字形の微妙な差によって漢字を見分けたりしなければならないということになりそうで、結局中国語は一字が一語に対応することを原則としながら、その一方で、漢字二字によって一語をあらわすということも行なうようになった。

例えば、「哀憐」という語は司馬遷《しばせん》（紀元前一四五？～紀元前八七？）があらわした中国最初の歴史書『史記』の刺客伝《しかくでん》で使われている。この語は十二世紀半ば頃に成ったと考えられている日本の辞書『色葉字類抄《いろはじるいしょう》』も見出しにしているし、『今昔物語集』や『平家物語』でも使われ、一六〇三年に編まれた『日葡辞書《にっぽじしょ》』が見出しにし、明治期に刊行された漢語辞書『漢語類苑大成』（図１‐６）においても見出しになっているので、早い段階で中国語から借用され、日本語の語彙体系内で継続的に使われた漢語である可能性がたかい。

『大漢和辞典』は「哀憐」の語義を〈かなしみあはれむ・あはれみいつくしむ〉と説明している。いささか図式的な説明をするならば、「哀」一字では〈かなしむ〉という語義しかあらわせず、「憐」一字では〈あわれむ〉という語義しかあらわせないが、二字重ねて「哀憐」という複合語にすることで、〈かなしみあわれむ〉という、複雑な気持ちをあらわすことができるようになるということだ。『漢語類苑大成』では、「アイレン（哀憐）」全体を「フビンガル」と説明している。この場合は〈かなしみあわれむ〉をまとめて〈フビンガル〉と理解、説明していることになる。

日本語における漢字は表意文字

漢字二字が一語と対応しているのだから、この場合は漢字一字が表語しているのではないことになり、中国語を全体としてみた場合、漢字があらゆる場合に表語しているとはいえない状況ではある。しかし、原則的には表語しているとみることができるので、本書においては「中国語における漢字は表語文字として機能している」とみることにする。

日本語の場合はどうだろうか。話をわかりやすくするために、現代日本語を例として、谷崎潤一郎の「刺青」を使って説明してみよう。

1 啻《たゞ》に美《うつく》しい顔《かほ》、美《うつく》しい肌《はだ》とのみでは、彼《かれ》は中々満足《なかなかまんぞく》する事《こと》が出来《でき》なかった。（九頁）

2 鋭《するど》い彼《かれ》の眼《め》には、人間《にんげん》の足《あし》はその顔《かほ》と同《おな》じやうに複雑《ふくざつ》な表情《へうじやう》を持《も》つて映《うつ》つた。（九〜一〇頁）

3 絵《ゑ》の島《しま》の海辺《うみべ》で獲《と》れるうすべに色《いろ》の貝《かひ》にも劣《おと》らぬ爪《つめ》の色合《いろあひ》、珠《たま》のような踵《きびす》のまる味《み》、清《せい》冽《れつ》な岩間《いはま》の水《みづ》が絶《た》えず足下《あしもと》を洗《あら》ふかと疑《うたが》はれる皮膚《ひふ》の潤沢《じゆんたく》。（一〇頁）

4 娘《むすめ》を椽《えん》へかけさせて、備後表《びんごおもて》の台《だい》に乗《の》つた巧緻《かうち》な素足《すあし》を仔細《しさい》に眺《なが》めた。（一三頁）

5 丁度《ちやうど》これで足《あし》かけ五年《ねん》、己《おれ》はお前《めへ》を待《ま》つて居《ゐ》た。（一三頁）

6 瑠璃珊瑚《るりさんご》を鏤《ちりば》めた金冠《きんくわん》の重《おも》さに得堪《えた》へぬなよやかな体《からだ》を、ぐつたり勾欄《こうらん》に凭《もた》れて、羅綾《らりよう》の裳裾《もすそ》を階《きざはし》の中段《ちうだん》にひるがへし（一四頁）

「刺青」は明治四十三（一九一〇）年十一月に、第二次『新思潮』第三号に掲載され、翌年十二月に籾山書店から単行本として刊行されている。引用はその単行本によっているが、単行本においては漢数字を除くすべての漢字に振仮名が施され、いわゆる「総ルビ」で印刷されているので、漢字「足」がいかなる語を文字化しているかがすぐにわかる。

１「満足」には「まんぞく」、２の「足」、５「足かけ」の「足」には「あし」、３「足下」には「あしもと」、４「素足」には「すあし」と振仮名が施されている。２・３・４・５の漢字「足」は和語「アシ」と対応している、つまり和語「アシ」を文字化しているので、そこだけをとらえるならば、漢字「足」が表語しているといえなくもない。しかし語を単位としてみるならば、３は「アシモト」、４は「スアシ」、５は「アシカケ」という語を文字化するにあたって、複合語の「アシ」の部分の文字化にあたって漢字「足」を使っているということになる。

表語を緩やかにとらえ、これらは表語と認めるとしても、１は漢語「マンゾク」の一部に「足」が使われている。そしてこの場合、漢字「足」が対応している発音は「ゾク」であって「アシ」ではない。当然この場合は〈足〉という意味にも対応していない。このようにみると、漢字「足」はいつも和語「アシ」と一対一の対応をしているわけではないことがわかる。

先に述べたように、文字が表語しているということは、一つの語と対応しているということで、同時に、その語の発音をあらわしていることになる。一つの語の発音は通常は一つであるので、「アシ」という発音とも「ゾク」という発音とも対応しているということは一つの語と対応しているのではないことになる。

これは、漢字に音《おん》、訓がある、ということのようにもみえる。しかしそれは文字化されている漢字を音で発音すればよいか、訓で発音すればよいか、という「読み手」側からの「みかた」といえよう。ここでは「読み手」側ではなく「文字化」をしている側すなわち「書き手」の側から事象をとらえ、考えを進めていきたい。

さきに、「中国語を文字化する場合の漢字は基本的に表語文字として機能している」と述べた。それは文字としての漢字一字が(基本的に)中国語一語に対応しているということと言い換えてもよい。日本語においては漢字「足」がいつも和語「アシ」を文字化しているわけではない。ということは、表語文字として機能していない場合があることになる。日本語における漢字一字は、どちらかといえば、一語をあらわしていないことが多い。

漢字「足」は〈たりる〉という字義ももっているので、日本語「タリル(古語形タル)」の文字化にも使われる。漢語「マンゾク」の語義は〈十分なこと〉である。漢語「マンゾク」の語義を知らない人が、漢字列「満足」を「満」と「足」とに分解して、それぞれに対応する和訓を使って、「マンゾク」の語義を〈みちたりる〉と推測することがあるかもしれない。そしてそれでもいいことになる。漢字列「満足」の「足」を、和訓「タリル」によって理解することができるのだから、「足」はある程度語義を示唆していることになる。

この「ある程度語義を示唆している・意味を喚起している」ことを「表意」と呼ぶことにすると、この場合の漢字は「表意文字」として機能しているとみることができる。先に述べたように、「アシ」という語を「足」によって文字化している場合の漢字は「表語文字」として機能しているのだから、日本語を文字化する場合の漢字は「表語文字」の場合、「表意文字」の場合があることになる。

６の「瑠璃」はサンスクリット語の「vaiḍūrya（バイドゥーリヤ）」を音訳した「吠瑠璃《べいるり》」の省略語形で、古代インドや中国などで珍重した宝玉青色の宝石のことだ。この場合、漢字がサンスクリット語の発音をあらわすために使われているので、漢字が「表音文字」として使われている例になる。「卑弥呼」という漢字の並び＝漢字列によって「ヒミコ」と発音する名前をあらわすのも、同様に漢字を「表音文字」として使った例ということになる。本書においては、並んでいる漢字を「漢字列」と呼ぶことにしたい。重要な点なので、詳しく述べよう。

漢字列という用語・概念

「漢字列」という用語は聞き慣れないだろう。しかし、本書のようなテーマについて述べるためにはどうしても使う必要がある用語・概念なので、説明しておきたい。

十二世紀半ば頃に成ったと考えられている、先にも触れた『色葉字類抄』という辞書がある。

二巻仕立てで「二巻本」と呼ばれているものと、三巻仕立てで「三巻本」と呼ばれているものとがあるが、今ここでは三巻本を使うことにする。この三巻本は橘忠兼《たちばなのただかね》によって天養から治承の間（一一四四～一一八一）に編まれたことが

図1-7　「昆布」『色葉字類抄』

わかっているが、この人物については詳しいことがわかっていない。

この辞書は見出しになっている語の発音の一番目の音《おん》によって「いろは」分類をする。その「いろは」分類したグループ（＝篇）の内部を「天象・地儀・植物・動物」といった意義グループ（＝部）にさらに分け、その内部をさらに「類」に分けるというように、見出しを「いろは分類＋意義分類」する。

コ篇植物部に見出し「昆布　コンフ」が置かれている。一方、エ篇植物部には「昆布エヒスメ又ヒロメ」（図1-7）とある。コ篇は「コンフ」を、エ篇は「エヒスメ」を見出しとして収めているが、両方とも漢字列「昆布」によって文字化されている。このことを言い換えるならば、漢語で「コンブ（昆布）」と呼ばれている海藻は、日本語（和語）では「エビスメ・ヒロメ」と呼ばれているということになる。漢語「コンブ」と日本語「エビスメ・ヒロメ」が漢字列「昆布」でつながれているという「みかた」ができそうだ。

これは植物の例であるが、当然動物でも同じことがある。ニ篇動物部に「鶺鴒《セキレイ》　ニハクナフ

リ」という見出しがある。ニ篇であるので、見出しは「ニハクナフリ」ということになるが、日本で「ニワクナブリ」と呼ばれている鳥は中国では「セキレイ(鶺鴒)」と呼ばれているということになる。植物や動物のように、その語が指し示している物＝指示物がある場合はわかりやすい。しかしこれは指示物がなくても同じことになる。

例えばヘ篇畳字部(畳字はここでは熟語のことを指す)に「平明《アケホノ》　ヘイメイ」「平旦《アケホノ》　ヘイタン」という連続した二つの見出しがある。ヘ篇であるので、「ヘイメイ(平明)」「ヘイタン(平旦)」という漢語を見出しとしていることになる。その一方で、漢字列「平明」「平旦」どちらにも「アケホノ」という振仮名が施されている。これは「アケボノ」という和語を漢字列「平明」「平旦」で文字化できることを示しているとみるのが自然であろう。先にあげた谷崎潤一郎の「刺青」は「シセイ」という漢語をあらわしているが、昭和四十一(一九六六)年一月に公開された大映映画「刺青」は「イレズミ」と発音される題名であった。漢字列「刺青」は漢語「シセイ」、和語「イレズミ」どちらも文字化できる。

今ここではひとまず三巻本『色葉字類抄』が成った十二世紀半ば頃という限定を附して話を進めることにするが、その頃には、和語と漢語とを同じ漢字列によって文字化することができた、あるいはあった。漢字列「平明」はどんな語を文字化していますか？という問いには「ヘイメイ」という漢語、と答えたくなるが、「アケホノ」という和語を文字化することもできた。となると、漢字列「平明」はどんな語を文字化していますか？ という問いに対する答えは、「無条件では答えられない」ということになる。それが語の文字化にあたって選択肢がある、ということであり、正書法がない、ということである。さらには、ある文字列がどのような語をあらわしているかは、その文字列のみでは推測しにくく、その文字列が置かれている「文・文章」といったある程度の大きさをもった言語単位の中でなければ特定しにくい、ということでもある。逆側からいえば、「文・文章」の中においては、ある漢字列がいかなる語をあらわしているかということは、母語話者には特定しやすい、あるいはほぼ特定できる、といってよいだろう。

ごく一般的にいうならば、漢語が多く使われている文・文章内であれば漢語「ヘイメイ」を文字化したものである可能性がたかくなり、漢語がほとんど使われていないような文・文章内であれば和語「アケボノ」を文字化したものである可能性がたかくなるというように、広義の「文脈」次第ということになる。

しかし、とにもかくにも、言語を観察しようとしているのに、今みている漢字列がいかなる語をあらわしているかわからない、という状況が日本語においては起こり得る。こうしたことにかかわることがらを説明しようとした時になんとも落ち着きがわるいし、説明しにくい。その落ち着きのわるさ、説明のしにくさをいくらかでも解消するために、いかなる語をあらわしているかわからないものに「漢字列」という名前をつけておく。それがいかなる語をあらわしているか判明したら、和語とか漢語とか、はっきりとした呼び方をすればよい。また語を超えた単位であっても、漢字が並んでいるものはすべて「漢字列」と呼ぶ。

このように「漢字列」という概念を設定しておくことは日本語の歴史の観察、分析、記述に有効であると考える。あるいは有効であることを超えて、「漢字列」が日本語の歴史にとってのキー・ワードの一つかもしれない。つまり、「漢字列」という概念を使って説明すると、うまく説明できることが多いのが日本語ということになる。当然のことであるが、文字化に漢字を使っていない言語について考えるにあたっては「漢字列」という概念は必要がない。表音文字のみを使う言語の観察には存在しない概念といってよい。

この「漢字列」という用語・概念にならって、文字が並んでいるものは「文字列」、仮名が並んでいるものは「仮名(文字)列」と呼ぶことにしたい。

3　『万葉集』をよむ

わかりやすいが特殊な文字化

さてそれでは実際に『万葉集』を読んでみよう。

『万葉集』は四五一六番という番号が附された大伴家持の歌で終わるが、その少し前、四五一三番の歌は次のように文字化されている。

伊蘇可気乃　美由流伊気美豆　氏流麻渥尓　左家流安之婢乃　知良麻久乎思母

右の漢字列は「イソカゲノ　ミユルイケミヅ　テルマデニ　サケルアシビノ　チラマクヲシモ」という日本語を文字化したものと考えられている。今ここでは各句の間に空白を入れて示した。「考えられている」と表現したが、この場合はそうである可能性は一〇〇パーセントにちかいといってよいだろう。それは、短歌と思われる歌が、三十一の漢字によって文字化されているからで、一つ一つの漢字がいかなる発音をあらわしているかがわかれば、まずは「ヨメ」たことになる。漢字列を右のように片仮名に移し換えたかたちが「ヨメ」たかたちということになる。片仮名に移し換えたかたちを、日本語の語形や語義をふまえながら、「磯影の見ゆる池水照るまでに咲けるあしびの散らまく惜しも（＝磯影が映って見える池水が、照り輝くほど咲いている馬酔木が散るのは惜しい）」というようなかたちにできれば、「ヨメ」て「よめ」たことになる。

中国では伝統的に、漢字が「形・音・義」の三要素を備えているととらえる。「形」は字形、

「音」は発音、「義」は漢字字義＝語義である。いっぽう、右の例においては、漢字は義を捨てて「音」だけをあらわしている。このようにその漢字があらわしている語の義を離れて漢字を使うことを「漢字の表音用法」と呼ぶ。そしてこのように表音的に使われている漢字を伝統的には「万葉仮名」と呼んできた。

仮名のように漢字を使う、その使い方が『万葉集』にみられるということに由来するネーミングであろうが、漢字を仮名と呼ぶことは誤解をまねきやすいともいえるだろう。「万葉仮名」の「仮名」は文字の呼び名ではなく、仮名のように機能している、という機能の呼び名と考えればよいだろう。

右でわかるように、漢字を表音的に使って日本語を文字化した場合、漢字があらわしているであろう日本語の音がわかれば、漢字列は「ヨメ」る。したがって、「ヨメ」ることを最優先すれば、漢字を表音的に使う文字化は「ヨミ」にもっともちかい文字化ということになる。しかし漢字があらわしているであろう日本語の音がうまくつかめないと、まったく「ヨメ」ない。すでに「義」は捨てているので、漢字列をいくらながめていても、歌の意味＝歌意はまったくわからない。つまり歌意から見当をつけることはできない。『万葉集』中には「ヨメ」ていない歌が幾つかあるが、それは音に置き換えができないということだ。「ヨメ」ない歌は基本的に「よめ」ない。

巻一に収められている九番歌「莫囂円隣之大相七兄爪謁気吾瀬子之射立為兼五可新何本」は「吾」以下は「わが背子がい立たせりけむ厳橿が本（＝わが君がそばに立たれたという神聖な橿の木のもとよ）」とよめているが、「莫囂円隣之大相七兄爪謁気」の部分が「ヨメ」ておらず、難読歌として知られている。仙覚《せんがく》（一二〇三～？）が「夕月の仰ぎて問ひし」とよんで以来、六十以上の「ヨミ・よみ」が考案されてきているという指摘があるが、現在に至るまで定説をみていない。五句のうちの一句だけがよめていないない、という歌は他にもある。

しかしまた、「よめ」るけれども、「ヨメ」ないということもある。先に示した「春楊葛山發雲立座妹念」はおそらく「ヨメ」ている。しかし、仮に少し「ヨミ」が違っていたとしても「よみ」は動かないだろう。つまり歌意はわかっているということだ。

中国語を文字化するにあたっての漢字が表語文字として機能していることからすれば、漢字を使う以上、漢字の表語機能・表意機能を捨ててしまうのは「本筋」ではない。したがって、漢字を表音的に使って日本語を文字化するやりかたは、いかに「ヨミ」やすいといっても、やはりそれは漢字を使うということからすれば特殊な使い方であるととらえておく必要がある。実際に『万葉集』全体をみれば、漢字を表語的・表意的に使っていることが圧倒的に多い。

漢字で文字化できない日本語

巻第十一に収められ、「柿本朝臣人麻呂之歌集」に出ていることが左注に述べられている二四一九番歌は「天地　言名絶　有　汝吾　相事止」と漢字十一字によって文字化されている。この歌は現在「アメツチトイフナノタエテアラバコソイマシモアレモアフコトヤマメ」とヨマれ、「天地《あめつち》といふ名の絶えてあらばこそ汝《いまし》も我《あれ》も逢ふこと止《や》まめ（＝天神地神の名が絶えることになった時こそ、あなたも私も逢うことが終わるだろう）」とよまれることがある。この「ヨミ」に従うならば、傍線を施した部分が文字化されていないことになる。漢字列を「ヨム」という「方向」からいうならば、傍線を施した部分を補ってヨンだということだ。『万葉集』の研究においては「読み添え」と呼ばれている。右では「ト」「ノ」「テ」「バ」「コソ」「モ」といった助詞、活用のある語の活用語尾が文字化されていない。

中国語と日本語とはかなり異なるタイプの言語であるので、日本語にはあるが中国語にはない、という語がある。助詞・助動詞はそうした代表といってよい。これらは中国語にはないのだから、漢字を表語的・表意的に使おうとすると文字化できない。先にあげた「春楊葛山發雲立座妹念」（二四五三番歌）も「柿本朝臣人麻呂之歌集」に出ている歌であった。

巻十に収められている二三二三番歌も「柿本朝臣人麻呂歌集」に出ていると注記されている歌であるが、「吾背子乎　旦今〻〻　出見者　沫雪零有　庭毛保杼呂尓」と文字化されている。現在この歌は「ワガセコヲイマカイマカトイデミレバアワユキフレリニハモホドロニ」とヨマれ、「我が背子を今か今かと出で見れば沫雪降れり庭もほどろに」とよまれている。この歌の文字化に際しては、漢字を表音的に使って助詞を文字化している。助詞や助動詞は実体的な語義をもたないといってもよい。語義をもたない語は表語・表意文字である漢字によって表意的に文字化することはできない。文字化しなくても、前後に置かれていると思われる語から、そこにあるであろう助詞・助動詞がわかることもある。

例えば「家来而　吾屋乎見者　玉床之　外向来　妹木枕」(巻第二・二一六番歌)は現在「家に来てわが屋を見れば玉床《たまどこ》の外《ほか》に向きけり妹が木枕《こまくら》」とよまれている。「イエニキテ」「ホカニムキケリ」の助詞「ニ」は文字化されていない。しかし、「家」に続いて「来」、「外」に続いて「向来」が置かれているところから、「イエニクル」「ホカニムク」という表現構成であることが推測しやすい。いうなれば、その推測しやすい表現構成に支えられて、助詞「ニ」を文字化しないことが可能だったことになる。

しかし漢字列から確実に日本語にもどすためには、助詞・助動詞などを文字化しておいたほうがよい。「ほうがよい」と表現すると文字化していないのは「よくない」ということになってしまうが、そうではなくて、文字化しておけば確実にヨメるということだ。先に述べたように、定型の和歌の場合、定型であることがいわば「生命」であるので、定型に収まるかたちの日本語にもどせることには一定の意義がある。

それでは、いわゆる「散文」の場合はどうであろうか。一つの日本語にもどせなくても、言いたいことがわかればよい、という「みかた」もありそうだ。そもそも文字化に漢字を使った瞬間に日本語は中国語側にひっぱられ始める。

江戸時代に本居宣長《もとおりのりなが》(一七三〇～一八〇一)という国学者がいた。三十年以上を費やして、『古事記』を読み解き、『古事記伝』としてまとめた。『古事記』にも歌謡は含まれているが、ほとんどの箇所が「散文」といってよいので、その漢字によって文字化されている「散文」である『古事記』を宣長がヨミ、よんだことはとてつもない営為であったことになる。宣長といえば、「漢意《からごころ》」の排除を主張したと考えられているが、それは中国嫌いなどということではさらさらなく、ひろくは規範的な思考方法を含む「理屈」に、『古事記』を読み解くということに関していえば、漢字・中国語という強い「磁場」に、引き寄せられずに日本語のすがたとこころをとらえるための主張であったと推測する。

『万葉集』に話を戻そう。巻第八に収められている一六二二番歌は「吾屋戸乃　秋之芽子開夕影尓　今毛見師香　妹之光儀乎」と文字化されていて、現在この歌は「ワガヤドノアキノハギサクユフカゲニイマモミテシカイモガスガタヲ」とヨマれ、「我がやどの萩の花咲く夕影に今も見てしか妹が姿を」とよまれている。「開」は終止形「サク」を文字化しているので、特に活用語尾を文字化していないと思われる。そう考えると、文字化されていないのは「ミテシカ」の「テ」だけということになる。いわゆる自立語は漢字を表意的に使って文字化し、いわゆる付属語は漢字を表音的に使って文字化するという、右の文字化のしかたは、漢字を表音的に使って文字化しているところを仮名に置き換えれば、現代日本語の文字化のしかたと同じ文字化のしかたであることになる。そう考えると、九世紀末頃にうみだされた仮名は、表音的に使っていた漢字のかわりになったことになる。

『万葉集』において、日本語の文字化の基本的なかたちは出揃っていた。

漢字の理解――『新撰字鏡』をよむ

「すべては『万葉集』にあり」が本章のタイトルだ。先に述べたように、『万葉集』は試行錯誤の場ではなく、五世紀半ば頃に、日本語と漢字が出会ってから『万葉集』が成るまでの三百年の間にそうした試行錯誤が行なわれていただろうというのが本書の推測である。その試行錯誤を思わせるテキストは存在していないので、ここでは平安時代初期の昌泰《しょうたい》年間(八九八~九〇一)に昌住《しょうじゅう》という僧侶によって編まれたと考えられている、現存最古の漢和辞書である『新撰《しんせん》字鏡《じきょう》』を使って、どのように漢字を理解していたかということを推測してみたい。

本書では辞書を「見出し+語釈」という枠組みで一貫してとらえ、説明を行なうことにする。「語釈」は「見出し」に関しての「情報」と考えてもよい。語が見出しになっているとは限らないので、「見出し語」という表現を使わない。

『新撰字鏡』には天治元（一一二四）年に書写された「天治本」と呼ばれているテキストがあるが、ここでは江戸時代の享和三（一八〇三）年に出版されたと思われるテキストを使うことにする。図1－8は「虫部六十九」のある箇所（上巻六十八丁裏）である。

『新撰字鏡』は中国の唐の玄応《げんのう》が編んだ『一切経音義《いっさいきょうおんぎ》』（図1－9）をもとにして、やはり中国で六世紀半ば頃に編まれた字書である『玉篇』（図1－10）、詩や賦をつくるにあたって押韻する漢字を探す必要から七世紀初め頃に編まれたテキストで、漢字を韻によって分類・排列した字書であり韻書である『切韻』などの記述をとりこんで編まれていることがわかっている。つまり中国で編まれた字書・辞書の「情報」を再編成してつくられている。

現代であれば二ページに相当する一丁《ちょう》という単位でいえば、図はその半分の半丁にあたる。その半丁に八行を設定し、それを上下二段に分けて、見出しとなる単漢字・漢字列を配置している。これは江戸時代に出版されているこのテキストのレイアウトであるが、「天治本」も半丁八行のレイアウトを採っている。八行目の上段には単漢字「蜆」が掲げられ、「呼典反[上]小蛤之自弥」という語釈が配置されている。「呼典反」は中国で行なわれていた、ある漢字の発音を別の漢字二字の発音を使って示す「反切《はんせつ》」というやりかたである。ここでは「蜆」の発音を「呼・典」二字の発音を使って示している。中国語の音節は伝統的に「声母(initial)＋韻母

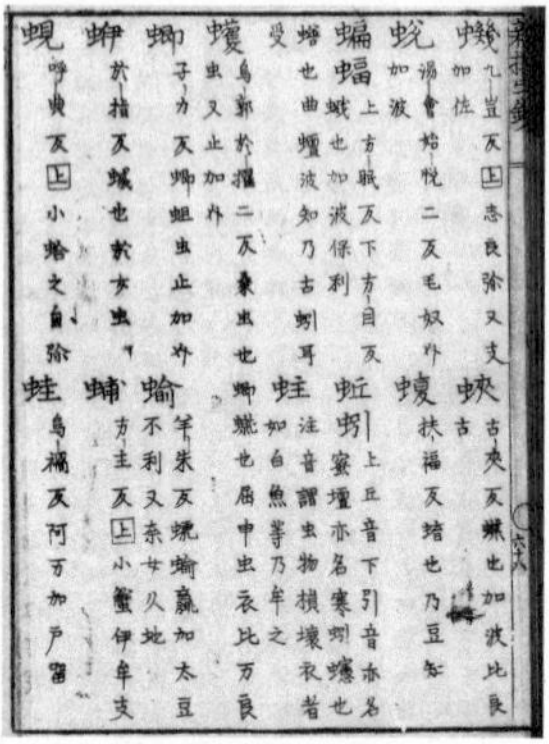

図 1-8 「虫部六十九」『新撰字鏡』享和本上巻六十八丁裏

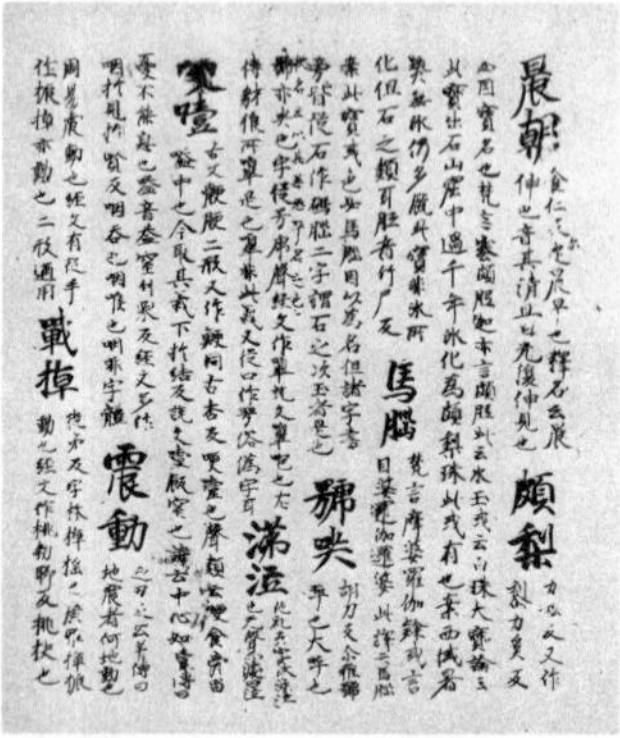

図 1-9 『一切経音義』

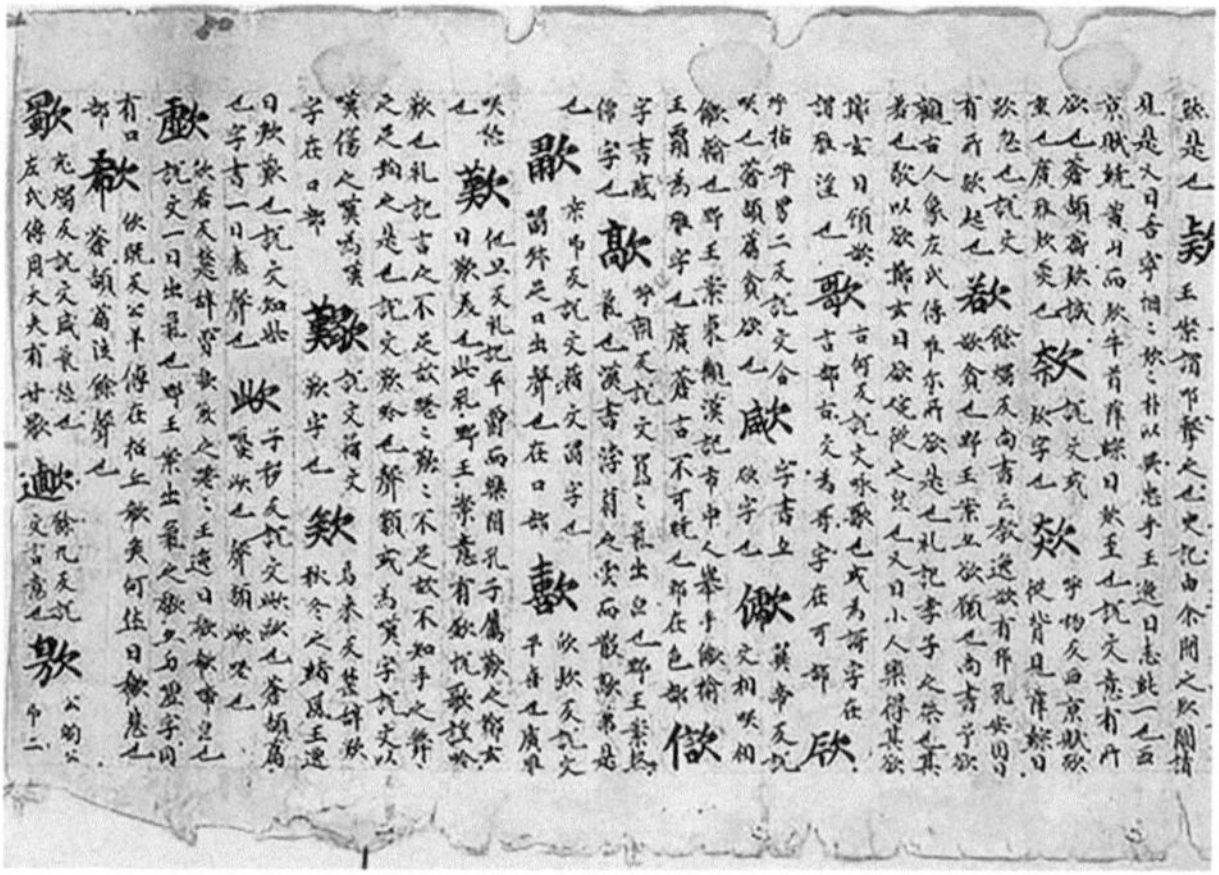

図 1-10 『玉篇』

(final)」に分け、その上に「声調(tone)」が乗っているとみなされてきた。「AB反」はA字の声母とB字の韻母とを組み合わせることを示している。ごく簡略に説明をするならば、「呼」の発音[ko]、「典」の発音[ten]のうちの「呼」の声母[k]と「典」の韻母[en]とを組み合わせて得られた[ken]が「蜆」の発音であるということだ。[上]が上声という声調であることを示している。そして「小蛤(=小さなハマグリ)」は「蜆」の語義を示している。それに続く「之自弥」は「シジミ」という和語が中国語「蜆」に対応することを示している。「呼典反[上]小蛤」の部分は中国で編まれた文献からの引用であろう。

仮名をうんだ内圧

『万葉集』巻第六には「住吉《すみのえ》の粉《こ》浜《はま》のしじみ開けも見ず隠りてのみや恋ひわたりなむ(=住吉の粉浜のしじみのように、打ち明けることもしないで、とじこもってばかりいてずっと恋しているのだろうか)」(九九七番歌)という歌が収められている。「シジミ」は「四時美」と文字化されていて「蜆」はあてられていないが、シジミは縄文・弥生時代の遺跡からも貝殻が大量に出土しており、日本列島においては早くから食料となっていた貝といってよい。当然呼び名も早くからあったと思われる。

この歌の作者はわかっていないが、詞書には「春三月、難波宮に幸《みゆき》したまひし時の歌六首」

とあり、聖武天皇の行幸に際して作られた歌であることがわかる。献上されたシジミに寄せて作られたと考えられており、「四時美」は漢字を表音的に使った文字化ではあるが、同時に〈春夏秋冬＝四時《しいじ》いつも美しい〉ということを思わせているようにみえ、そうであるならば、〈歌の意とは別に〉表意的でもあることになる。こうした文字化を「表音表意兼帯表記」と呼ぶことがある。

図の範囲では「蟣」と「志良弥《シラミ》・支加佐《キカサ》」とが、「蛺」と「加波比良古《カハヒラコ》」とが、「蝮」と「乃《ノ》豆知《ヅチ》」とが、「蝙蝠」と「加波保利《カハホリ》」とが、「蚯蚓」と「耳受《ミミズ》」とが、「蠖・蝍」と「止加介《トカケ》」とが、「蝓」と「奈女久地《ナメクヂ》」とが、「蛙」と「阿万加戸留《アマカヘル》」とが結びついていることがわかる。

この漢字があらわしている中国語と対応する和語は何か？ということが漢字を理解するということの重要な面であり、そのすりあわせには長い時間が必要であったことは想像に難くない。それまでうたわれていた歌を文字に記しとどめて『万葉集』がまとまったテキストとして成った八世紀を経て、『新撰字鏡』のような辞書が編まれるようになった九世紀末には、漢字の理解はさらに進んでいたと思われる。漢字の理解が一定のレベルに達していなければ漢字によって日本語を文字化することはできない。漢字理解の深化は、一方では仮名をうみだす「内圧」となり、仮名がうまれたのではないだろうか。漢字があったから仮名がうまれた。漢字が仮名をうみだしたといってよいだろう。

『万葉集』が文字化された時点で漢字のみによって日本語を文字化するというやりかたは出揃い、漢字を表意的に使うことと表音的に使うことを併用することによって、漢字のみで日本語を文字化することができる段階に至った。しかし同じ漢字を表意的に使ったり表音的に使ったりすると、どこが表意的使用でどこが表音的使用であるかがわかりにくくなる。定型をもつ和歌の場合はまだしも、定型ではない散文の場合はわかりにくい。漢字の表意的使用が基調であるならば、表音的使用をしている部分が視覚的にはっきりとわかるといい。その表音的使用部分を小書きにしたものが、いわゆる「宣命書き」で、これは一つの「方向」ではあった。

現存しているテキスト[2]において、という限定がつくけれども、『万葉集』の中にも、表音的に漢字を使った部分を小書きにしているものがある。巻十九に収められている四二六四番歌は長歌であるので、その五句までを示すと「虚見都　山跡乃國波　水上波　地往如久　船上波」で、傍線を附した「都」「波」「久」「波」が多くのテキストで小書きされている。西本願寺本を図1－11として示した。

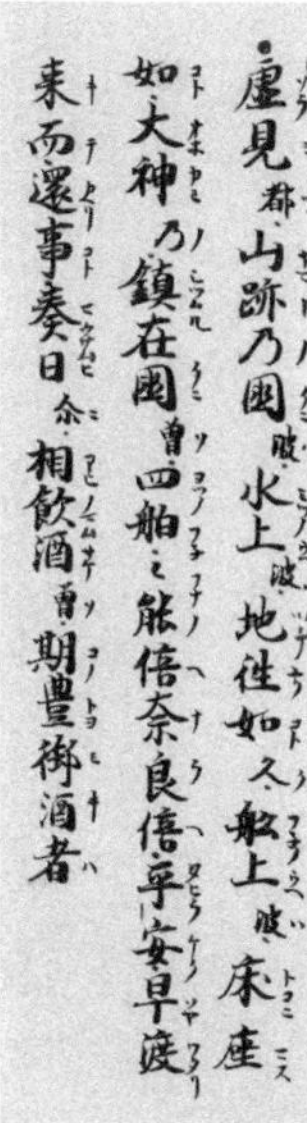
虚見都山跡乃國波水上波地往如久船上波床座
如大神乃鎮在國曽四船々舳倍奈良倍乎安早渡
来而還事奏日尓相飲酒曽斯豊御酒者

図1-11　『万葉集』西本願寺本(巻第十九)

右の五句は現在「そらみつ大和の国は　水の上は　地行くごとく　船の上は」とよまれており、三回使われている助詞の「ハ」が小書きされていることがわかる。

しかし小書きは文字の大小ということであるので、書き写しているうちに、必ずしも明確ではなくなることもある。やはり、漢字と視覚的にはっきり区別できる文字によって表音的部分を文字化してあるとわかりやすい。そこに使うための文字体系として仮名がうまれたと考えるとよさそうだ。したがって、仮名は漢字ではないことが視覚的にはっきりと確認しやすくなければいけない。片仮名は漢字の一部をとり、平仮名は漢字全体を変形させて漢字ではないこと、すなわち漢字とは異なる文字体系であることを視覚的に確保した。

先に「微調整」という表現を使ったが、それは助詞・助動詞など中国語にはない要素を文字化することによって、漢字を表意的に使って文字化したものが、中国語寄りになることを日本語側にひっぱりもどすことだ。これは「漢字・中国語」にはない要素を文字化するという意味合いでの「微調整」ということになる。右では、その「微調整」のためにふさわしい表音文字である仮名を獲得するまでの過程について述べている。

日本語を漢字によって文字化するということ

日本語を漢字によって文字化するためには、つねに中国語と日本語とを重ね合わせ、すりあわせる必要がある。「スガタ」という和語が漢字列「光儀・容儀」によって文字化できるのは、和語「スガタ」の語義が漢字列「光儀・容儀」によって文字化されている中国語「コウギ・ヨウギ」の語義〈美しいすがた・ととのったすがた〉と、完全にではないにしても重なり合いがあるからであり、その重なり合いが文字化を成り立たせている以上、つねに語義の重なり合いを確認する必要がある。

日本語を漢字によって文字化するというと、「どう書くか」という「静的《スタティック》な」表記的事象であるとみなされやすい。しかし、日本語を漢字によって文字化することを可能にしているのは、語義の重なり合いであるので、日本語を漢字によって文字化するということは中国語と日本語とをすりあわせるという意味合いにおいて、「動的な」語彙的事象でもあった。漢字によって日本語を文字化するということを行なっている間に、中国語と日本語とはいわばがっぷり四つに組み合ったはずであるが、しかしその組み合った様子が具体的に見えていないために、そのことが「書き手」にもあまり意識されていない可能性がある。これまでに、こうした「みかた」がはっきりと主張されたことはなかったのではないだろうか。

結局、日本語の歴史において重要なことは、次のようなことといえるだろう。

一、漢字を使って日本語を文字化し続けたこと。
二、そのプロセスにおいて中国語と日本語とが深い結びつきを形成したと思われること。

序章において、中国語を漢語として借用していることに注目したいと述べた。それはもちろんそうであるが、表記的事象が、表記的事象にとどまらず、語彙的事象でもあり、つねに中国語と日本語とがかかわりあい続けていることこそが日本語の歴史を特徴づけることというべきだろう。

日本語のバックヤード

漢字による日本語の文字化は奈良時代から現代までずっと行なわれている。大げさにいえば、文字化をするたびに、すりあわせや重なり合いの確認が行なわれ、そのプロセスで中国語と日本語とが結びつきを形成するのだから、結びつきもつねに検討され続け、場合によっては更新《アップデート》され続けているようなものだ。つまり和語Xと中国語Yとの結びつきは固定的、静的なものではなく動的なものであり、かつそれがずっと行なわれていたことになる。先に「動的な語彙的事象」と述べた、「動的」はそうした意味合いであった。

平成二十二(二〇一〇)年十一月三十日に、これまでのものを改訂して内閣告示された「常用漢字表」には漢字が二一三六字載せられているが、その中に「訓」が認められていない漢字が八一七字ある。例えば「威」「益」「悦」「怨」「援」などには「訓」が認められていない。「常用漢字表」、その前身ともいうべき「当用漢字表」が定められて、漢字使用に人為的な制限が加えられるまでは、漢字はいわば「自由に」使われていた。具体的な例をあげてみよう。

大仏次郎（一八九七～一九七三）の「御用盗異聞」は大正十四（一九二五）年に出版されている。今ここでは、昭和二十三（一九四八）年に苦楽社から出版された『鞍馬天狗御用盗異聞』を観察対象とするが、この本には次のような箇所がある。

その心の善悪を偵ふやうに、ぢつと目を凝らした。（一八四頁）
登り詰めると道は左右に岐れる。（二九五頁）
簑と笠を吊るした汚点だらけの壁には……（一八四頁）
おッと、失敗つた……（一九七頁）
宗房、従容として悪怯れずに答へた。（二七九頁）
主税之介は、切れ長の目を据ゑて四辺を見廻した。（三四九頁）
鞍馬天狗は、すれ違ひざま、声を掛けられて吃驚したが（三五五頁）

「偵ふやうに」「岐れる」はそれぞれ「ウカガウヨウニ」「ワカレル」を文字化したものであろうし、「汚点だらけ」「失敗つた」「悪怯れずに」「四辺」「吃驚した」は（他の可能性もあるが）

それぞれ「シミダラケ」「シマッタ」「ワルビレズニ」「アタリ」「ビックリシタ」を文字化したものであろう。ひとまずは、「昭和二十三年の時点で」という制限をつけておかなければならないが、読み手は振仮名なしで、右の文字化に対応できていたということになる。「対応できていた」はまずは「振仮名なしでヨメた」だが、ヨメなくてもよめる、すなわち「意味はわかる」も含んでいる。

江戸時代、明治時代に成った文献であれば「威す」「益々」「悦ぶ」「怨む」「援ける」などはごくありふれた文字化といってよいだろう。念のためにいえば、それぞれ「オドス」「マスマス」「ヨロコブ」「ウラム」「タスケル」を文字化したものだ。和語「ヨロコブ」と漢字「悦」あるいは漢語「喜悦」「満悦」は明治期までに結びつきを形成していた。そうした「漢字・漢語と和語との結びつき」がいわば日本語の「バックヤード」として確実にあった。その「バックヤード」が現在では失われつつあることが予想される。

しかしまた、それは新しい日本語のかたちであるともいえるので、単純に過去がよかったと主張したいのではない。ただ、表面的にではなく目には見えにくいところ、意識しにくいところでどのような「日本語の歴史」が進行してきて現在に至っているかは知っておく必要があるだろうと思う。

漢字によって表意的に文字化しにくい語

先にあげた二三二三番歌では、「ホドロニ」という語が「保杼呂尓」と漢字を表音的に使って文字化されていた。表音的に使ったのは表語・表意的に文字化できないからであろう。あるいは無理に表意的に文字化すると、日本語にもどせなくなるからと考えられたためであろう。

人間の声や動物の鳴き声に淵源をもつ「ドンドン」「ピューピュー」などの語を「擬声語」、いろいろな音に淵源をもつ「キャア」「ピヨピヨ」などの語を「擬音語」、聴覚以外の感覚でとらえた印象をあらわす「ハラハラ」「フラフラ」などの語を「擬態語」と呼ぶことがある。本書では「擬声語・擬音語・擬態語」を区別せずに「オノマトペ的な語」と呼ぶことにしたい。

和語「ホドロニ」は〈雪などがはらはらと降るさま〉をあらわしており、オノマトペ的といってよいだろう。オノマトペ的な語を使うことによって、表現はより具体性を帯びる。歌の「生命」ということからすれば、こうした語はそのままの語形を示したい。そうした語は表音的に文字化するしかない。『万葉集』をみわたすと、「サラサラニ（佐良左良尓）」（巻第十四・三三七三）、〈ずるずるとほどけるさまを表わす〉「ヌルヌル（奴流々々）」（巻第十四・三三七八）など、オノマトペ的な語が使われているが、いずれも表音的に文字化されている。

オノマトペ的な語は、どのような場面で使われるかということはあるが、語義はない。例えば、先に掲げた「ピヨピヨ」を『三省堂国語辞典』第八版（二〇二二年）で調べると「ひよこの鳴き声」と説明されている。この「ひよこの鳴き声」は「ピヨピヨ」の語義＝意味ではなく、何をあらわしているかという説明にあたる。オノマトペは現代日本語においては片仮名で文字化されることが多いが、この場合、片仮名は、他の語と違って語義をもっていない特殊な語であることのマーカーとして機能している。そうした意味合いで当該の語を表記上「卓立」させているとみてよいだろう。

〈晩秋から初冬にかけての、降ったりやんだりする小雨〉を「シグレ」と呼ぶ。『万葉集』においては「シグレ」が二十三回、「シグレノアメ」が十五回使われているが、すべて表音的に文字化されている。それは〈晩秋から初冬にかけての、降ったりやんだりする小雨〉をあらわす中国語が存在しないからに他ならない。『万葉集』を「試行錯誤の場」ととらえると、こうしたことが「未熟であるため」、とみなされるかもしれないが、『万葉集』を十分な到達とみれば、表意的に文字化されていない語は、中国語に対応しそうな語がないという推測をすることができる。

さまざまな文字化

〈雲や霞が薄く層をなして横に長く引く〉という語義の「タナビク」という語が『万葉集』全体で七十回以上使われている。この「タナビク」という語はいろいろなかたちで文字化されている。

まず漢字の音《おん》を使って、「多奈毗伎」(巻第十九・四二九〇)、「多奈毗吉」(巻第十七・四〇〇三)、「多奈妣伎」(巻第十八・四〇七九他)、「多奈妣久」(巻第九・一七七一他)のように文字化されている。「田名引」(巻第六・九四八他)、「田菜引」(巻第八・一五六九)のように漢字の訓《くん》を使って表音的に文字化されている例もある。実は「タナビク」は「タナ＋ヒク」という語構成をしているのか、「タナ＋ナビク」という語構成をしていているのか現在においても明らかではない。「タナビク」が「タ＋ナ＋ヒク」という語構成をしていて、「ヒク」の語義が「(横に長く)引く」であるのだったら、「田名引」「田菜引」の「引」は漢字の表意的使用であることになり、こうした文字化のしかたは、一語を「表音＋表意」で文字化していることになる。その他に「桁曳」(巻第十一・二四四九)、「棚引」(巻第七・一〇八五他)、「軽引」(巻第四・七八九他)、「棚曳」(巻第十三・三三二九)のような文字化がみられる。これらにおいては、「ヒク」に漢字「曳」「引」をあてており、「タナビク」の「ヒク」を動詞「ヒク(引)」と結びつけている可能性がある。また「タナ」には「桁」「棚」をあてており、〈薄く層をなす〉という語義を「タナ(棚)」と結びつけている可能性がある。

さらには「被」(巻第十一・二四二六)、「蒙」(巻第七・一二三四他)、「陳」(巻第二・一六一)、「霏霺」(巻第三・四二九他)のように漢字を表意的に使って文字化したと思われる例がある。「霏」は〈雪の降るさま・雲の飛ぶさま・煙の起こるさま〉をあらわす漢字で、下の字に雨冠がない漢語「ヒビ（霏微）」は〈雨や雪などが細やかに降るさま〉という語義をもっている。日本語「タナビク」と漢語「ヒビ（霏微）」の語義とはまったくかかわりがないということはないが、重なり合いが薄いといえば薄い。四二九番歌には「溺死出雲娘子火葬吉野時、柿本朝臣人麻呂作歌二首（＝溺死せし出雲娘子《をとめ》の吉野に火葬せられし時に、柿本朝臣人麻呂の作りし歌二首）」という詞書が附されており、柿本人麻呂が作者となっている。

ところで、『万葉集』を四つの時期に分けてとらえることがある。柿本人麻呂が活躍した第二期は一般的には壬申の乱（六七二年）から奈良遷都（七一〇年）までの約四十年間にあたり、歌われることによってのみ成立していた歌が、文字化されるようになったと推測されている。柿本人麻呂は『万葉集』以外に「足跡」を残していない。しかし、『万葉集』には柿本人麻呂にかかわる歌が約四五〇首も収められている。そのため、柿本人麻呂は特別視されてきたようにみえる。詞書に人麻呂が作ったとある歌に、「霏微」ではなく、「霏霺」とあれば、天才人麻呂が雨冠を加えたのだ、と言われる。それはそうかもしれないし、そうではないかもしれない。いずれにしても、雨冠を加えたのが人麻呂かどうかを証明する手段はない。雨冠を加えたのが誰の行為であるか、というとらえかたではなく、この時期には「そういうことが可能になっていた」とみることにしたい。

霰が中国では使われたことがないのであれば、これは日本で作った漢字＝和製漢字＝国字ということになる。あるいは二字漢字列で構成されている漢語「ヒビ(霏微)」の上の字が雨冠の字であるので、それに揃えた「偏揃え」という現象であるという「みかた」もできる。うっかり下の字にも雨冠をつけてしまった、という「みかた」もできる。しかし、「霏霰」は複数回使われているので、うっかりミスではないだろう。

漢字・漢語のもつ公性《オフィシャリティ》

日本語が最初に出会った文字が漢字で、その漢字は中国語を書くための文字であった。日本は長く中国語文化圏と接し続け、中国語文化を模範としてきた。『日本書紀』は勅撰の史書といってよいが、書名の「日本」は日本以外を意識していることを強く思わせる。その「日本以外」はまずは中国であろう。仮名がうまれるまでは漢字のみで日本語を文字化していた。この場合「漢字のみ」の「のみ」は他に使える文字があるのに、積極的にそういう選択をしたということではなく、漢字だけがあったから漢字で文字化したということである。漢字を使うことは中国語文化圏を意識することであったはずで、中国語文、漢文は「公性」と隣り合わせにあったとみることができるだろう。漢字で文字化すること、漢語を使うことも同様であったと推測できる。

本章は「すべては『万葉集』にあり」を章題にしている。だから『万葉集』を日本語という観点から説明してきた。しかしまた、中国語や中国のことについてもかなりの紙幅をさいて述べた。それは日本語と中国語・中国語文化ががっぷりと組み合っているからである。「バックヤード」という表現を比喩的に使ったが、「バックヤード」をある程度にしても視野に入れなければ、日本語の歴史は語れない。これまで「バックヤード」についてまったく述べられていないわけではないが、ほとんどふれていない「日本語の歴史」もないではない。本書では、中国語と日本語との「がっぷり四つ」を歴史的な交渉を超えて、日本語そのものに深くかかわることがらとして述べていきたい。

注

(1) 本書においては、中国語をあらわしている漢字は表語文字、日本語をあらわしている文字は表意文字ととらえることにする。
(2) 現存している『万葉集』テキストには、漢字のみで文字化されたものがない。

参考文献
亀井孝一九五七「古事記はよめるか」(平凡社『古事記大成』言語文字篇所収)
山田俊雄一九七八『日本語と辞書』(中公新書)

第二章

動きつづける「かきことば」――『平家物語』をよむ

1　仮名の発生から和漢混淆文の成立へ

散文を文字化する——二つの課題

第一章で中国語と日本語との「がっぷり四つ」を論じていくことが本書のテーマだと述べた。中国語と日本語との「がっぷり四つ」は「漢語・漢字と日本語とのがっぷり四つ」と言い換えてもよい。九世紀末頃に仮名がうまれる。そのことによって「漢語・漢字と日本語とのがっぷり四つ」に新たな要素が加わったことになる。第二章では新たな要素である仮名を加えて、第一章とは少し違った角度から仮名発生後の日本語をとらえてみたい。

第一章では『古事記』・『日本書紀』、『万葉集』を採りあげ、漢字によって日本語を文字化することについて述べた。『古事記』・『日本書紀』はいわゆる「散文」で、中国語寄りの文字化を行なっている。それに対して（といっておくが）『万葉集』はいわゆる「韻文」でかつ定型をもち、基本的には漢語を使わないので、総体的には日本語寄りでの文字化とみてよいだろう。

時期を限定せずに、日本語の歴史、日本語の文字化ということを考えた場合、定型をもった「韻文」で基本的に漢語を使わないのは、和歌の文字化以外にはないといってよい。

『万葉集』において日本語の文字化に関しては「すべてが出揃った」ということが第一章で述べたかったことであるが、それは日本語の文字化に関してであって、「内容」を考えた場合、『万葉集』は特別であったことになる。やはり、漢語を使う「散文」をどのように文字化するかということが重要であることになる。

漢語を使う「散文」を漢字で文字化するには、クリアしなければいけないことが二つある。漢語は当然漢字を表意的に使って文字化する。しかし、第一章で述べたように、日本語を文字化するにあたっては、中国語にはない助詞・助動詞などをどのように文字化するかということがある。助詞・助動詞、活用語尾などを文字化するとなると、漢字を表音的に使うしかない。そうすると、漢字の表意使用と表音使用とが混在することになり、両者をはっきりと区別する必要がでてくる。表音使用をした場合は小書きにするという「宣命書き」は一つの解決策ではあったが、文字の大小は相対的なものであるために、「はっきりと区別する」とまではいえない。表意使用した漢字と表音使用した漢字とをはっきりと区別できるということが、クリアしなければいけないことの一つ目である。

この「課題」をクリアしたのが漢字とは異なる文字である仮名の獲得であろう。「異なる」はまずは視覚的に、そして表意文字ではない表音文字を獲得したという、機能においてということになる。

また、漢字によって「散文」を文字化すると、漢字がどこまでも続いていく。つまり長い長い漢字列ができあがる。そのままでは、「文」の切れ目、「句」の切れ目、「語」の切れ目などがわかりにくい。これがクリアしなければならないことの二つ目である。

中国語文を日本語として読む「漢文訓読」が、いつ頃から始まったかについては明らかになっていないが、奈良時代には行なわれていたと推測されている。中国語と日本語とでは語順が異なるので、日本語としてよむにあたっての順序を示し、中国語にはない助詞・助動詞を補い、活用語尾などを添えることが「訓読」で、「訓読」に使う符号や文字が「訓点」と呼ばれる。そして句末、文末に「区切り点」を加える。

天平十七(七四五)年以前に書写されて現在正倉院に蔵されている『李善注文選抜粋《りぜんちゅうもんぜんばっすい》』(李善が注を施した『文選』を抜粋したもの)には、段落末を示す墨点が施されているので、「区切り点」を加えることは奈良時代にすでに行なわれていたことがわかる。

現代日本語は読点を使って小さな切れ目を示し、句点を使って大きな切れ目＝「文」の切れ目を示しているが、現在にちかいかたちで句読点を使い始めたのは、おそらく明治末期頃以降と推測する。中国語文を漢文としてよむということがまずは区切ることであるとすれば、「漢文訓読文」の延長線上にあると思われる文章においても句読点を積極的に使っているようにはみえない、ということには注目してよい。

第一章において述べたように、日本語の「かきことば」は漢文訓読文をもとにして成ったと考えられている。そうであれば、漢文訓読文をもとにしながら、日本語の「かきことば」は「区切ること」にはいわば鷹揚であったことになる。それはつまり、日本語という言語が「切れる」ことよりも「続く」ことを根底において重視する言語であるということになるだろう。

二つ目の「課題」は仮名を機能的に使い、文字化されている語がいかなる語であるかをできるだけ明示するように文字化することで、次第にクリアされていったと考えるが、それには時間がかかった。一つ一つの語形が明示されていれば、「文」の終わりはほぼわかるし、語句のまとまりを示す必要もそれほどなくなる。現在と同じようなかたちでの句読点使用は、いわば「念を入れた仕上げ」であったのではないだろうか。

本章では、まず仮名の発生について述べ、次に仮名が発生してから、「かきことば」が成立するまでにどのようなことがあったと推測されるかということについて述べてみたい。これらも、従来はあまり正面から述べられたことがないと思われる。

仮名の発生

平安時代初期、九世紀頃には「訓点」に使う文字として、漢字の画の一部を省いたものが使われるようになった。画数の多い「之」「知」「奴」は草書体にして「シ」「チ」「ヌ」という形で使われ、「阿」「伊」「宇」はそれぞれの偏を採って「ア」「イ」「ウ」という形で使われている。画の一部を省いたり偏のみを採ったりするのは、速く書けるということと漢文の傍らの狭い行間などに書けるということによると思われる。これが片仮名になった。

例えば「ホ」という発音をあらわす文字としては漢字「保」をもとにしたものが使われることと多いが、旁《つくり》である「呆」の形を使っている文献もあれば、七画の「呆」の五画目までの形を使っている文献もある、というように平安時代初期まではいろいろな形が使われていた。現在の片仮名「ホ」は「呆」の「口」の部分を省いた形をしている。いろいろな形があるということは、当初は個人的な工夫として文字の形が選ばれていたことを窺わせる。それが平安時代中期、十世紀以降になると、次第に一つの形に収斂していく。それはおそらく、最初は個人が工夫していた字形が次第に共有されていくというプロセスで、きわめて興味深い。

片仮名は漢字の部分を採り、平仮名は漢字全体を崩してできた、と言われることがある。それはそのとおりであるが、右で述べたように、「訓点」として「仮名の原型」が使われ始めた頃は、片仮名と平仮名とは字形上は区別がなかった。これはわかりにくいことであるが、当初は片仮名の中に、現在であれば平仮名として使っている形のものが含まれていたというのがもっともわかりやすい説明だろう。

片仮名という文字が「片仮名文字体系」としてまとまりをもち、平仮名という文字が「平仮名文字体系」としてまとまりをもってからは、それぞれの体系内の文字が交錯することはない。それぞれの体系内の文字が交錯しないことをもって、それぞれの文字が体系としてまとまった、ということになる。こうしたことも、「原理」としてはそうであるが、残されている文献＝テキストが多くないために、具体的に説明することはむずかしい。

今、ここで「片仮名文字体系」と「平仮名文字体系」という異なる文字体系があった、とみているのは、平安時代に、平仮名をおもに使って文字化されている、『竹取物語』や『源氏物語』のような「仮名文学」が存在しているということに依るといってもよい。

「漢文訓読文」と「和文」——二種類の文章、二種類の表記体

『竹取物語』や『源氏物語』に漢語が使われていないわけではないが、多くは使われていないので、これらの「文・文章」が漢文を訓読した「漢文訓読文」の延長線上にあるとは考えにくい。そうであるならば、「漢文訓読文」につながる「文・文章」と『源氏物語』のような「文・文章」という二つの「文・文章」があったことになる。『源氏物語』のような「文・文章」を「和文」と呼ぶことがある。本書においても、二種類の文章を「漢文訓読文」と「和文」と呼ぶことにする。

前者は漢文に淵源をもつので、漢語を使う「文・文章」である。漢語を使うのだから当然漢

字を使い、漢字と併せて片仮名を使う「漢字片仮名交じり表記体」を採る。後者は漢語をあまり使わないので、おもに平仮名で文字化され、少数使われる漢語を漢字で文字化し、それ以外では平仮名を使う「平仮名漢字交じり表記体」を採る。この二つの「文・文章」が以後もずっと使われていく。

漢字と片仮名とによって文字化されているテキストであるか、漢字と平仮名とによって文字化されているテキストであるか、ということは、単に文字として平仮名を選ぶか、片仮名を選ぶかということを超えて、そのテキストの「ありかた」をあらわしていることが少なくない。

現代日本語は「漢字平仮名交じり」の表記体を標準的に使い、その表記体内で、外来語など特定の語の文字化には片仮名を使う。表記体全体をみれば、漢字、平仮名、片仮名が使われていることになるが、江戸時代までのテキストにおいて、漢字、平仮名、片仮名を使うものはきわめて少ない。こうしたことも、現代日本語母語話者は気づきにくい。

平安時代頃を考えると、まだ「はなしことば」内で使われていた漢語は多くはなかったと思われる。そうであれば、そうした「はなしことば」を平仮名によって文字化することは自然であろう。『源氏物語』の「文・文章」は「はなしことば」的であるといわれることがある。それは紫式部が『源氏物語』を「はなしことば」的に書こうとしたということではない。「はなしことば」的に書こうとしたという「みかた」を採るならば、「はなしことば」の向こう側に

「かきことば」が存在していなければならない。「かきことば」「はなしことば」二つの言語態が存在していて、二つのうちの「はなしことば」を使って物語をつくったということだ。

しかし、『源氏物語』が成ったと考えられている十一世紀には、「かきことば」と呼べるような「器」が、まだできあがっていなかった。「漢文訓読文」をもとにした「かきことば」があったとみるならば、そういう「器」はあった。しかしそれは、漢語を多用する、漢文的な「器」であるので、「光源氏の物語」を盛ることができるような「器」ではなかった。

和漢混淆文の成立

平安時代から鎌倉時代、室町時代にかけて、「はなしことば」において使われる漢語は徐々に増えていったと思われる。「はなしことば」的な「文・文章」を「和文」と呼ぶと、「和文」の中にも漢語が含まれていることになり、そうした漢語を漢字で文字化することになると、「和文」の中にも漢字が増えていく。「和文」において漢語を使ったからといって、それが「漢文訓読文」に接近するということにはならない。しかし、漢語を多く含む「和文」は「漢文訓読文」のちかくにある、とみることはできるだろう。

「和文」と「漢文訓読文」とがあわさったような「文・文章」を「和漢混淆文」と呼ぶことがある。そして『平家物語』や『太平記』などが「和漢混淆文」の代表と考えられている。

『平家物語』や『太平記』の「文・文章」には漢語がかなり使われているので、「和文」と「漢文訓読文」とが折衷されたというよりは、「漢文訓読文」寄りに「和漢混淆文」ができあがった、とみるほうがいいだろう。そうであれば、「和漢混淆文」は「漢字片仮名交じり」表記体であることが自然であろう。

ここまでは従来すでに指摘されていることを少し整理したにすぎない。しかし、そもそも異なるタイプの「漢文訓読文」と「和文」とが混淆するというのはどういうことなのか。それは具体的にどうやって確認できるのか、ということについてはあまり述べられておらず、抽象的な次元でこのことが指摘されているにとどまる。本書は可能な範囲で、その「混淆」を観察してみたい。その観察のおもな素材として『平家物語』を採りあげることにする。

2 『平家物語』の日本語

さまざまな表記体

『平家物語』がいつ頃成立したかということについては定説がない。おおよそ十三世紀の半ば頃までには成立したと推測されている。『平家物語』は多くの写本が残されていて、その中には慶應義塾大学附属研究所斯道文庫に蔵されているもののように、室町時代に書写されたと考えられているものもある。物語の成立と、いつテキストが書写されたかは別のことがらであるので、いつ書写されたかを含めて「テキストの成立」を考えると『平家物語』の諸テキストは十三世紀から十六世紀後半にかけての「中世期」に成ったことになる。

本書の第三章は江戸時代の日本語について述べている。『万葉集』の日本語について述べた第一章と、江戸時代の日本語について述べる第三章の「架橋(bridge)」として本章では、『平家物語』をおもな観察対象として、「中世期」の日本語について述べることにしたい。

『平家物語』には五十種ちかいテキストが残されている。教科書などに載せられている『平家物語』は、明石覚一《あかしかくいち》という琵琶法師が、弟子のために残したといわれている「覚一本」と呼ばれるテキストである。「覚一本」のように、琵琶法師が平曲として語った台本やそれに近い形態をもつテキストを「語り本」と呼ぶ。そして「語り本」ではないテキスト群の総称として「読み本」という呼称が使われることがある。「読み本」は「語り本」よりも記事・話柄が多いために「増補系」あるいは「広本《こうほん》」という呼称が使われることもある。今ここでは、そうした観点を離れて、「表記体」＝どのように文字化されているかに着目してみたい。こうした「みかた」自体、これまであまり行なわれたことがなかった。

『平家物語』にはいろいろな「表記体」のテキストがある。「熱田本」(図２－１)や「平松家本」(図２－２)のように、訓点は施されているものの基本的には漢字のみで文字化されている

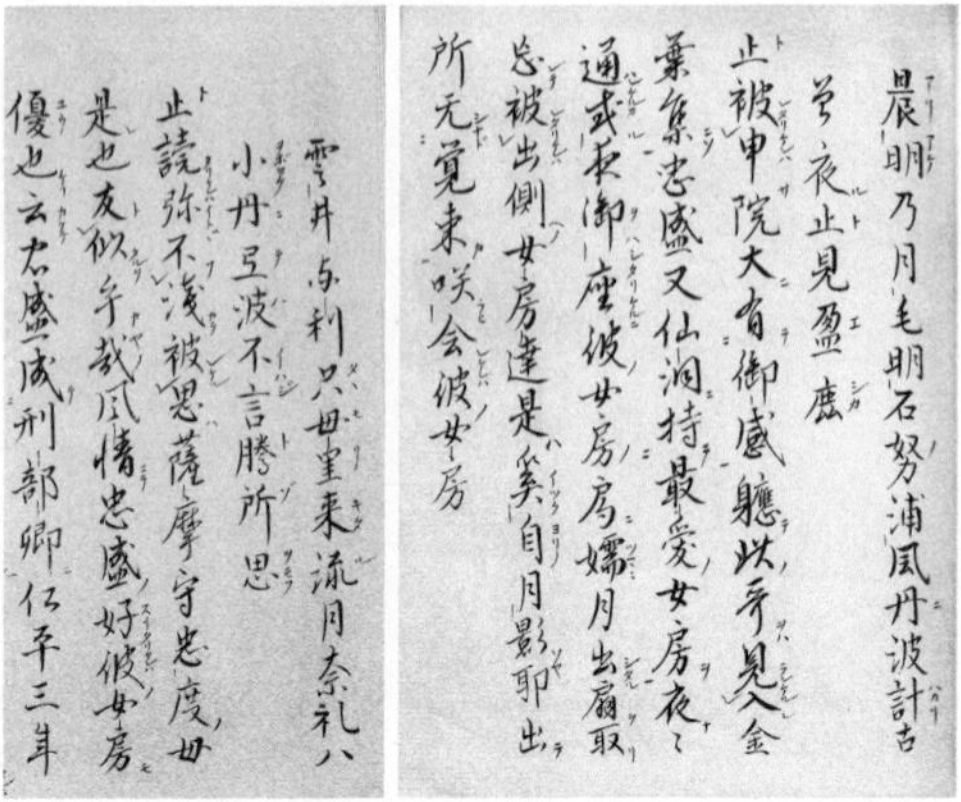

図 2-1　『平家物語』熱田本

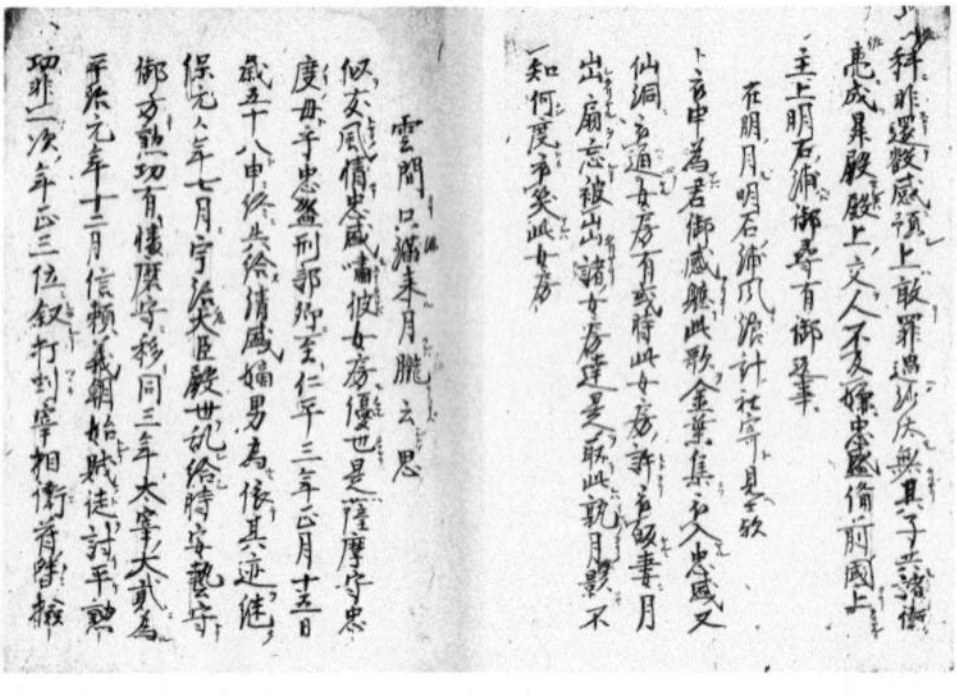

図 2-2　『平家物語』平松家本

「真名本」もあれば、龍谷大学に蔵されている「覚一本」(図2-3)や国立国会図書館に蔵されている百二十句本のように、「漢字平仮名交じり」で文字化されているもの、「延慶本」や「竹柏園本」(図2-4)、「小城鍋島文庫本」、「斯道文庫本」のように「漢字片仮名交じり」で文字化されているもの、さらには、大英博物館に蔵されている「天草本」のようにローマ字で文字化されているものもあるが、ここでは「延慶本」と「斯道文庫本」を採りあげることにする。具体的にそれぞれのテキストをよんでみよう。

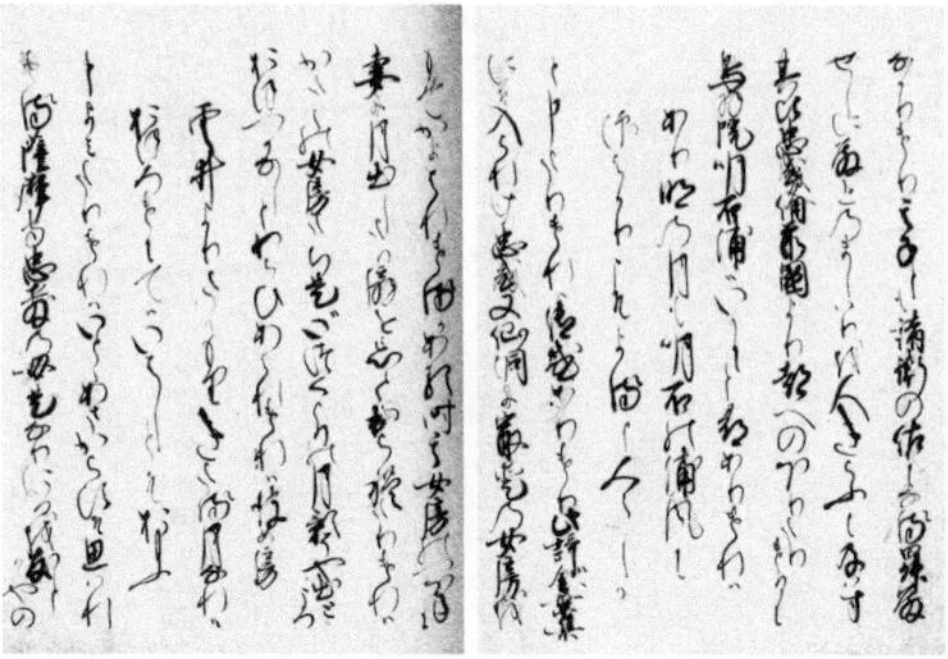

図 2-3　『平家物語』覚一本

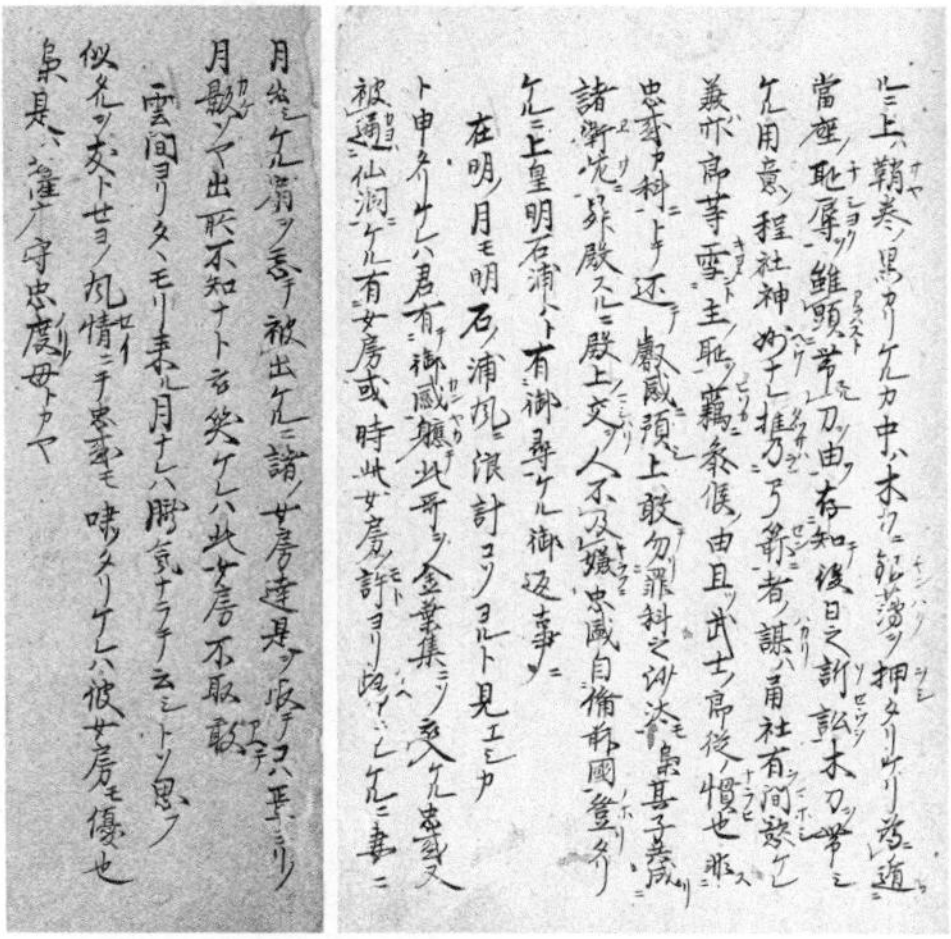

図 2-4　『平家物語』竹柏園本

延慶本『平家物語』をよむ

「延慶本」は、平家一門が壇ノ浦で滅亡した約百年後の延慶二・三（一三〇九・一三一〇）年に、紀州の根来寺《ねごろじ》で書写されたテキストを、同じ根来寺でその百年ほど後の応永二十六（一四一九）年、二十七年に書写したテキストで、古い状態を保っているのではないかと注目されている。江戸時代初期の豪商、角倉素庵《すみのくらそあん》（一五七一〜一六三二）の旧蔵本が大東急記念文庫に蔵されている。図2-5はよく知られている『平家物語』の冒頭である。三行を翻字してみよう。

祇薗精舍ノ鐘ノ聲諸行無常ノ響アリ沙羅雙樹ノ
花ノ色盛者必衰ノ理リヲ顕ス驕レル人モ不久ラ春ノ夜ノ夢メ尚ヲ
如シ猛キ者モ終ニ滅ヌ偏ヘニ風ノ前ノ塵ト不留ラ遠ク訪ヘハ異

右の翻字では振仮名は省いた。振仮名を含めて、訓点が施されている位置に「行」があるとみて、以後それを「振仮名行」と呼ぶことにしたい。「振仮名行」に対していわゆる本文が記されている行を「本行」と呼ぶことにする。

右の翻字では、片仮名の大きさ、書かれている位置についてはいわば「一律」に文字化した。

例えば、三行目の「春ノ夜ノ夢メ」の箇所においては、二つの「ノ」は明らかに「振仮名行」に記されている。つまり、この「ノ」は訓点的に小ぶりに書かれている。「夢メ」の「メ」も漢字列によって文字化されている語がいかなる語であるかを補助的に示す「捨て仮名」のよう

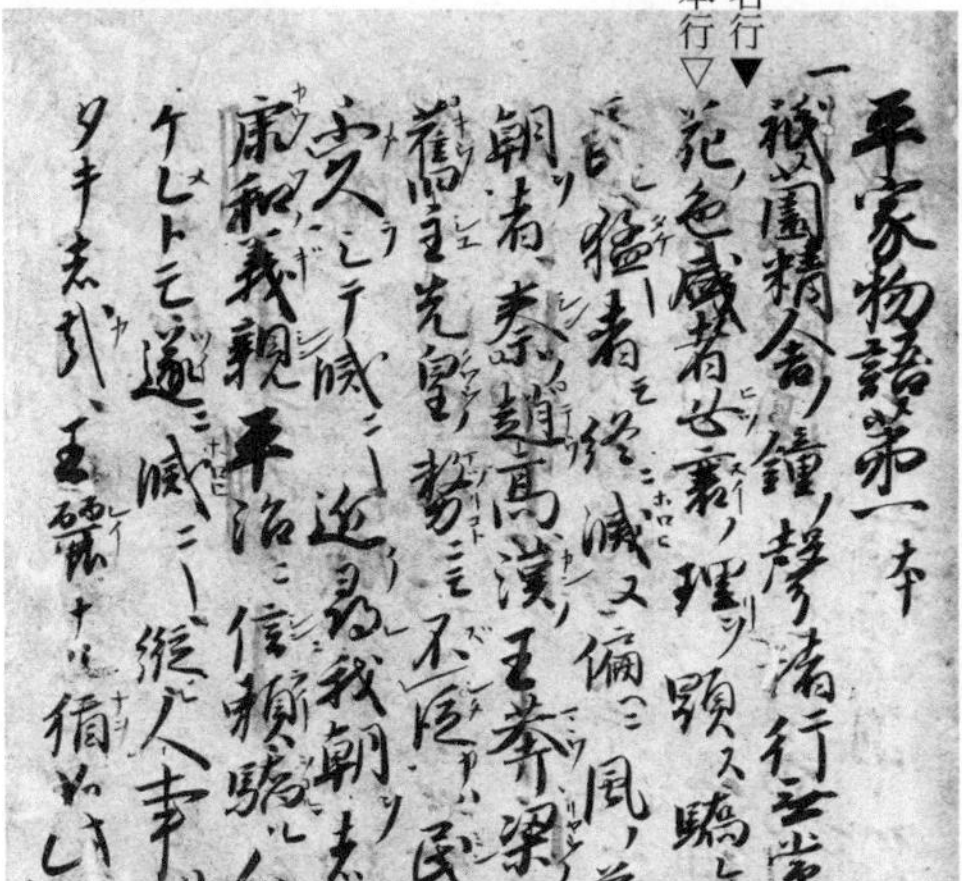

図 2-5 『平家物語』(延慶本)の冒頭

にみえる。「春」「夜」「夢」の字間もあいていない。つまり「春ノ夜ノ夢メ」の「ノ・ノ・メ」は、おそらくは本行を書いた後に、訓点のように振仮名行に施されたものであったことが推測される。

それに対して(と表現しておくが)、「諸行無常ノ響アリ」の「アリ」は次の「沙羅雙樹」との間が十分にあいており、本行に記されていた可能性がたかい。つまり右で片仮名によって文字化したものは、もともとは訓点のように振仮名行に記されていたものと、「本文」として本行に記されていたものとがありそうなことがわかる。そう思ってみると、「祇薗精舍ノ鐘ノ聲」の「ノ」は右寄せに記されていることからすれば、もともとは訓点であったと思われるが、文字の大きさは先の「春ノ夜ノ夢メ」の「ノ・ノ・メ」よりはずっと大きい。そして「舍」と「鐘」、「鐘」と「聲」との間はあいている。そのことからすると、「本文」として本行に記されていた可能性もあるとみておかなければならない。

これは「延慶本」が、先に述べたように、延慶二・三年に書写されたテキストをさらに応永二十六・二十七年に書写していることに起因すると推測する。延慶二・三年に書写されたテキストでは、はっきりと区別があったかもしれない。しかし、そのテキストが応永二十六・二十七年に書写された時に、「訓点」と「本行」との区別が曖昧になった可能性がある。曖昧になったのは、「訓点」かどうかということに書写者の意識があまりむかなかったからであろう。

細かいことにこだわっているようにみえるかもしれない。しかし、右で述べていることは、本書の主題にふかくかかわっている。つまり、「ハルノヨノユメ」というひとまとまりの句を「春夜夢」と文字化していたかどうか、文字化することがあったかどうか、「ギオンショウジャノカネノコエ」というひとまとまりの句を「祇薗精舎鐘聲」と文字化していたかどうか、ということに注目しているからだ。このことは「語とは何か」ということと深くかかわってくる。語を定義することも実は難しい。今ここでは語を「内部に切れ目のない意味のひとまとまり」と、仮に定義しておくことにしよう。

「ギオンショウジャノカネノコエ」は切れ目なく一息で発音することができる。しかし、少しゆっくりと発声するならば、「ギオンショウジャノ・カネノコエ」あるいは「ギオンショウジャ・ノ・カネ・ノ・コエ」というように内部に切れ目が入る。「祇園精舎ノ鐘ノ聲」は後者に対応した文字化をしていることになる。もしも「祇薗精舎鐘聲」という文字化がいったんにしてもなされ、その後に訓点として助詞の「ノ」が書き加えられていたのだとすれば、訓点が書き加えられる前の「祇薗精舎鐘聲」は日本語の具体的な「すがた」をあらわにしていないという点において、非日本語的な文字化といえるかもしれない。ただし、非日本語的な文字化であっても、どのような意味であるかはわかる。表意文字である漢字を使って表意的に文字化すれば、当該漢字列全体がどのような言語単位に対応しているかということを離れて、当該漢字列全体がだいたいどのような意味をあらわしているかということは示すことができる。そしてそれは「よめる」。

意味を「こころ」と仮に言い換えるならば、本書のテーマは日本語の「こころ」がどのような「すがた」として文字化されてあらわされていたか、あらわされてきたか、ということを探り、整理することといってもよいだろう。

動きつづける「かきことば」

非日本語的ということがすぐにそのまま漢文的ということにはならないが、翻字した三行に限っても、三行目の「不久」(ヒサシカラズ)、四行目の「不留」(トドマラズ)は漢文式表記といってよく、やはりここでの非日本語的は漢文的といってよい面をもつ。

「非日本語的」は日本語として未熟ということではまったくない。漢文すなわち中国語側にひっぱる力が働いている、ということで、つねにそうしたはたらきかけの中に日本語はあった。中国語側にひっぱる力に対して、日本語側に引き戻す力がつねに働いていたかどうかは措《お》くとして、ひっぱる力や引き戻す力が働いているということは、日本語はつねに動的であったとみてよいことになるだろう。

「延慶本」の中から、「不久」や「不留」のような漢文式表記を探し出すことはたやすい。

「被レ遂（トゲラレ）」、「難知（シリガタシ）」「不及（オヨバズ）」、「不異（コトナラズ）」、「被籠（コメラレ）」など、レ点が加えられているもの、そうでないもの、両様を見出すことができる。

そもそも、『平家物語』には『史記』からの引用文など、漢文の引用が少なからずあり、そうした箇所は、ほぼ漢文のまま文字化されていることや部分的に漢文式で文字化されていることが多い。日本語を大きく「古代語」と「近代語」に分ける場合、前者は平安時代まで、後者は江戸時代からで、中間の鎌倉時代・室町時代を過渡期として、「中世語」と呼ぶことがある。『平家物語』のテキストがつくられたのは、過渡期である「中世語」の時代で、「情報」の「器」としての「かきことば」が次第にできあがっていった時期にあたる。

そうであれば、「近代語」の時代、江戸時代以降には「かきことば」はできあがっていることになる。しかし、例えば、夏目漱石は「アリガタイ」を「難有」と文字化することがあった。明治四十二（一九〇九）年に『朝日新聞』に発表された『それから』（三の二）の自筆原稿八十九において、漱石は「否、膽力とは両立し得ないで、しかも膽力以上に難有がつて然るべき能力が沢山ある様に考へられる」と書いている。しかしこの箇所の「難有がつて」は『朝日新聞』には「有難《ありがた》がつて」とある。他の例をあげてみよう。『定本漱石全集』（二〇一七年、岩波書店）のページ数を下部に添えた。『朝日新聞』（初出）と単行本（明治四十三〈一九一〇〉年、春陽堂）とは、すべて「有難」の字順で文字化されている。

余り難有い心持はしなかつた。（一七三頁）

着京以来御世話になつて難有い（一八三〜一八四頁）

代助はたゞ難有うと答へた丈であつた。（二二三頁）

難有かつたと感謝した（二五〇頁）

僕は其時程朋友を難有いと思つた事はない。（三二九頁）

「アリガタイ・アリガトウ」は改めていうまでもなく、和語である。「アリガタイ」を「アリ＋カタイ」に分解して、「アリ」に漢字「有」、「カタイ」に漢字「難」を対応させて文字化するやりかたは、日本語を、日本語とかたく結びついている漢字に置き換えるやりかたといえるだろう。漢字側から、「当該漢字にかたく結びついている日本語」をみるならば、それは当該漢字の「和訓」であるし、「かたく」を考え併せるならば「定訓」ということになる。つまり「和訓・定訓」を使って日本語を漢字に置き換えていくという文字化のやりかたがある。

一方、「アルコトカタシ」というような意味をあらわす句として「難有」は中国語すなわち漢文の中でも使われている。ただし、「ナンユウ」というような漢語があったわけではなさそうだ。「アルコトカタシ」は〈存在することが難しい〉で、「アリガタシ」は〈めったにない〉であるが、両者にはなにほどか重なり合いがあり、その重なり合いは「アリガタシ」を「難有」と文字化することへの導きとなったことが推測される。そう考えると「難有」は漢文的、「有難」は日本的ということになり、「アリガタシ」を文字化した「難有」「有難」についても同じようにとらえることができるだろう。

和語「アリガタシ」を「難有《ありがたし》」と文字化することが、なにほどかにしても「漢文」を思わせるのだとすれば、それは文字化が、語種（＝その語の出自）も含めた「語性」（＝その語がもっている性質）を思わせるということで、文字化が文字化を超えて語そのもの、すなわち言語そのものに働きかけをしているということになる。

漱石は漢文的な「難有」を使っていた。しかし『朝日新聞』の編集者は日本的な「有難」に変えた。この変更について漱石が異を唱えたかどうか、また『朝日新聞』の編集者が何を思ってこのように変更したかはわからない。後者については、やはり「読み手」がその方が読みやすいと編集者が判断したと推測するのがもっとも自然であろう。『朝日新聞』は漢数字を除くすべての漢字に振仮名を施す、いわゆる「総ルビ」の形式で印刷を行なっていた。「難有」に振仮名を施すと「難有《ありがたし》」となって、漢字と振仮名が対応していないようにみえ、落ち着きがよくない。そういうことも「有難」の選択にはたらきかけている可能性はあるだろう。

「カンシャ（感謝）」や「ホウユウ（朋友）」のような漢語はもちろん漢字によって文字化する。

しかし、「アリガタイ・アリガトウ」のような和語であっても、場合によっては漢文的に文字化することもあった。それが明治期のことであるのだから、中国語・漢文の日本語に対しての「はたらきかけ」はずっと継続していたことがわかる。「いい」とか「わるい」とかではなく、それが日本語の歴史だった。中国語・漢文・漢字への目配りなしには日本語の歴史は記述できない、というのが本書の主張の一つである。

そして中国語・漢文・漢字からの「はたらきかけ」はあまりあからさまなかたちでは行なわれていない。すぐには見えないところにそうした力がはたらいている。見えないものを見ようとする努力なしには、そうした力をとらえることができない。「歴史のよみなおし」はすぐには目にみえないが、歴史を動かしていた力を可視化することでもある。その力は、些細にみえるところにのみ姿をあらわしているといってもよいかもしれない。

和語を漢字一字で文字化する

「盛者必衰ノ理リヲ顕ス」のくだりでは、「コトワリ」「アラハス」という和語が、それぞれ「理リ」「顕ス」と文字化されている。常用漢字表においては「理」「顕」に「ことわり」「あらわす」という訓をそもそも認めていない。こうしたことは、いささか大げさに表現するならば、過去の日本語のありかたと「断絶」しているようにみえる。ずっと過去の日本語そのままであることはできないし、現代日本語母語話者が現代日本語と同じように過去の日本語をとらえることもできない。しかしまた、現代日本語が過去の日本語の延長線上にあることも確かなことであることからすれば、折にふれて、過去の日本語のありかたを振り返ったり、ちょっと観察してみたりすることは必要であろう。

「アラハス」のように活用のある語のいわゆる活用語尾を文字化するということは、『万葉集』においてもみられることであるので、自然なことといってよい。「コトワリ」のように活用のない語であっても、送り仮名を附けておくことで文字があらわしている語の形＝語形がはっきりとする。

延慶本全体でいえば、「コトワリ」は送り仮名なしで「理」と文字化されることが多く、七十一例に送り仮名がない。右のように「理リ」と文字化した例が十一例、「理ハリ」が一例、「理」に「コトハリ」と振仮名を施した例が一例、「リ」のみを振仮名としているものが一例あり、その他に片仮名で「コトハリ」と文字化した例が四例ある。

「アラハス」はどうかといえば、漢字としては「顕」「現」「彰」「表」「露」が使われ、「影」に「アラハシ」と振仮名を施した例、「旗」に「アラハス」と振仮名を施した例がそれぞれ一例みられる。その一方で片仮名のみで文字化した例が五例みられる。

現在残されている「延慶本」をどのようにとらえるかということがある。「延慶本」は延慶に書写されたテキストを応永に書写したものであるので、延慶に書写されたテキストそのままではない可能性がたかいことはすでに述べた。しかし、応永の書写において変えられたところを残されたテキストから指摘することは基本的に難しい。今ここでは、現在残されている「延慶本」はほぼ延慶に書写されたテキストのままであると前提しておく。そうすると、延慶の頃(一三〇八〜一三一一)には、和語を漢字で文字化することがかなり行なわれていたことになる。

その一方で、例えば、副詞「ヤガテ」の場合であれば、一五九例が片仮名で文字化されており、漢字「軈」が七例、「テ」を送った「軈テ」が三例みられるというように、文字化にあたって、語によっては漢字よりも仮名が多く使われる場合があることがわかる。

現代日本語においては、副詞・連体詞を除いて、いわゆる「自立語」は漢字によって、「付属語」は仮名によって文字化することが一般的であるが、そのようなかたちにはまだなっていない。「アラハス」は漢字によって文字化されることが仮名によって文字化されるよりも多いが、使われる漢字は複数あって、この和語を文字化するにあたって使う漢字はこれ、ということが定まっていないことが窺われる。もともとの漢字があらわしている語の語義を厳密にとらえるならば、それぞれの漢字があらわしている語は異なる。しかし右の状態は、和語「アラハス」を複数の漢字によって文字化している状態で、この状態は「日本的漢字使用」といってよい。漢文を訓読するにあたって、「顕」も「現」も「彰」も対応する和語は「アラハス」であるとみなしているので、それぞれの漢字があらわしている語の中国語における語義の違いは問題になっていない。そうした漢文の訓読をいわば反転させたような文字化が行なわれていることがわかる。

中国語は具体的で日本語は抽象的であるので、漢字字義すなわち漢字によって文字化されている中国語の語義をあまり厳密に考えると、そもそも日本語と中国語とは異なる言語なのだから、漢字によって日本語を文字化できなくなる。漢字字義とは少しずれるが、ひとまずこの漢字を使っておこうというぐらいでないと、結局は漢字を使うのを諦めるということになる。

漢字を使うと漢字字義が表に出すぎるから仮名を使って文字化しようという感覚は現代日本語母語話者にもあるだろう。筆者は具体的に本を読むという場合には「読む」、抽象的な意味合いの場合には「よむ」と文字化することが多い。ただし、具体的か抽象的かは、誰にでもわかるような基準を示すことが難しいので、単なる「不統一」とみえてしまうことも少なからずある。「常用漢字表」のもとにある現代日本語は基本的には「唯一性表記」、すなわち、一つの語の文字化のしかたは一つという表記システムを志向しているので、文字化に関しては統一的であることを(筆者にいわせるならば)過剰に追究する傾向がつよい。

本章では、漢語を多く使い、それに伴って漢字を多く使う「漢文訓読文」と、漢語をあまり使わず、それに伴って仮名を多く使う「和文」とが混淆して「和漢混淆文」が形成されていくということを観察しているわけだが、延慶本の文字化は次のように整理できるだろう。

一、和語も漢字によって文字化されている。

二、しかし、一つの和語に使われる漢字は一つに絞られているのではなく複数ある。

三、多く、漢字によって文字化されている語であっても、仮名によって文字化されることがなおある。

右の一・二・三はまさしく「和漢混淆文」が形成されつつあることを示していると考える。ここまで述べてきたことは、「表向き」は「和語がどのように文字化されているか」ということで、かなり漢字によって文字化されているということがわかった。これは日本語学の分野でいえば「表記分野」における観察、分析ということになる。

しかし、和語を漢字によって文字化するためには、和語の語義と漢語の語義のすりあわせが必要になる。そうしたすりあわせがあるから、「アラハス」という和語を「顕」という漢字で文字化したり「現」という漢字で文字化したりすることができる。そのすりあわせは、まさしく「漢語・漢字と日本語とのがっぷり四つ」であるが、それがいわば「水面下」で行なわれているために、通常はそのことが話題になりにくい。

和語を文字化する漢字が次第に絞られていくということがこの先の「ストーリー」になる。常用漢字表は一つの漢字に複数の訓を認めることが少ない。一つの漢字に訓が一つしかないということは、その訓にあたる和語を漢字によって文字化するにあたって、選択できる漢字が一つしかないということで、これが徹底すると、一つの和語の、漢字による文字化は一つしかない＝唯一性表記システムになる。しかし、常用漢字表は内閣告示されているから、日本列島上にひろくいきわたっているのであって、そういうことがなければ、一つの漢字に訓が一つしかないという状態にはなかなかならない。それでも二つとか三つとかに和訓が絞られていけば、それが「定訓」ということになる。

慶長十五（一六一〇）年に出版された「倭玉篇」という名の漢和辞書がある。この本が出版されたのは、江戸時代に入ってからであるが、同じような漢和辞書が室町時代にできあがっており、「倭玉篇」はそれらの漢和辞書の総称でもある。したがって、今ここでは慶長十五年に出版された「倭玉篇」を使うが、それは室町時代頃までの日本語の状況を観察するということでもある。さて、この慶長十五年版の「倭玉篇」には「アラハス」という和訓が配された漢字がなんと三十四もある。中には「暖」なども含まれていて、現代日本語からは想像がしにくい。延慶本が振仮名を施して使っていた「旗」はこの三十四に含まれているが、「影」は含まれていない。和語「アラハス」と対応する漢字が三十四もあるというだけで驚くが、対応する漢字がさらにある可能性がたかい。
「倭玉篇」は漢和辞書であるので、日本語の歴史の中で、「アラハス」と対応したことがある漢字には和訓「アラハス」を配置しようとしているだろう。つまりこの三十四の漢字は、いつ、どこで、どういう漢文において、という具体的なことはわからないが、「アラハス」という和訓が施されたことがある漢字の一覧表のようなものといえるだろう。それは日本語の歴史の一ページでもある。辞書には日本語の歴史が何らかのかたちで蓄積されているといえるだろう。第四章で詳しく述べるが、「辞書をよむ」ことによって、日本語の歴史もみえてくる。

ここまでは、漢字一字によって和語を文字化するということについて述べてきた。次には漢字二字によって和語を文字化するということについて今度は斯道文庫本を素材として考えてみたい。斯道文庫本として、斯道文庫古典叢刊之二『百二十句本平家物語』（一九七〇年、汲古書院）を使用し、その頁数を添えた。

和語を漢字二字で文字化する

斯道文庫本から十例あげてみよう。斯道文庫本には区切り点が施されているので、それを参考にしながら、読みやすくなるように句読点を調整して加えた。「／」は改行位置を示す。斯道文庫本には濁点が使われているが、徹底はしていないと思われる。

1時晴、右ノ沓ヲ踏ヌカレデ、ソコニ暫ク逍遙《タチヤスラウ》ホトニ、冠ヲ又／ツキヲトサレテ、束帯正シキ老翁ノ髻リ放テ、大小《サハカン》ノ御前ニ、ネリ出テ／タレハ、満座ノドヨミニテゾ有ケル。
（一六九頁）

2痩セ黒ミタル老僧ノ、桙杖ニ倚《スガ》リ、皇子ノ／御枕ニ踟蹰《タチモトヲッテ》テ、常ハ人目ニ見ヘケルトカヤ。
（一七六頁）

3若《ワカ》ニモ母御前ニモ後レマヒラセテ、誘引《サソウ》水アラハノ心ニテ候ヒシ所ニ、奈良ノ／伯母《ヲハ》御前ノ許ニ迎ラレテコソ候へ。（一九一頁）

4此ノ女房ト中ハ、冷泉大納言／隆房卿ノ未タ少将ナリシ時、見ハシメ玉ヘル人也。始ハ歌ヲヨミ、文ヲ尽シ／多ノ年月ヲ戀悲玉ヒシカトモ、靡ク景《ケシキ》モナカリシカ、有声ニ情ニ弱ハル／心ニヤ、終ニハ靡玉ヒケリ。少将昵《ワリナフ》思召シテ、幾程モナカリシニ、今ハ又、君ニ召レ進セテ／セン方ナサニ、飽ヌ別ノ涙ニ袖塩垂テ干シ敢ヘス。少将、此ノ女房ノ内裏ヘ／召レ玉ヒテ後ハ他《ヨソ》ナカラモ見奉ルコトモヤト、其事トナク、日ゴトニ参内セラレケリ。／此女房ノオワセケル御簾《ミス》ノ親《アタリ》、局ノ辺ヲ彼此《アナタコナタ》へ徘徊《タヽスミ》行キ玉ヘトモ、少将イカニ／云トモ、我既ニ君ニ召レ進セヌル上ハ詞ヲカワシ、文ヲモ見ヘキナラストテ／倩ラ情ヲタニモ懸玉ハス。（二〇一～二〇二頁）

5親近《マチカク》ハ我朝ニモ見候シコトソカシ。顕頼民部卿カ逝去シタリシヲハ、故院殊ニ／御歎アッテ、八幡ノ行幸延引シ、御遊ヒナカリキ。揔テ臣下ノ卒ナルヲハ代々ノ君／皆ナ御歎有事ニテコソ候へ。サレハコソ、親《オヤ》ヨリモ睦ク、子ヨリモ昵《シタシキ》ハ君与レ臣中也ト／申ス事ニテ候ヌ。（二一三頁）

6白樂天、九江郡ノ／司馬ニ左遷セラレテ、潯陽ノ江ノ邊ニ逍遥《ヤスライ》玉ヒケン。（二一八頁）

7是ヲハ、イツク及モ召具セラルヘウ候ト申モアヘズ／涙ニ咽ケレハ早晩《イツ》ノ好《ヨシミ》ニ、サレハ、此クハ申スラントテ、宮モ御涙ニ咽セヲワシマス。（二七五頁）

8コレホトニ／情ケナカルヘキ人トハ思ハサリシカト宛轉《フシマロヒ》テソ泣玉フ。（四六一頁）

9越中前司、安平《ヤスラカ》ニ思テ、是ハ越中前司盛俊也。（五三九頁）

10傍ニ私語《サヽヤク》者アレハ、今ヲ／限ト膽ヲ消ス。（七五六頁）

1においては和語「タチヤスラウ」を漢語「ショウヨウ」の文字化に使う漢字列「逍遥」によって文字化し、「タチヤスラウ」を振仮名として施している。6においては同じ漢字列「逍遥」によって和語「ヤスライ」を文字化している。

2においては和語「タチモトオル」を〈ためらう・躊躇する〉という語義をもつ漢語「チチュウ」の文字化に使う漢字列「踟躕」によって文字化している。3においては和語「サソウ」を、

〈誘う・誘い導く〉という語義をもつ漢語「ユウイン」の文字化に使う漢字列「誘引」によって、4においては和語「タタズム」を〈どこともなく歩きまわること〉という語義をもつ漢語「ハイカイ」の文字化に使う漢字列「徘徊」によって文字化している。

以下、5漢語「シンキン」に使う漢字列「親近」によって和語「マヂカク」を、7漢語「ソウバン」に使う漢字列「早晩」によって和語「イツ」を、8漢語「エンテン」に使う漢字列「宛轉」によって和語「フシマロビ」を、9漢語「アンペイ」に使う漢字列「安平」によって和語「ヤスラカ」を、10漢語「シゴ」に使う漢字列「私語」によって和語「ササヤク」を文字化している。

いずれの場合も、和語の語義と、使われている漢字列があらわす漢語の語義とに何ほどかにしても重なり合いがあることをよりどころとしていると思われる。

『万葉集』には「木間従　移歴月之　影惜　徘徊尓　左夜深去家里（木の間より移ろふ月の影を惜しみたちもとほるにさ夜ふけにけり）」（巻第十一・二八二一）があり、漢字列「徘徊」が和語「タチモトホル」を文字化していると考えられている。十二世紀後半にはできあがっていたと推測されている改編本系『類聚名義抄《るいじゅ(う)みょうぎしょう》』に属する観智院本『類聚名義抄』佛上の十五丁表の箇所においては漢字列「徘徊」に和訓「タチモトホル」「トタ、スム」「トヤスラフ」が配され、佛上の二十三丁裏の箇所においては漢字列「徘徊」に「タ、スム」「タチモトホル」二つの和訓が配されている。
「トタ、スム」「トヤスラフ」はわかりにくいかもしれないが、これは「文選読み」と呼ばれるもので、漢語とそれに対応する和語＝和訓を「ト」で結びつけ、「徘徊トタ、スム」「徘徊トヤスラフ」のように音読と訓読とを「ト」でつなげたよみかたをすることによって、もとになっている漢語とそれに対する和訓とを同時に示すよみかたをいう。『文選』に施された古い訓に多くみられることから「文選読み」と名づけられている。これも「中国語と日本語とのがっぷり四つ」の一つといってよさそうだ。『類聚名義抄』の記事は、漢字列「徘徊」が三つの和語「タチモトホル」「タタズム」「ヤスラフ」と結びついたことがあったことを窺わせる。やはり辞書には日本語の歴史が蓄蔵されているといえるだろう。

漢字列「徘徊」と和語「タチモトホル」との結びつきは『万葉集』にみられる。『類聚名義抄』では、「徘徊」と「タチモトホル」「タタズム」とが結びつけられ、「タチモトホル」は漢字列「踟蹰」とも結びついている。『平家物語』では、「タチモトホル」を「踟蹰」によって文字化している。〈いきつもどりつする〉という語義をもつ「タチモトホル」「タタズム」に「徘徊」や「踟蹰」をあてるという状態が、ゆるやかに継続しているようにみえる。

謎の二字漢字列——氷山の一角から氷山を想像する

1は中宮である建礼門院徳子が後の安徳天皇を出産する「御産《ごさん》」のくだりであるが、「延慶本」には「アヤシカリツル事ハ、甑《コシキ》形ヲ姫宮ノ御誕生ノトキノ様ニ、北ノ御壺ノ中ヘマロハカシテ、又トリアケテ、南ヘ落シタリツル事。ヲカシカリケル事ハ、前ノ陰陽頭安部時晴《ハレ》カ千度ノ御祓《ミハラヒ》勤メケルカ、或所ノ面道《ラウ》ニテ冠ヲツキヲトシテ有ケルカ、余リニアハテ、、其ヲモシラテ、束帯タ、シクシタル者カ放本鳥ニテ、サハカリ正シキ御前ヘネリ出タリケルケシキ。カハカリノ大事ノ中ニ、公卿、殿上人、北面ノ輩、見物ノ諸衆、皆悉ク腹ヲ切給ヘリ」（第二本・三十六丁表）とある。「延慶本」は「アヤシカリツル事」と「ヲカシカリケル事」とを対《つい》にして述べており、後者は滑稽な事として、陰陽師の安部時晴が、朝廷の公事の際の礼服である「束帯」を着用しながら、冠を落とされてしまったことに気づかずに、もとどりがむきだしになった「放本鳥《はなちもとどり》」の状態で御前へ静かに歩み出た様子を話題にしている箇所にあたる。「覚一本」では「公卿揃」のくだりに、類似の記事がある。「延慶本」には「サハカリ正シキ御前ヘネリ出タリケルケシキ」とあるので、斯道文庫本の「大小《サハカン》ノ御前ニ、ネリ出テタレハ」の「大小《サハカン》」は「サバカリ」の「リ」が撥音化した語形であることが推測できる。

斯道文庫本には次に掲げるような箇所があり、17によって「サバカン」はやはり「サバカリ」の変異語形であることが確認できる。

現在出版されている国語辞書のうち最大規模である『日本国語大辞典』（小学館）も「サバカ

ン」を見出しにしていないので、文献に頻繁に記されるような語形ではないことも推測される。「サバカリ」のここでの語義は〈非常に・たいへん〉であるが、その「サバカリ」が漢字列「大小」によって文字化されている。漢語「ダイショウ（大小）」の語義は文字通り〈大と小・大きなことと小さいこと・大きなものと小さいもの〉であるので、すぐには〈非常に・たいへん〉という語義とは結びつきにくい。というよりも、結びつきの「道筋」をたどることができないが、「ダイショウ（大小）」の語義を、〈大きなことから小さなことまですべて〉というようにやや拡大させてとらえれば、少し〈非常に〉にちかづく。

11 大小《サハカン》ノ智者ノ、明雲ト云名コソ心ヱネ。（七九頁）

12 大小《サハカン》ノ天台座主法務ノ／大僧正程人《ホトノヒト》ヲ、遙ナル関東伊豆國マテ流サレケルコソ浅猿シケレ。（八一頁）

13 延喜ノ聖代ハ、大《サ》小ノ賢皇ニテ渡ラセ玉ヒケレトモ／異国ノ相人ヲ内へ入サセ玉ヒケルヲハ、末代迄モ賢王ノ御誤リ、我朝ノ／恥トソ見ヘタル。（一九七頁）

14 御邊ノ父、故中納言ハ大小事申シ合セシ人ナリ。（二二三頁）

15 馬人ニセカレテ／大《サ》小ハヤキ宇治河ノ、水ハ上《カミ》ヘソ湛ヘタル。（二八二頁）

16 大小《サハカン》ノ天下ノ大事ノ都遷シナントヲモ、輙ウ思ヒ立レケルニコソ理也トソ人申シケル。

（四〇一頁）

17馬人ニセカレテ、大小《サハカリ》ハヤキ宇治川ノ下モハ瀬切《ギレ》テ／浅カリケレハ、雑人トモ、馬ノ下手ニ取付ゝゝ渡シケリ。（四八六頁）

13・15の「大《サ》小」は「サハカン」あるいは「サハカリ」という振仮名の先頭の「サ」だけを振仮名として施している。現代日本語母語話者は「なんだろう？」と思うであろうが、これで漢字列「大小」が「サバカン」もしくは「サバカリ」という語を文字化したものであることがわかった、ということになる。そして14には振仮名が施されていない。これらのことからすれば、現代日本語母語話者にはわからなくても、斯道文庫本が書写された室町時代には「大小」と「サバカリ・サバカン」の結びつきはわかっていたとみるのが自然であろう。「謎の二字漢字列」の「謎」は現代日本語母語話者にとっての謎で、斯道文庫本の書写者には謎ではなかった。

このように、同じ日本語であっても、時期によって共有されているルールが異なる。例えば、ある時期に文字化された漢字列がいかなる語を文字化したものであるか、現代日本語母語話者がわからないからといって、その時期の日本語使用者もわからないということには基本的にはならないことはいうまでもない。

漢字列「大小」と「サバカリ」との結びつきについてもう少し観察範囲をひろげてみると、上田秋成《うえだあきなり》(一七三四〜一八〇九)の『雨月物語』「夢応の鯉魚」の中に「或ときは絵に心を/凝《こら》して眠《ねぶり》をさそへば、ゆめの裏《うち》に江に入て、大小《さばかり》の魚とともに/遊ぶ」というくだりがあることがわかる。「絵に巧《たくみ》な」「興義《こうぎ》といふ僧」が夢の中で「江に入」って「大小の魚とともに遊ぶ」ということであるが、ここでの「さばかり」は〈いろいろな〉ぐらいの語義とみるのが自然であろう。いろいろな魚は大きさが大小さまざまであることを考え併せると、「大小《さばかり》」は文脈にぴったりと合った語及び文字化であるといえるだろう。

日本古典文学大系『上田秋成集』(岩波書店)の頭注は、中国の白話小説『醒世恒言《せいせいこうげん》』に収められている「薛録事魚服証仙」に「大小ノ人家ヲ論ゼズ」とあることを紹介している。『雨月物語』にはさまざまな「出典」があることが指摘されているが、この「夢応の鯉魚」は右に示した「薛録事魚服証仙」とその原型と考えられている『古今説海』に収められている「魚服記」とが「出典」とされている。ちなみにいうならば、太宰治は「夢応の鯉魚」をもとにして「魚服記」という作品をかいている。

大きな枠でいえば、『雨月物語』に収められている話が、さまざまな白話小説に取材していることはすでにわかっている。そして「夢応の鯉魚」は「魚服記」と「薛録事魚服証仙」とに取材していることがわかっているのだから、「薛録事魚服証仙」にある中国語とつながりがあるのではないか、という頭注は自然なものといえよう。

しかし、先に述べたように、室町時代に書写された『平家物語』テキストにおいて、和語「サバカリ」その変異語形である「サバカン」と漢字列「大小」の結びつきが確認できている以上、上田秋成が「薛録事魚服証仙」を介さないでこの結びつきを知っていた可能性はあることになる。抽象度のたかいとらえかたをすれば、上田秋成の『雨月物語』は中国の白話小説の影響を受けているという枠組みの中で『雨月物語』をとらえることになる。これはもちろん何の問題もない。しかし、『雨月物語』に収められている個々の作品をかたちづくる言語＝日本語ということになれば、それらすべてが中国語の白話小説につながるといえないであろうことはすぐにわかる。特徴的な語に目をつけ、それが白話小説と結びつかないか、という目でみることになるだろう。

しかしまた、日本語を母語としている上田秋成は、自身の「脳内辞書」にさまざまな日本語を蓄積しているはずで、その蓄積されていた日本語の中に、「サバカリ」と漢字列「大小」があった可能性はないとはいえない。上田秋成が斯道文庫本にふれていた可能性はたかくはないだろう。しかしまた、『平家物語』を何らかのテキストによって読んでいた可能性はたかい。

斯道文庫本に「大小《サハカン》」「大小《サハカリ》」「大小《サ》」「大小」とあることはきわめて興味深い。「大小《サハカリ》」が一例しかみられないことからすれば、「大小《サ》」「大小」いずれも「サバカン」という変異語形を文字化したものかもしれない。そうであると、斯道文庫本の書写者は「サバカン」という語形を使う人だったのだろう。そのことも興味深いが今は措くとして、「大《サ》小」「大小」を読み手が「サバカン・サバカリ」に結びつけることができるだろうと斯道文庫本の書写者は考えていたことになる。それは、それだけ「サバカン・サバカリ」と漢字列「大小」の結びつきは特殊ではない、ということだ。

室町時代頃には、という限定がつくが、このことが「特殊ではない」のだとしたら、それが続く江戸時代に継承されていく「道」が「斯道文庫本」だけではなく、他にもあることになる。その「他の道」は現時点でははっきりしていない。しかし「他の道」の可能性があるのだったら、そうした「道」から上田秋成に「情報」が受け継がれる可能性はおおいにあるといえるだろう。

たしかな語り方をするためには、たしかな「情報」に基づく必要がある。歴史は想像なしには語れないかもしれないが、想像が過剰になると妄想になってしまう。序章で、本書はできるだけ具体的に語りたいと述べた。それは「可能性」の確認といってもよい。ゼロから可能性があると述べるのではなく、ここまでは「道」があるのだから、この先があってもよいだろう、というかたちで「可能性」を語るということでもある。あの山の頂上にたどりつく「ルート」はまったくわかっていないけれども、なんとかなるでしょ、ではなく、五合目までの「ルート」は見つけてあるのだから、あと少しはなんとかなるはず、という説得のしかたといってもよい。斯道文庫本の「大小《サハカン》」「大小《サハカリ》」「大小《サ》」「大小」はその「五合目までのルート」にあたる。

漢字列の字順について

もう一つ「情報」がある。享保二(一七一七)年に十巻十三冊仕立てで出版されている『和《わ》漢《かん》音釈書言字考節用集《おんしゃくしょげんじこうせつようしゅう》』という辞書がある。槇島昭武《まきしまあきたけ》(?～一七二六以後)という人物が編集したことがわかっていて、この辞書の自筆稿本が天理図書館に蔵されているが、槇島がどのような人物であったかはわかっていない。この辞書の第十一冊「言辞九上」に「小大《サバカリ》　後太平記」という記事がある。漢字列は「小大」で「大小」ではない。しかし、漢語「ダイショウ(大小)」の語義は〈大と小〉であるので、二字漢字列の字順が入れ変わっても語義には影響がない。

実は二字漢字列の字順が入れ変わることはさほど珍しいことではない。後でもふれるが、斯道文庫本には「ハカバカシウ」を漢字列「分軍」によって文字化した例と、漢字列「軍分」によって文字化した例とがある。「軍分」も「分軍」も、どちらも「謎の漢字列」ではあるが、結局、和語「ハカバカシウ」と二字漢字列「分軍」「軍分」が結びついており、「ハカバカシウ」のどこと「分」が結びつき、どこと「軍」が結びついているということではない。そうなると、その漢字列が漢語に使う漢字列で、その漢語を知っているというようなことであればともかく、漢字列自体になじみがないと、どちらの字が上で、どちらの字が下だったか、ということになりかねない。たしかこうだったということで字順が入れ変わることになる。

固有名詞にもそうしたことがある。固有名詞には語義がない。したがって、語義によって漢字列の字順をおさえるということができない。それでも発音からわかりそうなものではあるが、斯道文庫本の書写者は、しばしば固有名詞の字順を間違えている。例えば「乗圓房ノ阿闍梨慶秀」(二七〇頁五行目)という人物を「秀慶ガ門徒ニ於テハ」(二七〇頁一〇行目)と書いてしまってから、「秀」の左側に「下」、「慶」の左側に「上」と書き、おそらくさらに念を入れて、ということだと思われるが、「秀慶」に「ケイシウ」という振仮名を施している。五行前で「慶秀」と書いていたのに、五行後には「秀慶」と書いてしまう。

粗忽といえば粗忽であるが、人名を発音と結びつけずに、書写していることが推測される。「ケイシュウ」という発音と結びつけていれば「秀慶」と文字化することは考えにくい。「節刀ヲハ今ハ伊豆國ノ流人頼朝ニタブト仰ケレハ」(三二〇頁)のくだりでは、「頼」の前に抹消した「朝」字がみえている。『平家物語』を写しているほどの人が頼朝の名前を間違えるのか、ということになるが、斯道文庫本はかなりの速度で書写されていると思われ、「ヨリトモ」という発音と結びつけずに写しているか、あるいは結びつけていても「頼朝」か「朝頼」か瞬間的にわからなくなったということだろうか。とにかく、こういうことがある。

こうしたことは、一冊でもいいからテキストを丁寧に読んでみればすぐにわかる。活字に翻字されたテキストからはわからないので、写真複製でもインターネットに公開されている画像でもいい。「生のテキスト」を丁寧に読むことによって、いろいろなことがわかる。その「いろいろなこと」の中には、そのテキストがつくられた時の日本語にかかわる「情報」が含まれている。本書は「日本語を追跡《トレース》する」ことを「方法」としているが、「追跡《トレース》」とはそういうことだ。

ことがらを整理してみよう。斯道文庫本『平家物語』に「大小《サハカン》」「大小《サハカリ》」「大小《サ》」「大小」とあった。これはいわば「事実」である。「大小《サ》」「大小」とあることから、和語「サバカリ・サバカン」と漢字列「大小」との結びつきはそれほど特殊ではないことを推測した。これは「事実」を起点とした「推測」ということになる。上田秋成の『雨月物語』に「大小《さばかり》の魚とともに遊ぶ」とあることは、中国の白話小説にかかわる可能性はあるが、斯道文庫本のようなテキストを秋成が読んでいた、あるいはまったく別のテキストに「サバカリ」を「大小」で文字化したものがあり、秋成がそのテキストにふれていたという可能性を窺わせる。この「可能性」はただの「可能性」ではなく、ある程度の蓋然性がある「可能性」と考えたい。そして『和漢音釈書言字考節用集』が「サバカリ」と漢字列「小大」との結びつきを見出しとして掲げている。その出所は『後太平記』となっている。ここでのポイントは『和漢音釈書言字考節用集』の編者が、「後太平記」に「小大《サバカリ》」とあると思っていたこと、あるいはそういう「情報」を得ていたこと、である。編者である槙島昭武はそういう「情報」を得ていた。

右をさらに整理すると、室町時代に書写された斯道文庫本の「情報」が、直接ということではなく、次の江戸時代に何らかのかたちで継承されている可能性がたかい、ということになるだろう。ここでの「情報」は「サバカリ・サバカン」をどのように文字化するかという「言語情報」であるが、言語は情報伝達を支える基盤なので、他の情報よりも言語情報はそもそもひろがりをもっている。

「大小《サハカン》」の話が長くなった。斯道文庫本には「昆空《ヒタスラ》」（三三頁）、「少縁《ヲホロケ》」（一一九頁）、「分軍《ハカ〳〵シウ》」（一八六頁）、「軍分《ハカ〳〵シウ》」（三八二頁）、「償賞《カシツキ》ケル」（三八四頁）のような、振仮名と漢字列との結びつきがすぐにはわかりにくい例が他にもあることを紹介しておこう。

漢字使用の広がり

先に掲げた例をさらにみてみよう。4では〈分別を超えて親密である〉という語義をもつ和語「ワリナフ」が「昵」字によって文字化されている。「昵」には〈近づく・なれる・したしむ〉という字義があるので、「昵」字によって右のような語義をもつ「ワリナフ」を文字化することはできる。同じ「昵」字が5では「シタシキ」という和語の文字化に使われているが、和語

「シタシキ」の語義も「昵」字字義と重なり合いがあるので、この文字化にも無理がない。和語「ワリナフ」の語義と「シタシキ」の語義とには少し重なり合いがある。重なり合いがあるとみることができるということは異なりもあるということであるが、そうした重なり合いや異なりが「昵」字字義でいわば吸収できるということだ。

また、4では和語「アタリ」を「親」字によって文字化している。現代日本語母語話者の感覚からすれば「親」といえば、まずは「オヤ」であろうが、「親」には〈したしい・ちかい〉という字義がある。現代日本語「シンキンカン(親近感)」は〈身近なものとして感じる親しみの感じ〉であろう。したがって、5のように漢語「シンキン(親近)」に使う漢字列「親近」によって和語「マチカク」を文字化することができる。また5では「親《オヤ》ヨリモ睦ク、子ヨリモ昵《シタシキ》ハ」という対句的な構成を採る。「睦ク」には振仮名が施されていないが、これは「ムツマジク」を文字化したものであろう。〈したしみあう〉という語義をもつ漢語「シンボク(親睦)」は「親睦会」のようなかたちで現代日本語でも使われている。

和語Xを漢字一字で文字化する。和語Xを文字化することができる漢字は一つとは限らない。また、一つの漢字が複数の和語を文字化する。またその和語を漢字二字で文字化することもできる。中世期は中国語と日本語との「がっぷり四つ」がさらに深く、さらに広がりをもち、漢字をめぐって複雑かつ重層的な状況ができあがりつつあった。しかし、この時期につくられ、現在まで残されている文献＝テキストは平安時代までに比べれば多いけれども、文献＝テキストが基本的には手書きで写されていたために、印刷による出版が常態化した江戸時代と比較すれば格段に少ないと言わざるをえない。そして手書きによる「情報」伝達は限定的であり、秘匿されている「情報」も少なくなかった。

これは、その時期の日本語を、例えば現代人が観察することが難しいということのようにみえる。実際、残されている文献＝テキストが少なければ当該時期の言語観察は難しい。しかし、文献＝テキストを「情報」ととらえた場合、「情報」が共有されていないということであり、そのことは言語のありかたに影響を与えていると考える。

「蔵庫中年久」

さて、先にふれた『後太平記《ごたいへいき》』は多々良南宗庵一龍《たたらなんそうあんいちりょう》の著作で、江戸時代初期に成ったと推測されている。延宝五（一六七七）年に四十二巻目録一巻のかたちで出版されている。

序文には「應安元年より天正年中に至り、二百餘歳ノ戰跡ヲ記録シテ後太平記ト名ツク」とあり、『太平記』を承けて、足利義満から義昭に至る歴代足利将軍の行跡を中心にして、室町時代における関東、近畿、中国四国、九州の軍事について記している。校訂にたずさわった井上家正は跋文において、多々良一龍が「諸家ノ付記ヲ抜取テ（＝諸家の記録を抜粋して）」『太平記』を書き継ぎ、八十巻とした。その後元和三（一六一七）年に「此書ヲ決定シ」（＝定稿として）四十二巻とし、「蔵庫中年久（庫中に蔵《かく》して年久し＝開版するまでに時間がかかった）」と述べている。

この跋文に述べられていることをそのままうけとるならば、元和三年にはすでに定稿ができあがっていたが、実際に出版された延宝五（一六七七）年までの間定稿は「蔵庫中」されていたことになる。本章に続く第三章においては、江戸時代の日本語について述べるが、江戸時代の日本語と「印刷出版技術の定着」とは切り離して述べることができない。室町時代末期から江戸時代初期にかけては、まず「古活字」と呼ばれる活字によって「活字印刷」が行なわれたが、それが次第に「製版印刷」に移行していく。古活字によって印刷が行なわれていたのが慶長・元和頃とされているが、これは西暦でいえば一五九六年から一六二四年にあたる。想像をたくましくすれば、多々良一龍が編纂した「後太平記」は古活字版として印刷されるはずであったが、それが実現しなかったために、延宝五年に整版で印刷出版された可能性がありそうだ。

それはそれとするが、ここでは室町末期・近世初期にできあがっていたテキストが庫中に蔵されていて、江戸時代になってから出版された、ということに注目したい。活字による出版は、活字を所有していれば、むしろたやすい。いわゆる「田舎版」はそうして印刷されている。しかし、古活字によって印刷された古活字版で現存しているものをみると、決して多くはない。

『太平記』には複数の古活字版がある。そのことからすれば、「後太平記」が古活字によって印刷出版される可能性はやはりあったのだろう。しかしそれが実現しなかった。秘匿されていた「情報」が公開され、ある程度の範囲にしても共有されることで「情報」の平準化が進み、それによって「知」のありかたも変わる。第三章ではそうしたことについて述べたい。

第三章

日本語再発見——ルネサンスとしての江戸時代

1　公開される情報——手書きから印刷へ

人間と言語の結びつき

「日本語の文字化」、すなわち日本語をどのような手段によって文字化するかについて考えた場合、室町時代まではおおむね「手書き」、江戸時代からは「手書き」と「印刷」との併用とみることができる。

「手書き＋印刷」は、どちらが優勢かによって「手書き主＋印刷従」と、「手書き従＋印刷主」とに分けてとらえることができるが、江戸時代から現代までの間に、前者から後者へ移行していったとみることができるだろう。現代はといえば、パソコンで文書を作成して、紙に出力するか、あるいは紙への出力をしないで、電子的にやりとりをするか、だろう。

ここではテキストを印刷して出版するということに注目し、それを「情報公開」という観点から考えていくことにしたい。

室町時代までは、歌道にかかわる秘伝は歌道の家に口承で、あるいは写本として、相伝されていた。歌道にかかわる秘伝は歌道の家に、生け花＝立花にかかわる秘伝は立花の家に、とい

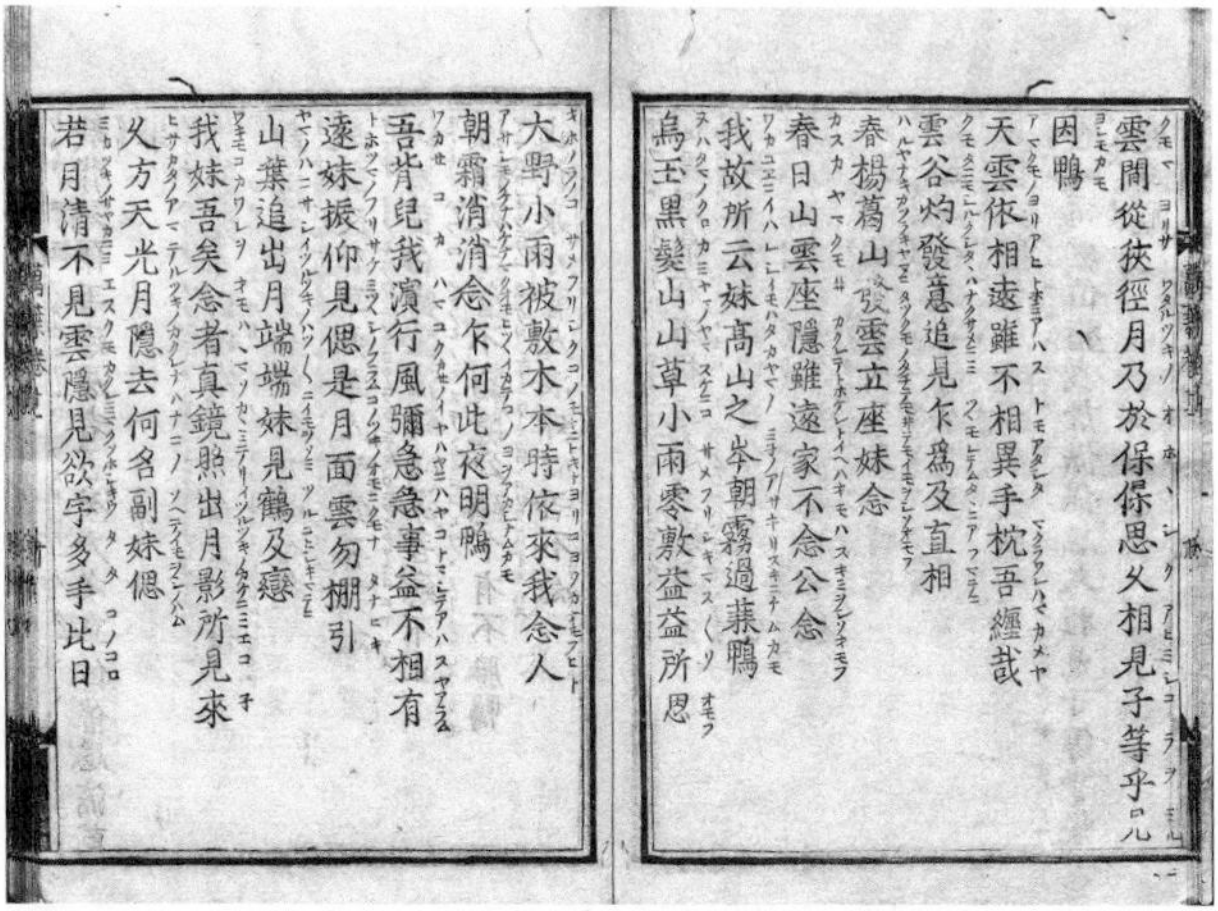
雲間従狭徑月乃於保保思久相見子等乎見
因鴨
天雲依相遠雖不相異手枕吾纏哉
雲谷灼發意追見乍為及直相
春楊葛山發雲立座妹念
春日山雲座隱雖遠家不念公念
我故所云妹高山之峯朝霧過兼鴨
烏玉黒髪山山草小雨零敷益益所思
大野小雨被敷木本時依來我念人
朝霜消消念乍何此夜明鴨
吾背兒我濱行風彌急急事益不相有
遠妹振仰見偲是月面雲勿棚引
山葉追出月端端妹見鶴及戀
我妹吾矣念者真鏡照出月影所見來
久方天光月隱去何名副妹偲
君月清不見雲隱見欲宇多手比日

図3-1 『万葉集』整版本（寛永版本）

うように情報はごく限られた範囲に秘匿されていた。そうした秘伝情報の一部は、江戸時代になると印刷出版され、ひろく公開されるようになっていった。歌道にかかわらない人々が歌道の秘伝にふれることができるようになることで、情報がひろくゆきわたり、知の平準化が行なわれるようになったと思われる。

江戸時代になると『万葉集』も印刷出版されるようになる。活字で印刷され訓が附されていないテキスト（活字無訓本）、活字で印刷され訓が附された、慶長・元和頃に出版されたテキスト（活字附訓本）、寛永二十（一六四三）年に出版された整版本（寛永版本）などがある。これらのうち、寛永版本（図3-1）は江戸時代以降、流布本の位置を得たが、『万葉代匠《まんようだいしょう》記《き》』をあらわしたことで知られる契沖《けいちゅう》(一六四〇〜一七〇一)もこの寛永版本を使っていたと考えられている。寛永版本が出版されていなくても、契沖は『万葉集』の研究を行なったであろうが、印刷されたテキストがなければ、まずは『万葉集』全巻を書写することから研究を始めることになる。

契沖の『万葉集』研究、古典文学研究は、契沖に続く国学者たちに大きな影響を与えた。本居宣長も契沖の研究の方法を高く評価している。「契沖が『万葉集』研究を行なわなかったら」という仮定は妙な仮定ではあるが、もしもそうだったら、「江戸の知」のありかたのなにほどかは変わっていたであろう。契沖の研究がなければ宣長の『古事記伝』もなかったかもしれない。契沖、賀茂真淵《かものまぶち》(一六九七〜一七六九)、本居宣長といった国学者たちが日本の始源、日本語の始源を探ろうとしたことによって、古代日本語の様相がかなりの程度まで明らかになった。そのことによって、おそらく契沖、真淵、宣長らは、日本語の歴史について何らかの「感覚」をもち、自身が使っている日本語を相対化することができただろう。それを「日本語再発見」といってもよいのではないか。

言語は人間が使うものであることはいうまでもない。しかしその人間が使う言語に、できるだけ人間をかかわらせないことによって、言語学は科学として成り立っている、とみることはできる。それは、人間が使っている言語から「人間が使っている」を除き、言語があたかも自律的に成り立っているように「みなす」ということでもあった。

『万葉集』をかたちづくっている日本語は、八世紀の人間が使った日本語であった。したがって、『万葉集』の日本語を江戸時代の人間が研究するということは「八世紀の人間が使った日本語を江戸時代の人間が、自身の使っている日本語を一方に置きながら研究する」ということといえるだろう。契沖の『万葉代匠記』を現代において観察、分析するということは、「八世紀の人間が使った日本語を、江戸時代にうまれた人間である契沖が、江戸時代の日本語を一方に置きながら研究した結果を、現代日本語を母語とする人間が観察、分析する」ということになる。

言語を観察、分析するということは、観察、分析をする目が幾重にもなっていく、ということであり、観察、分析をする主体が人間であることからすれば、人間が人間を観察、分析するということも幾重にもなっていく。言語の分析、知の追究は、そのように内部に内部にと向かっていく営み、あるいは外部に外部にと向かっていく営みであることをまずおさえておく必要があると考える。現代日本語母語話者にわかりやすい説明は時に現代日本語母語話者にのみわかりやすい説明に陥る危険性をつねにもつ。

秘伝から共有へ――『詞林三知抄』の日本語

筆者は何らかの編集が行なわれているテキストを「辞書体資料」、編集が行なわれていないテキストを、「辞書体資料」を一方において「非辞書体資料」と呼んでいる。「編集」は「情報」の取捨選択といってもよい。『万葉集』で使われているおもしろそうな漢字列を抜き書きしたノートを作るのは、『万葉集』から自身の興味にしたがって、「情報」を抽出したということであって、このノートは「辞書体資料」にあたる。それに対して、『万葉集』は「非辞書体資料」ということになる。本章末で、契沖が辞書体資料を駆使していたことについて改めて述べることにしたい。

辞書体資料は編集をした人の必要に応じて、あるいは興味に応じて編集されている。それを「目的」と呼ぶことにするならば、何らかの「目的」をもって編集されていることになる。その「目的」をつきとめておいたほうが辞書体資料を理解しやすいが、それができていなければ辞書体資料から日本語にかかわる知見を得られないということではないと考える。そして、辞書体資料にはその編集「目的」に応じて、濃密な「情報」が蓄蔵されていることが少なくない。辞書体資料については、第四章で詳しく述べるが、ここでは『詞林三知抄《しりんさんちしょう》』という辞書体資料を採りあげてみよう。

『詞林三知抄』は連歌に使うことばの注釈書の体をもつテキストで、そもそもは秘伝書的な傾きがあったと思われるが、成立は、天文(一五三二〜一五五五)頃と目されている。こうしたテキストは室町時代の間は写本として伝えられていただろうが、寛永十二(一六三五)年、寛文五(一六六五)年には印刷出版されている。

図3-2・**図3-3**は筆者が所持している『詞林三知抄』の写本、**図3-4**は富山市立図書館に蔵されている山田《やまだ》孝雄《よしお》旧蔵の写本。図3-2として掲げたテキストには「大坂御城下ニ而書之/寛文七暦丁未卯月吉辰　行存房/銀海」という奥書がある。前者二冊は冒頭部分であるが、小異があることがわかる。図3-2のテキストからいくつかの見出しを抜き出してみよう。

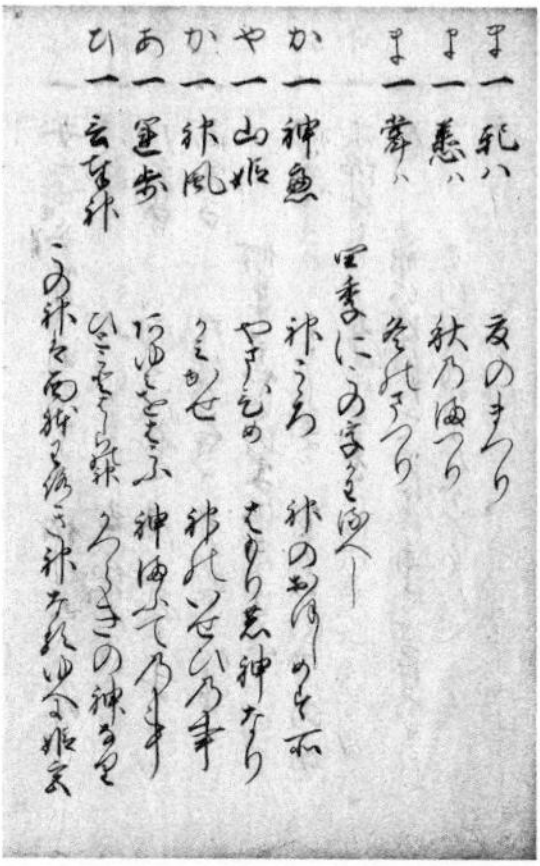

図3-2　『詞林三知抄』写本

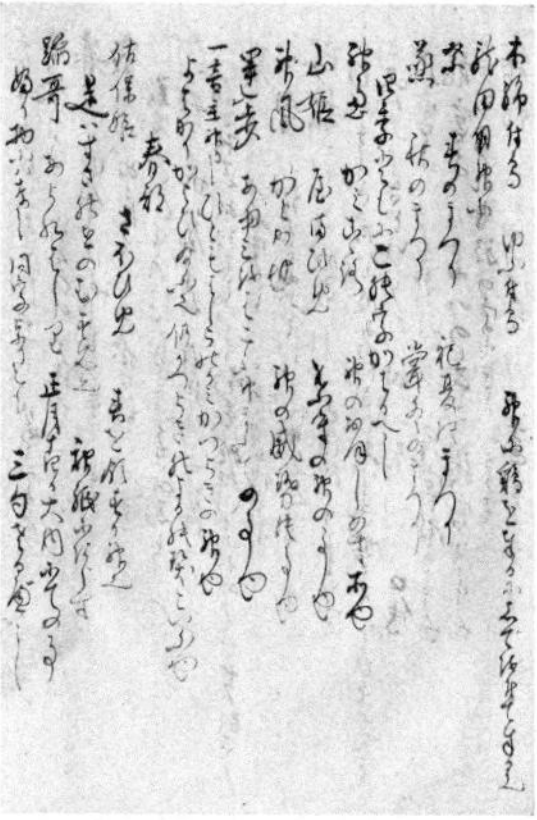

図3-3　『詞林三知抄』写本

神慮　神こゝろ　神のおほしめす所
運歩　あゆみをはこふ　神まふての事
長閑　のとか　しつかに三句さるへし
邂逅　たまさか　まれの事なり
　つくしの名所にたまさか山の時鳥とよめり
消息トモ分勝トモ　ありさま
白地　あからさま　はしめての事なり
承引　うけひく　したかふ事なり
嬋娟　なまめく　うつくしき事也
密語トモ南詢トモ　さゝめこと
手談　てすさみ　もてあそふ事なり
晨明　ありあけ　有明とも書なり
夕光　ゆふはへ　花のゆふはへ共有
日没トモ入合トモ　いりあひ
首途　かとて　居所にきらはす
訪彿　それかあらぬか　きく所おほつかなし

淘湛　たゆたふ　波にゆられたる躰也
鬱　おほつかなし　不審の事也
早晩　いつか　何の字に不嫌

見出しとして掲げられている漢字列は、室町時代頃までに使われたものと思われる。例えば、斯道文庫本『平家物語』第二十二句に「鬱《ヲホツカ》ナ」、「早晩《イツ》マデノ露ノ命ヲ惜ツ、」（図3-5）、第三十七句に「早晩《イツ》ノ好《ヨシミ》ニ」、第五十三句に「只、尋常ニ白地ナル御コトニテモ無ク」、第五十七句に「継母憎ンテ白地《アカラサマ》ニ懐ヤウニシテ水ニヲトシ入レ殺サントシケルヲ」などとあり、『詞林三知抄』は直接的には連歌懐紙に使われる漢字列を見出しにしているものと思われるが、その見出しは斯道文庫本『平家物語』のようなテキストから抽出された情報を類聚し、整理したものである可能性がたかい。

古代日本語の時代である奈良時代・平安時代の「情報」は中世語の時代である鎌倉時代・室町時代に受け継がれ、手書きテキストに蓄積され、場合によっては秘伝として秘匿されていた。手書きされた、そうした秘伝的なテキストは江戸時代になって、印刷され出版されることによって、ひろく共有されるようになっていった。オープンにされた言語情報は、江戸時代の「はなしことば」「かきことば」を相対化する。それは江戸時代の日本語だけが日本語ではない、

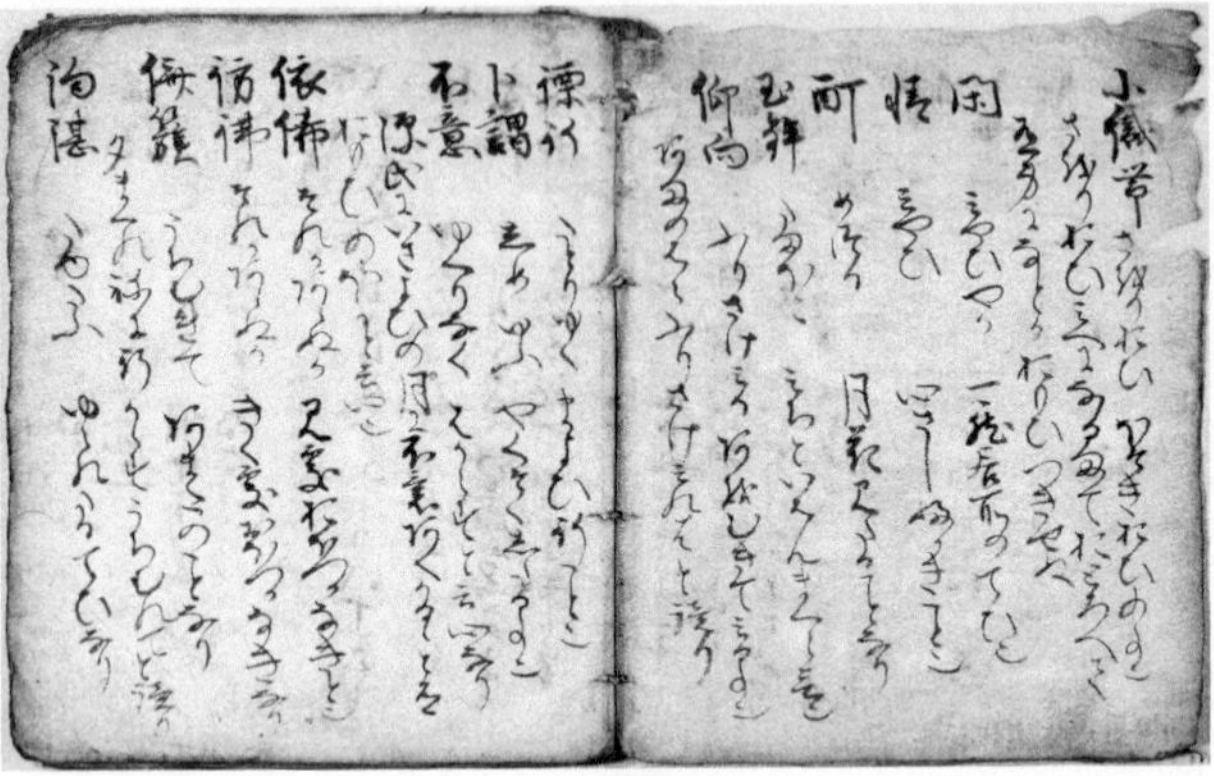

図 3-4　『詞林三知抄』写本

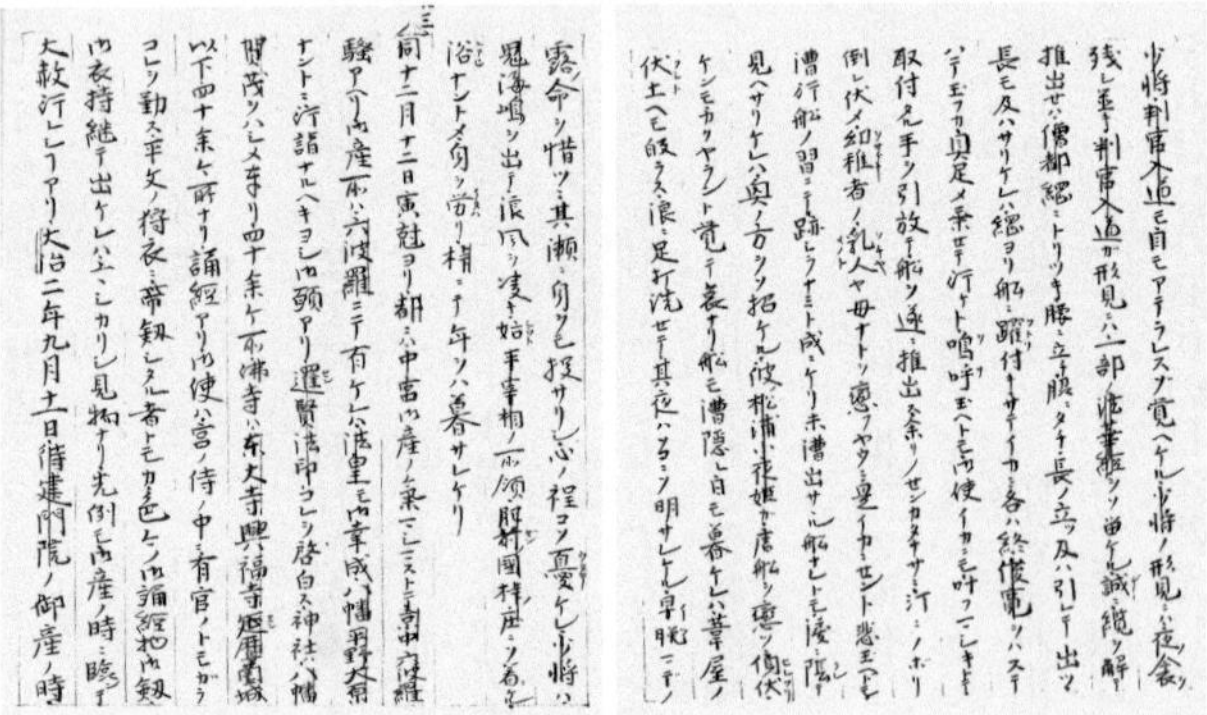

図 3-5　『平家物語』斯道文庫本

という具体性にうらづけられた意識といってもよい。そのような意識を背景にし、それを古代日本語に反照させることによって、古代日本語への接近が可能になったといえるだろう。

「日本語の歴史」というと、日本語が、奈良時代から平安時代へ、平安時代から鎌倉時代へ、というように単線的、直線的につながっていくことをまず想起するだろう。しかし、過去の日本語の観察、分析が、まずは過去につくられた文書＝テキストの観察から始まることを考え併せるならば、そうした文書＝テキストには必ず「書き手」が存在する。そして過去の「書き手」がつくった文書＝テキストを現代日本語母語話者が観察、分析する以上、そこにはまた現代日本語母語話者が介在していることになる。過去の「書き手」、現代の観察者の「視線」が交錯する中にテキストがあると考えるならば、そうした重層的な「視線」をなにほどかにしても意識することが必要になると考える。

2　江戸の「印刷革命」を考える

活字にみる心性

江戸時代のごく初期、慶長・元和頃には活字による印刷が行なわれるようになった。その頃の活字を、江戸時代後期になってつくられた木活字と区別するために「古活字」と呼び、古活字によって印刷された版本を「古活字版」と呼ぶ。

天皇の命によって印刷された勅版や徳川家康の命による伏見版・駿河版もある。元和勅版と駿河版は金属活字、それ以外の古活字版は木活字によって印刷されている。活字はいったん準備すれば、それを使って組み版をし、印刷が終わったら解版をして、また別のテキストの印刷をすることができるので、整版に比べてコストがかからないと考えられている。

しかし、古活字による印刷出版は五十年間ほどで終わり、整版印刷が主流となっていく。活字による印刷は、字と字との間に空白が生じる。「手書き」の場合、仮名と仮名とは「連綿」(=続け書き)されることが基本といってよい。それが、学校文法でいうところの「文節」と一致している、という「みかた」がある。しかしこれは、そうなっているところもあれば、そうなっていないところもある、ということで、「文節」と同じような感覚が過去にもあって、それを単位として書いていたわけではない。しかし、何らかのまとまりをもって書くのが自然であったことは推測できる。

「語とは何か」「語をどのように定義するか」ということは難しい問いであることは先に述べた。しかし、仮名を続けて書くのは、表音文字は一字ではなく、何字かがまとまって語をあらわしているのだから、一字ずつ独立させて書くのは不自然、今風に言うならば「ありえない」ということは意識されていたからではないだろうか。

図3-6は飛鳥井《あすかい》雅康《まさやす》(一四三六〜一五〇九)ら筆の「大島本」、図3-7は清泉女子大学に蔵されている古活字版『源氏物語』(もみちの賀)、図3-8は承応三(一六五四)年に出版された『絵入源氏物語』(椙山女学園大学デジタルライブラリー)である。現在はインターネット上に「デジタル源氏物語(AI画像検索版)」が公開されており、このデータベースによって、さまざまな『源氏物語』テキストを簡単に対照することができるようになっている。手書きされている「大島本」には仮名同士の連綿が多くみられる。

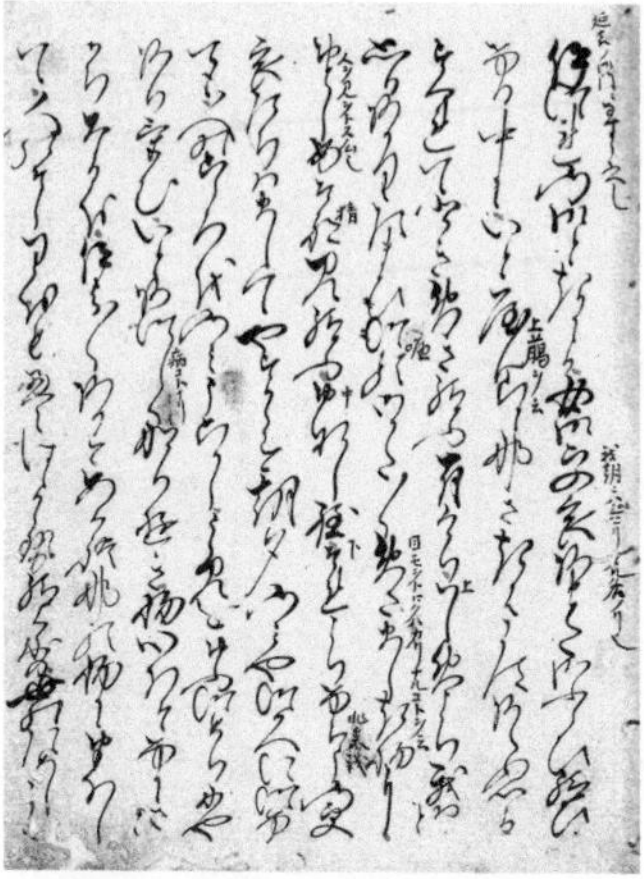

図3-6 『源氏物語』大島本(飛鳥井雅康ら筆)

古活字版には連続活字が使われていることがわかる。例えば一行目には「みかと」、六行目には「おほし」という連続活字が使われている。ただし、連続活字は活字の「理念」とあいいれない。「たまふ」という連続活字を作ると、「本文」に「タマフ」とある箇所には、この連続活字がすぐに使えるが、その他の箇所には使えない。「タマヘバ」にすら使えないことになる。「たま」という連続活字であれば、動詞「タマフ」の語幹すべてに使える。しかし、手で書くことを考えると、「タマフ」

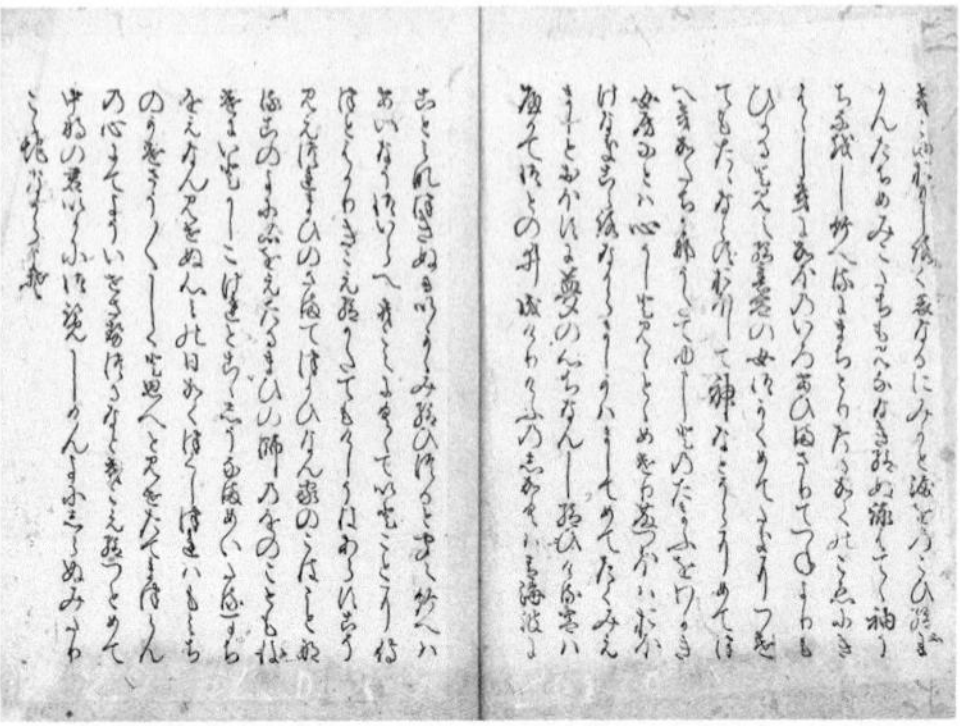

図 3-7 『源氏物語』古活字版

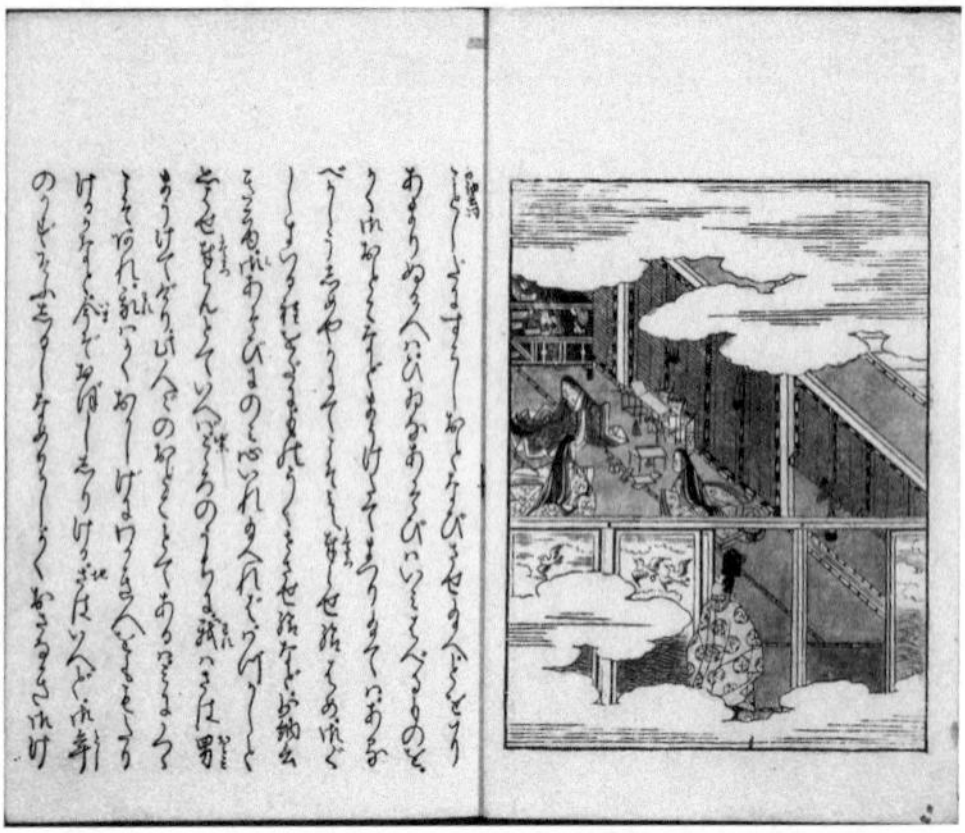

図 3-8 『絵入源氏物語』

という語は「たまふ」と一気に書くのが自然であろう。「たま」まで書いて、そこで筆を離して墨継ぎをすることはおよそ考えにくい。

古活字版が活字印刷であるのに連続活字を用意しているのは、印刷した版面にわずかではあ

って も連綿がみられることによって、版面全体を「手書き」に近づけるためと推測する。それはあくまでも見かけ上、であろうが、その「見かけ」が意識されていたとすると、その「心性」には留意しておく必要がある。

次に漢字の書体に着目してみよう。古活字版として出版されたテキストには『史記』や『文選』『貞観政要《じょうがんせいよう》』のような漢籍、『伊勢物語』や『竹取物語』『平家物語』のような和書とがある。これらの古活字版は「国立国会図書館デジタルコレクション」によってどのようなテキストであるか確認することができる。

漢籍に使われる漢字は楷書体、和書に使われる漢字は行草書体であることが多い。現在は、手書きであっても、漢字は楷書体で書かれることが多い。それは、漢字を習得するにあたって使われる教科書が楷書体の一種である明朝体で印刷されており、その教科書をモデルとして漢字を習得するからだ。そして、日常的な言語生活においては、行草書体を使うことがほとんどない。明治時代に行草書体で書かれたはがきは、そのうちに誰も読めなくなる可能性もあるだろう。身のまわりに行草書体の漢字がなければ、漢字の字体に目がいくこともなければ、「楷書体／行草書体」という対立軸があることにも気づかないのがむしろ当然であろう。「楷書体」は「真」、「行草書体」は「草」と呼ばれることがあったが、江戸時代には「真草《しんそう》」を書名に含むテキストが少なからずある。

図3-9は法政大学図書館デジタルアーカイブに画像が公開されている『真草二行節用集』（慶安三・一六五〇年刊）、図3-10は筆者所持の『真草倭玉篇』（刊年不明）であるが、いずれも「草」を「本行」に掲げ、「本行」の左側に「真」すなわち楷書体を示している。つまり、「真

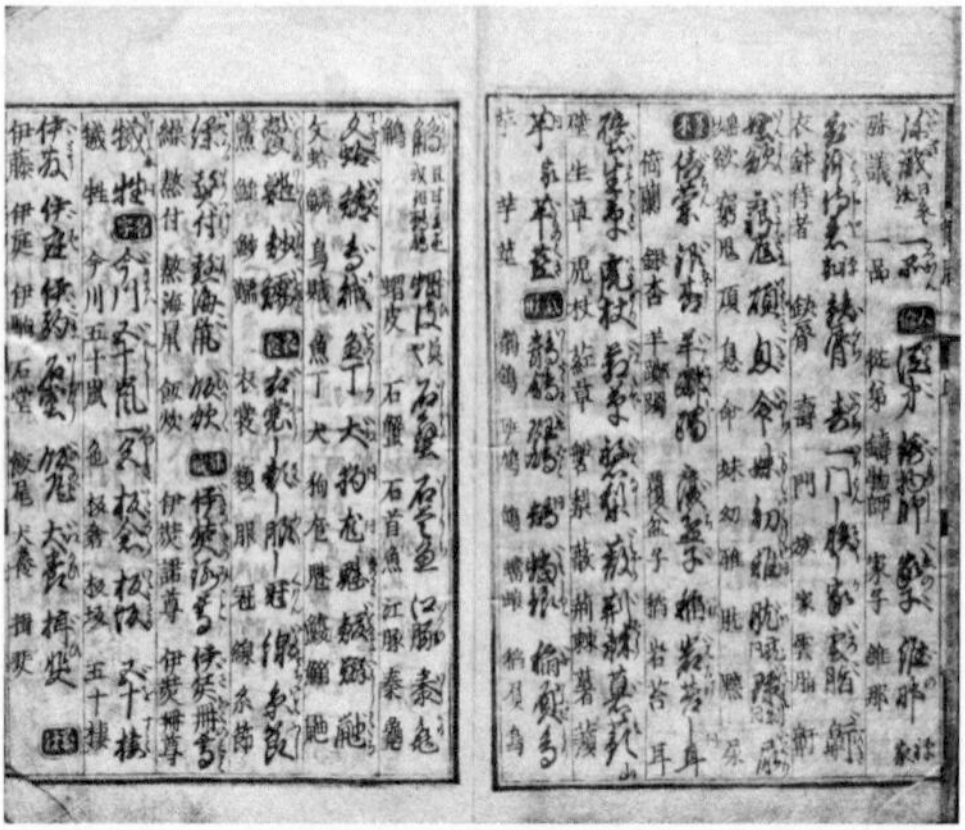

図3-9 『真草二行節用集』

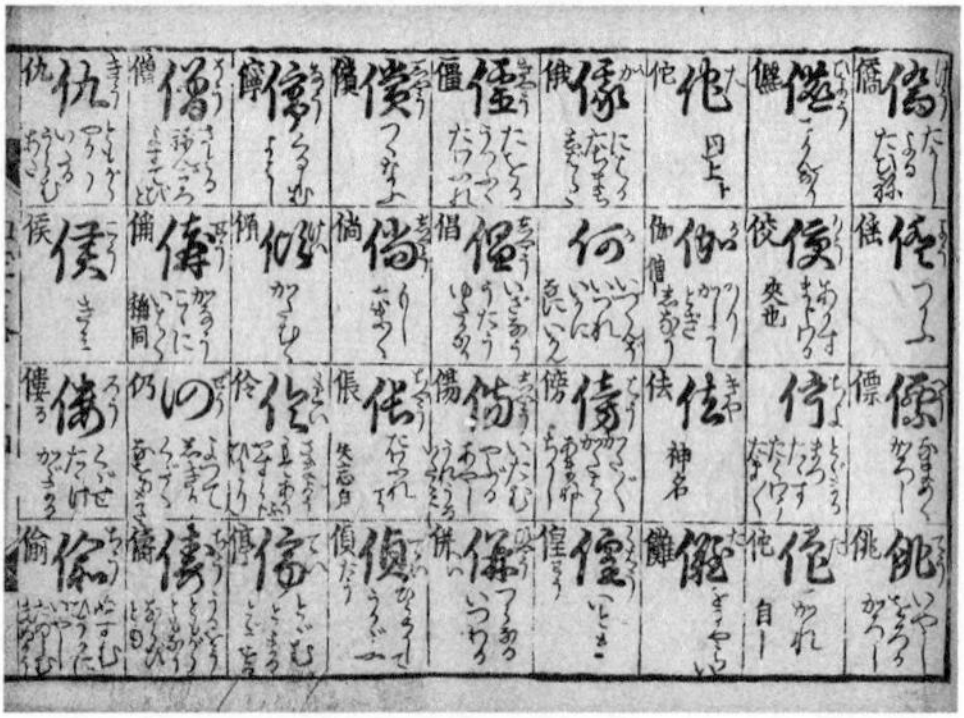

図3-10 『真草倭玉篇』

草」とはいいながら、「真＝楷書体」は「従」と位置づけられている。

古活字版が、「手書き」を意識し、部分的であるにせよ、「手で書いたように印刷する」ことを意識していたのだとすると、古活字版がつくられた時期は「手書き優勢」の時期であることになる。慶長・元和頃、すなわち江戸時代の初期はそうした時期であった。

どこに立つか

「タチバ(立場)」はもともと〈立っているところ〉という語義であったが、現代日本語においてはむしろ比喩的に使われることが多い。自身の立場から動かずにものごとを見ようとすると、現在使われている「文節」という概念・用語によって、過去のテキストにみられる「連綿」を説明できないか、と考える。「文節」では説明できない例があることがわかると、「文節にちかい」単位、「文節のような」単位と表現したりして概念を曖昧にしたりする。あるいは、おおむねはそうである、と量的に曖昧に表現したりして、あいかわらず自分の立場から動かないということはないだろうか。どうしても「今、ここ」を離れられない。

過去のテキストの側に「立つ」ことは結局できないが、そうはできないことを認識しながら、それでもそちら側に立とうとすれば、一字ずつではなくまとまったかたちで文字化している、アウトプットしている、ということがわかる。「大島本」では漢字と仮名も続けて書かれていることが少なからずある。それを「このような言語単位」にまとめて書いている、と説明することはできそうもない。しかし、一字ずつ書こうとはしていない、ということはおそらくいえるだろう。

第二章で、日本語は「切れ目」よりも「続き」を重視しているのではないかと述べた。文字化のしかたにも「続き」がみられる。こうしたことは、翻字されたテキストからはわからない。具体的なテキストの細部から、言語に関する比較的大きなことがらを窺うこともできると考える。鳥瞰=抽象的なみかたは大事であるが、言語に関しては、虫瞰はおろそかにできない。

新しい「読み手」が「かきことば」を変える

言語活動は双方向的なものだ。話すばかりで他者の話を一切聞かない人は(比喩的にはいるかもしれないが)いないし、書くばかりで他者の書いたものを読んだことがない人もいないだろう。「話し手」は「聞き手」でもあり、「書き手」は「読み手」でもある。

「手書き」によって同じテキストを大量につくることはできない。「同じ」の「同じ度」を厳密に考え、電子コピーのように同じ、と考えることにすると、「できない」はそのままの意味合いになる。大量につくることはがんばればできる。しかし、たとえば、百ページのテキストを一万部つくるとなると、なかなかがんばる気にもなれないのではないだろうか。こちらは原理的にはできるが、実際的には「できない」ということになる。印刷はそれを可能にする。

先に、室町時代まではおおむね「手書き」と述べたが、「おおむね」と述べたのには理由がある。それは、一般的にはそうであるが、寺院などでは印刷が行なわれていたからである。

奈良の興福寺においては、平安時代末期から江戸時代にかけて、『成唯識論《じょうゆいしきろん》』などの論典や、『大般若経』『法華経』『華厳経』『金光明経』などの経典やその注釈である経論や経論の注釈書である疏、などが出版されていた。興福寺で印刷されたテキストを春日版と呼ぶ。図3-11は国立国語研究所に蔵されている『大般若波羅蜜多経』巻第二百で、経の末尾に「弘安九年九月□日」と墨書されている。弘安九年は西暦一二八六年にあたる。

興福寺には鎌倉時代から江戸時代につくられた版木が二七七八枚伝存している（図3-12）。

また、高野山では、鎌倉時代から断続的に江戸末期まで、空海の著作を中心とした真言密教関係の典籍が印刷され、高野版と呼ばれている。図3-13は和歌山県立博物館が蔵している高野版『梵字《ぼんじ》悉曇字《しったんじ》母《も》并《ならびに》釈義《しゃくぎ》』の奥書部分で、「正平七年壬辰二月廿五日於金剛峯寺寛覺書／願主法眼重祐」とあり、正平七（一三五二）年頃に出版されたことがわかる。

グーテンベルクは聖書を印刷しているが、宗教にかかわるテキストは「同じ＋大量」であることが多い。印刷という技術は「同じテキストを大量につくる」ためのものと言い換えてもよい。

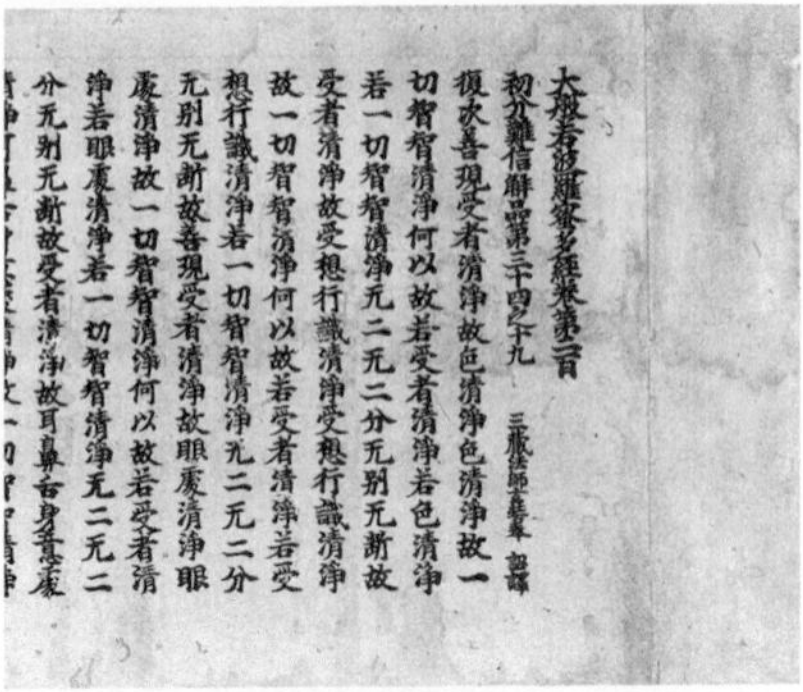

図 3-11　『大般若波羅蜜多経』巻第二百

図 3-12　春日版板木(『法華玄讃』巻第九〈巻首部分〉, 鎌倉時代)

同じテキストを大量につくって、それを販売するためには、「多数の読み手」が存在する必要がある。多数の「読み手」が存在することを前提として、あるいは期待して、販元がコストをかけて印刷を行ない、テキストを販売することによってコストを回収し、さらに利益をあげる。これは資本主義的な経済活動といってよいだろう。大坂だけ、江戸だけで販売するのであれば、販売地域が限定されているが、さらに広い地域で販売するのであれば、交通網も整備されていたほうがよい。安定した貨幣経済・交通網はテキストの印刷出版を支える重要な前提といってよい。

もう一つ考えておかなければならないことがある。例えば、草双紙《くさぞうし》を印刷出版するとしよう。「読み手」のリテラシー（＝読み書き能力）はある程度想定してテキストをつくるであろうが、「読み手」は不特定だ。つまり印刷したテキストの「読み手」は「不特定多数」であることが多くなる。それでも、購買者層はある程度想定するだろう。そうすると、想定した購買者層のリテラシーに合わせた文字化をする必要があることになる。より多くの購買者を想定するならば、「誰にでも読める可読性のたかいテキスト」をつくらなければならない。これは、文字化についてのことであるが、「不特定多数」の「読み手」は「書き手」と情報を共有していない。多くの情報を共有している「読み手」に向けてのものであれば、共有されている情報を言語化する必要がない。しかし「不特定多数」の「読み手」を想定するならば、共有されている情報はゼロであることを前提に

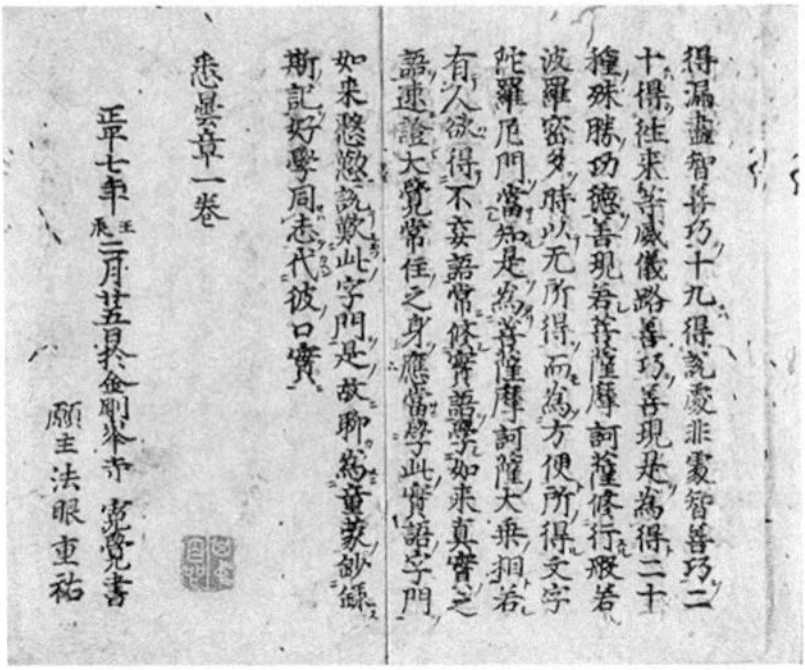
得漏盡智善巧十九得說處非處智善巧二
十得往来等威儀路善巧善現是為得二十
種殊勝功徳善現若菩薩摩訶薩修行般若
波羅蜜多時以无所得而為方便所得文字
陀羅尼門當知是為菩薩摩訶薩大乘相若
有人欲得不妄語常依實語学如来真實之
語速證大覚常住之身應當學此實語字門
如来慇懃説歎此字門是故聊為童蒙鈔録
斯記好學同志代彼口實

悉曇章一巻

正平七年壬辰二月廿五日於金剛峯寺 實覚書

願主法眼重祐

図 3-13　高野版『梵字悉曇字母并釈義』奥書

しなければならない。といって、なんでも言語化していたら、テキストが冗長になる。わかりやすく情報をもりこんだ「かきことば」がいっそう求められることになる。

ある時期の「かきことば」とそれとは別な時期の「かきことば」とを対照して、どちらがわかりやすいかを比べてみるのは案外と難しいことがすぐに予想できる。「かきことばのわかりやすさ」をどうやって測定すればよいか、という汎時的な基準がつくりにくいからだ。

古代日本語よりも近代日本語のほうが接続詞や接続助詞を多く使い、論理的に「文」をつないでいるということが指摘されている。「文」を情報と置き換えてもよい。「文」と「文」、すなわち情報と情報とを「書き手」がどのようにつなげていこうとしているかは、接続詞や接続助詞がなくても「読み手」が想像することができる。しかし、接続詞があれば、「書き手」がどう考えているかを、より明確につかむことができる。

ただしこれは「文」と「文」とのつなぎかたに関してのことで、一つ一つの「文」そのもののことではない。この「文」はこの「文」よりもわかりやすいということを、同じような内容の「文」ではない「文」同士の対照によって指摘できるだろうか。指摘、判断はなかなか難しそうだ。そもそもいわゆる「散文」においては一つの「文」の言語量が定まっているわけではない。そう考えると、『万葉集』の頃から現代まで、定型をもって、ずっとつくられ続けている和歌・短歌を「わかりやすさ」という観点から観察するということはおもしろいかもしれない。

話を戻せば、測定は難しいけれども、印刷出版によってテキストが大量に作られることで、「かきことば」も変わったことが原理的には推測できる。技術が言語のありかたそのものに影響を与えるということだ。

絵入りのテキスト

図3-14は宝永元(一七〇四)年に出版された『江戸大節用海内蔵《えどおおせつようかいだいぐら》』の「二十三門部分凡例」の部分である。この『節用集』は全体を「いろは」分けし、その内部を「言語」「天の部」「地の部」「時候」「地名」など、二十三の部門に分けている。その凡例に絵が添えられている。絵がなければ部門が説明できないわけではもちろんない。ただ、テキストの冒頭に絵があることで、このテキストを手にとる人はおそらく多くなるであろうし、購入する人も多くなるだろう。実際にはどうかわからないけれども、そういうことを期待してのことと推測する。今風にいえば「キャッチー」ということになるが、それはおもに経済的な観点ということになる。

このテキストがどのような日本語を見出しにしているか、ということが言語学・日本語学がまず観察すべきことがらであろう。しかしまた、辞書と呼べそうなテキストが絵を入れているということをどのように考えればよいか、ということも考えておく必要がある。『江戸大節用海内蔵』の場合は、ちょっとした挿絵のようにみえる。しかしテキストによっては、絵があることで「内容」がわかりやすくなることもある。「内容」を「情報」と置き換えて考えるならば、絵があることによって「内容」がわかりやすくなるのだったら、絵も「情報」の一部を担

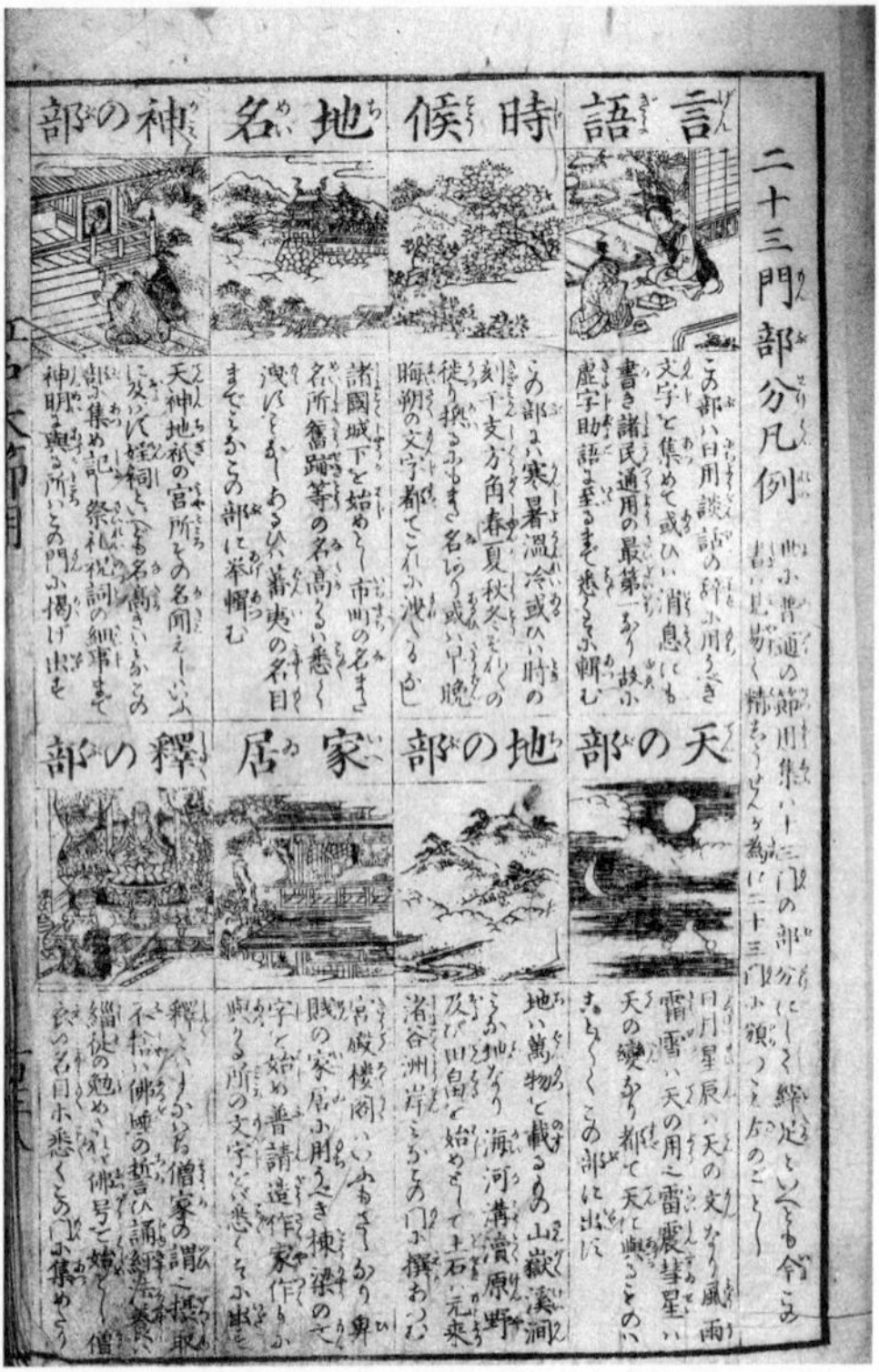

図 3-14　『江戸大節用海内蔵』二十三門部分凡例

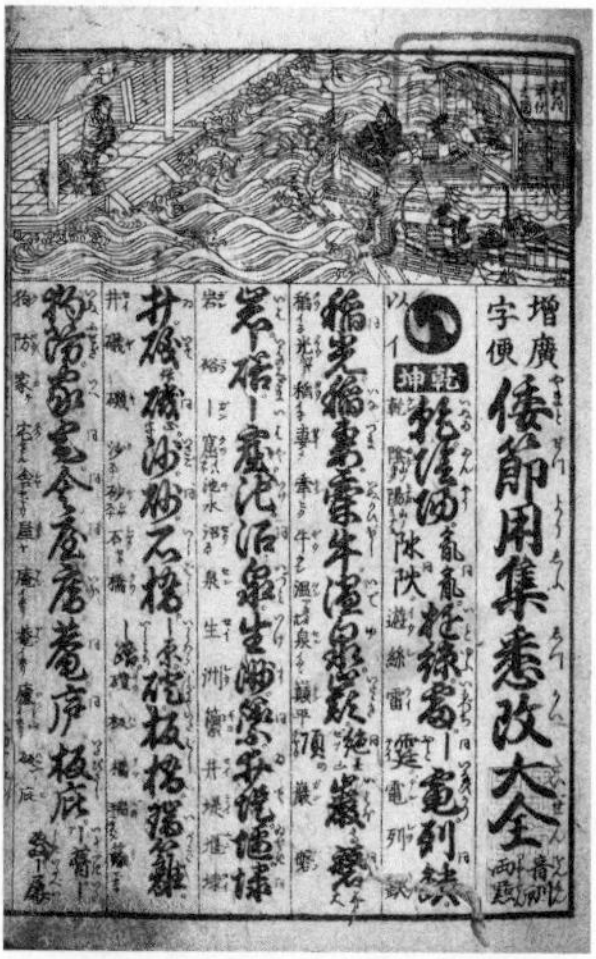

図 3-15 『増広字便 倭節用集悉改大全 音訓両点』冒頭

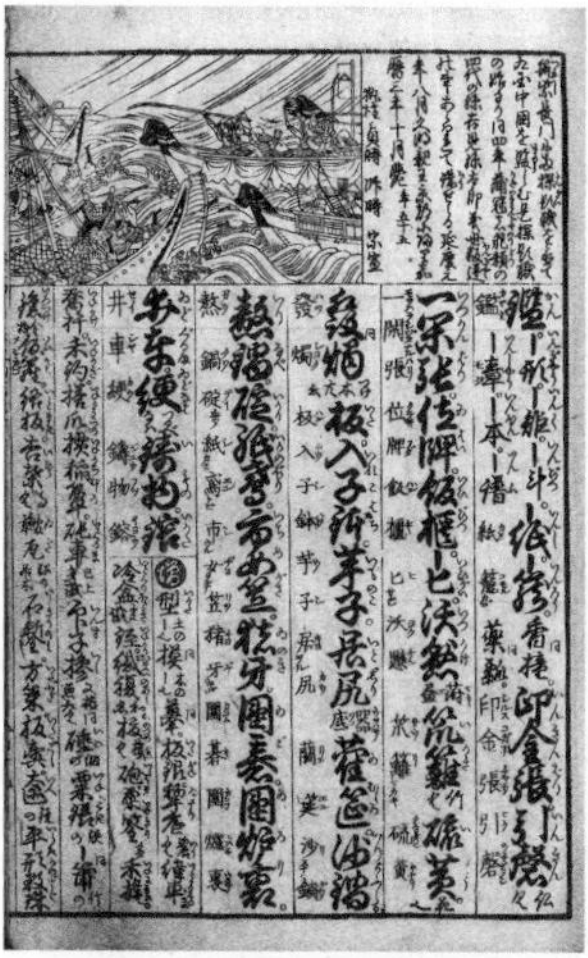

図 3-16 同，増補箇所

っていることになる。そう考えると、「情報」が言語と絵とによって分担されていることになる。

現在出版されている絵本でもそのようなことがある。文字化されていない情報が絵によって示されている場合や、絵をじっくりみていると、文字化されている情報がより鮮明なイメージをもたらす場合などがある。近代文学作品に挿絵が添えられている場合、挿絵がどのように機能しているかという研究もある。

江戸時代、十七世紀後半ぐらいになると浮世絵が盛んに印刷され出版されるようになっていく。浮世絵も整版によって印刷されているが、この頃に日本の製版技術はきわめて高いレベルにあったといえるだろう。

活字印刷では、文字の大きさを一つの版面内で変えにくい。変えられないといってもよいかもしれない。しかし、整版であれば、自由自在に変えることができる。図3-15は文政九（一八二六）年に出版されている『増広字便倭節用集《やまとせつようしゅう》悉改大全《しっかいたいぜん》音訓両点』の冒頭箇所であるが、この面を活字で印刷するとしたら、タイトルに使った大きさの活字、「本文」に使う行草書体の漢字活字、「本文」の振仮名に使う平仮名の活字、本文左側に添えるための楷書体の漢字活字、その振仮名に使う片仮名の活字などがまずは必要になるが、図3-16には増補された箇所があり、そこで使う行書体漢字活字やその振仮名に使う平仮名の活字など、さまざまな大きさ、書体の活字を揃える必要があって、活字印刷はできないといってもよいだろう。そしてそれにさらに挿絵が加わるとすれば、ますますもって活字印刷では対応できない。第四章で改めて話題にしたいが、辞書体資料にとっても絵は重要な要素といってよい。

3　新たな「日本語」の発見

古代日本語の発見

先に契沖についてふれたが、契沖・賀茂真淵・本居宣長を「国学三哲」と呼ぶことがある。

国学者たちは、それぞれいろいろなテキストの読み解きにエネルギーを注いだが、共通しているのは、日本の始まりを明らかにしようとしていたことであると考える。「日本の始まり」とは古代日本がどうであったかということで、どうであったかには日本語も含まれる。

本書八六頁で、語の意味＝語義を「こころ」とみると、と述べた。本居宣長は『うひ山ぶみ』の中で、「こころ(心)」と「ことば(言)」と「わざ(事)」とを分けてとらえている。「こころ(心)」の働きかけによって言語＝「ことば(言)」がアウトプットされ、「こころ(心)」の働きかけによって、行動＝「わざ(事)」が起こされる、と考えることにしよう。「起こされる」もアウトプットの一種であるとみるならば、「こころ(心)」の働きかけによって「ことば(言)」・「わざ(事)」がアウトプットされるということだ。

そして宣長はこれらがつながりをもっているとみている。「つながり」というよりも重なり合っているとみている。「こころ(心)」がつたないとアウトプットされる言動もつたなくなり、「こころ(心)」がかしこければ、アウトプットされる言動もかしこいものとなる。だから、言語には丁寧に接する必要がある。言語は双方向的だから、丁寧に「かき」丁寧に「よむ」、丁寧に「はなし」、丁寧に「きく」。

そして、テキストを丁寧に精緻に「よむ」ことによって古代日本人の「こころ(心)」に迫ろうとした。古代日本人の言動を江戸時代に生きる宣長が見聞きすることはできない。古代日本人の言動は『古事記』や『日本書紀』に記されている「ことば(言)」を丁寧に読み解くことによってしか知り得ない。だから、宣長は『古事記』を丁寧に読み解き、『古事記伝』四十四巻をあらわした。宣長は古代日本人の「こころ(心)」が知りたかったのだろう。しかしそのためにはまず古代日本語を読み解く必要があった。

『古事記』を読み解いていく過程で、そこに記されている古代の神々、古代人の「わざ(事)」には江戸時代の「心性」では納得できないことがあることには当然気づいていただろう。しかし、宣長は「納得できないこと」を受け入れることにした。そのために、宣長は現代日本語母語話者に「神秘主義者」と呼ばれることがある。しかし、宣長は、テキストに記されていることがらが、自身に理解できない場合は「記述が誤っている」、理解できる場合には「記述が正しい」というようないわば「場渡り的な」評価を避けたとはいえないだろうか。自身が理解できるかできないかということを基準にするのでは、自己中心主義のようなもので、その自分が江戸時代に生きていることからすれば、いちじるしく現代寄りのとらえかたということになる。宣長を「神秘主義者」と呼ぶことは自由といえば自由であるが、そう呼ぶことが現代寄りの評価という可能性はあるのではないか。

宣長は『古事記』を読み解き、宣長が思うところの古代の日本語＝「古言」にたどりついた。そしてそれ以上ふみこむことを避けたようにもみえる。それをテキストの解読に徹したとみることはできるだろう。

「異色の」というような形容を伴って紹介されることが多い、国学者富士谷御杖《ふじたにみつえ》（一七六八～一八二三）は、宣長が『古事記』の内容を受け入れ、疑問を呈さなかったことを残念がり、その態度を批判する。そして御杖は、そういう箇所は「倒語」という特殊な言語化がなされているのだとみる。御杖の「言霊倒語説」である。

古代日本人の「こころ(心)」、古代日本語を知るために、江戸時代からずっとテキストを遡っていくと、『古事記』『日本書紀』『万葉集』にたどりつく。他にもテキストはないではないが、まずはこれらを読み解くしかない。契沖と真淵はおもに『万葉集』の読み解きにエネルギーを注ぎ、宣長は『古事記』の読み解きにエネルギーを注いだ。

これらのテキストはいずれも漢字によって日本語を文字化しているので、漢字を表音的に使っている箇所以外は、漢文的に文字化されている。漢文的に文字化されている箇所とは、漢字を表意的に使っている箇所で、表意的に使っているのだから、意味はなんとなくわかる。しかし、第一章で詳しくみたように、具体的にどのような日本語を文字化しているかということがわかる場合もあれば、わからない場合もある。

こう述べると、それは読み解こうとしている側のスキルが低いことが原因のように聞こえてしまう。しかし、本書三一～三四頁で述べたように、そもそも、どのような日本語を文字化しているかということが「読み手」にわかるようにすなわち、つねに語が特定できるようには文字化していない可能性がある。

そして、その「どのような日本語を文字化しているかということが「読み手」にわかるように文字化していない」という文字化は、日本語の根底にずっとあったのではないかということを仮説として示したいと思っている。『古事記』がそうではないかという主張は碩学、亀井孝によって、昭和三十二（一九五七）年、今から六十五年以上前になされ、以来その論文は繰返し読まれ、その主張は繰返し検討されてきた。『古事記』については、そうだと考えている研究者は多いだろう。

筆者の仮説は（程度の違いはあるだろうが）そういう文字化、すなわち語形を第一義的に示さないような文字化はずっと継続していたというものだ。もしもそういう面があるとすれば、日本語（の文字化）には非音声的な面があることになり、言語をそのようにとらえることは非ソシュール的なみかたということになる。奇矯な主張をしようとしているのではない。日本語においては、漢字と漢字の並んだ漢字列が意味の伝達に深くかかわっているだろうという主張であり、それはおおむね認められるだろうと考えている。

「こころ」が伝わればよい

「はなしことば」は、どのような語であるかがすぐにわかる。しかし、日本語には正書法がなく、文字化のしかたに選択肢がある。表意文字である漢字を使って文字化した場合、文字化されている語がどのような語であるかがすぐにはわからないことがある（「ヨメない」）。それでも意味＝語義はなんとなくにしてもわかる（「よめる」）。「書き手」が「読み手」に伝えたいのは具体的な語形ではなく意味なのだ、と考えることはできる。私が今使っている語は、これですよ、ということを言いたいのではなく、私が言いたいのはこういうことですよ、ということが伝わればいい。そうであれば、語形は二の次でもいい。

少し具体的に説明してみよう。『古事記』の冒頭ちかくに「次、国稚如浮脂而、久羅下那州多陀用弊流之時」というくだりがある。現在は「次に、国稚《わか》く浮ける脂の如くして、くらげなすただよへる時に（＝次に、地上世界がわかく、水に浮かんでいる脂のようで、くらげのようにふわふわと漂っていた時）」とよまれている。

「時」に続いて「流字以上十字以音」と記されている。これは「流」から上の十字を音でよめ、という注と考えられている。その十字は「久羅下那州多陀用弊流」で、「クラゲナスタダヨヘル」とよまれている。すなわちそういう日本語をあらわしていることになる。漢字で文字化してある文・文章において、漢字を表意的に使ったり表音的に使ったりするときわめてよみにくくなる。どこが表意的でどこが表音的であるかがすぐにはわからないからだ。右のような注はそうしたことに対応したものとみえる。しかし注が綿密に施されているかといえばそうでもない。

「クラゲ」は現代日本語であれば、片仮名で文字化するだろうが、漢字列「海月」や「水母」で文字化することもあるだろう。「タダヨウ」は現代日本語ではまず「漂う」と文字化するであろうが、『古事記』はそうしていない。『日本書紀』で、右に対応しそうな箇所をみると、「古国稚地稚之時、譬猶浮膏而漂蕩（古に国稚く、地稚かりし時に、譬へば浮かべる膏の猶くにして漂蕩へり＝昔、国も土地も若く幼かった時に、それはちょうど水に浮かんでいる脂肪の塊のようにあちこちに漂っていた）」と文字化されている。

『日本書紀』は基本的に正則《レギュラー》な漢文で書かれているので、和語「タダヨウ」にあたる中国語として「ヒョウトウ（漂蕩）」が使われていることになる。漢語「ヒョウトウ（漂蕩）」と和語「タダヨウ」とがつよく結びついていれば、漢字列「漂蕩」をみた「読み手」がこれは和語「タダヨウ」をあらわしているかもしれない、と思うことができる。しかし、『日本書紀』の他の箇所では、「溟渤以之鼓盪、山岳為之鳴呴」（神代紀上）、「大潮高騰、海水飄蕩」（天武紀十三年）の「盪」、「飄蕩」が「タダヨウ」と訓読されている。訓読は漢文を翻訳する行為なので、「タダヨウ」という和語が「盪」や「飄蕩」によって文字化されていた証拠としては弱い。しかし、「盪」「飄蕩」を和語「タダヨウ」に結びつけた人がいた証しではある。「タダヨウ」と結びつく単漢字があり、二字漢語が複数あるということを裏返せば、和語「タダヨウ」を文字化する単漢字・漢字列はまだ一つに定まっていないようにみえる。そのような状態であることが前提となると、漢字で文字化されている一つ一つの「文」、その「文」を構成している「語」を丁寧に探っていくしかない。

文字化する側からいえば、どうしても日本語の語形をはっきりとさせた文字化をしたいとなれば、漢字を表音的に使って文字化をし、できれば「ここは表音的に文字化している」ということがわかるようにしておくと「読み手」はありがたい。このように考えていくと、漢字によって日本語を表意的に文字化するということは、和語の語形がわからない場合もある、という覚悟を必要とすることであることになる。

メタ言語の様相——方言・圏点・符号

俳人であった越谷吾山《こしがやござん》(一七一七～一七八七)があらわした『物類称呼《ぶつるいしょうこ》』というテキストが安永四(一七七五)年に出版されている。『物類称呼』は後に「和歌連俳諸国方言」と改題されて寛政十二(一八〇〇)年にも出版されている。図3-17は『物類称呼』巻三の五丁裏～六丁表にかけての箇所。「冬瓜」が六丁表の三つ目の見出しとなっている。翻字してみよう。句読点を補った箇所がある。

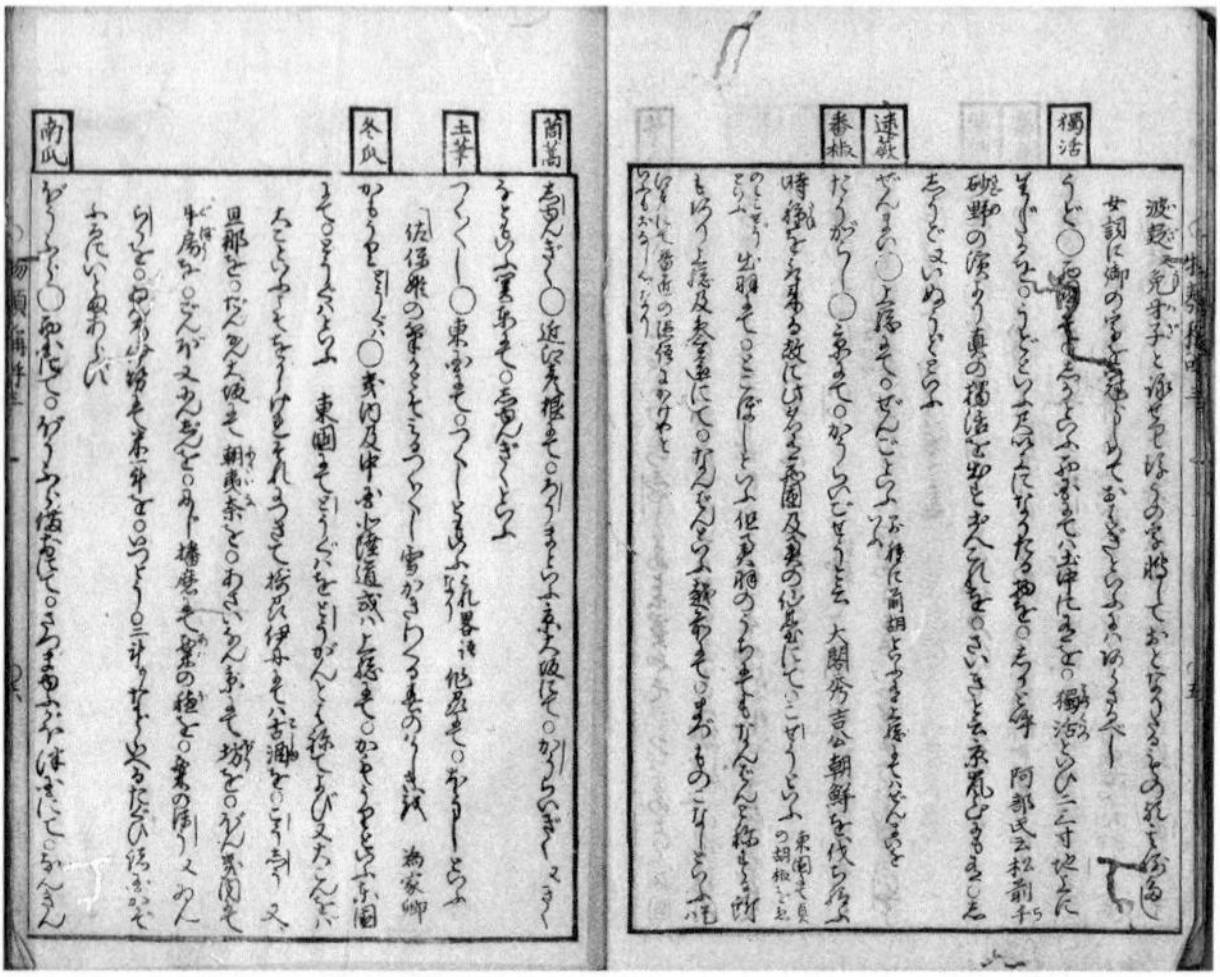

図 3-17　『物類称呼』巻三，五丁裏〜六丁表

かもうり　とうぐは○畿内及中国北陸道或は上総にて○かもうりといふ東国にて○とうぐはといふ　東国にてとうぐはをとうがんとはねてよび又大こんをば大ことといふこそをかしけれ。それにつきて、摂州伊丹にては古酒《こしゅ》を○こうしう　又旦那を○だんなん、大坂にて朝夷奈《あさいな》を○あさいなん、京にて坊《ぼう》を○ぼん、畿内にて牛房《ごぼう》を○ごんぼ、又にんじんを○にじ、播磨にて粟《あは》の穂《ほ》を○粟のほう、又ゐんらうを○ゐんろ、伊勢にて米一斗を○いつとう○二斗ウなどいへるたぐひ、諸国かぞふるにいとまあらず

「とう」「こう」「しう」「ほう」「らう」に傍線が施されている。少し短い傍線もあるが、「とう」「こう」などの二字が、「ト・ウ」「コ・ウ」という発音ではなく「トー」「コー」をあらわしていることを示すための傍線と思われる。すなわち個々の仮名の発音と仮名連続があらわしている発音とが異なることがはっきりと認識されていた。このことには注目しておきたい。また撥音を「はねてよび」と説明している。「はねて」は言語を説明する言語＝メタ言語といってよい。十八世紀も半ばを過ぎると、このようにメタ言語を使うような段階に到っていた。

右の見出しにおいては、「畿内及中国北陸道或は上総」で「カモウリ」と呼んでいるウリは「東国」では「トウグハ」といい、また「トウガン」とも呼ぶ。「トウグハ（トウガ）」を「トウガン」と末尾に撥音を加えた語形で呼ぶことがあるのに、「ダイコン」の場合は末尾の撥音を省いて「ダイコ」と呼ぶことがあるのはおもしろい、と述べている。「それにつきて」すなわちちなみにいえば、伊丹では「コシュ（古酒）」を「コーシュー」と長音化した語形で発音し、「ダンナ（旦那）」を「ダンナン」という。『日本国語大辞典』は「こうしゅう」を見出しとし、「(「しゅう」は「酒」の漢音)「こしゅ（古酒）」に同じ」と説明しているが、使用例は示されていない。「ダイコ」は式亭三馬『浮世床』において使用が確認できる。撥音の話題から長音の話題に展開しているが、撥音、長音は促音とともに、それのみで日本語の拍を形成できる特殊な音素で、もともとは日本語にはなかった音素であるというみかたがある。

図3-18は慶安三（一六五〇）年に出版された安原貞室《やすはらていしつ》（一六一〇～一六七三）の『かたこと』であるが、「檀那を、だんなんといふ」と記されている。安原貞室は江戸時代前期の俳人で、貞門七俳人の一人として知られている。『かたこと』はその序文によれば、愛児の言語矯正のために、主として京都の訛語や方言を集めたテキストで、俳人がこうしたテキストをつくっていることは興味深い。

図3-19は富士谷御杖のあらわした『詞葉新雅』（寛政四・一七九二年刊）の五丁裏～六丁表の箇所、図3-20は本居宣長の『古今集遠鏡《こきんしゅうとおかがみ》』（寛政九・一七九七年刊）、図3-21は式亭三馬の滑稽本『浮世風呂』（文化六・一八〇九～文化十・一八一三年刊）である。

『詞葉新雅』の五丁裏の上段の七つ目の見出しは「イツポウヘバカリユク　ひたおもむきに」で八つ目の見出しは「イツポウヘカタヨツタ心　ひたふる心」である。そしてどちらの見出しにおいても「ツ」にも半濁音符のような白い圏点が施されている。「ポ」が[po]という発音をあらわしていることはすぐにわかるが、圏点を施された「ツ」は促音をあらわしていると思われる。

現代日本語母語話者には、促音にも半濁音にも同じ圏点が附されていることが不都合にみえるかもしれないが、日本語母語話者には、意味合いが異なることはすぐわかる。このやりかたが不都合なのは、日本語を母語としない人、すなわち日本語の発音がわからない人であろう。そうした「読み手」を想定する必要がないのだから、「ツ」が[tsu]という発音をあらわしてい

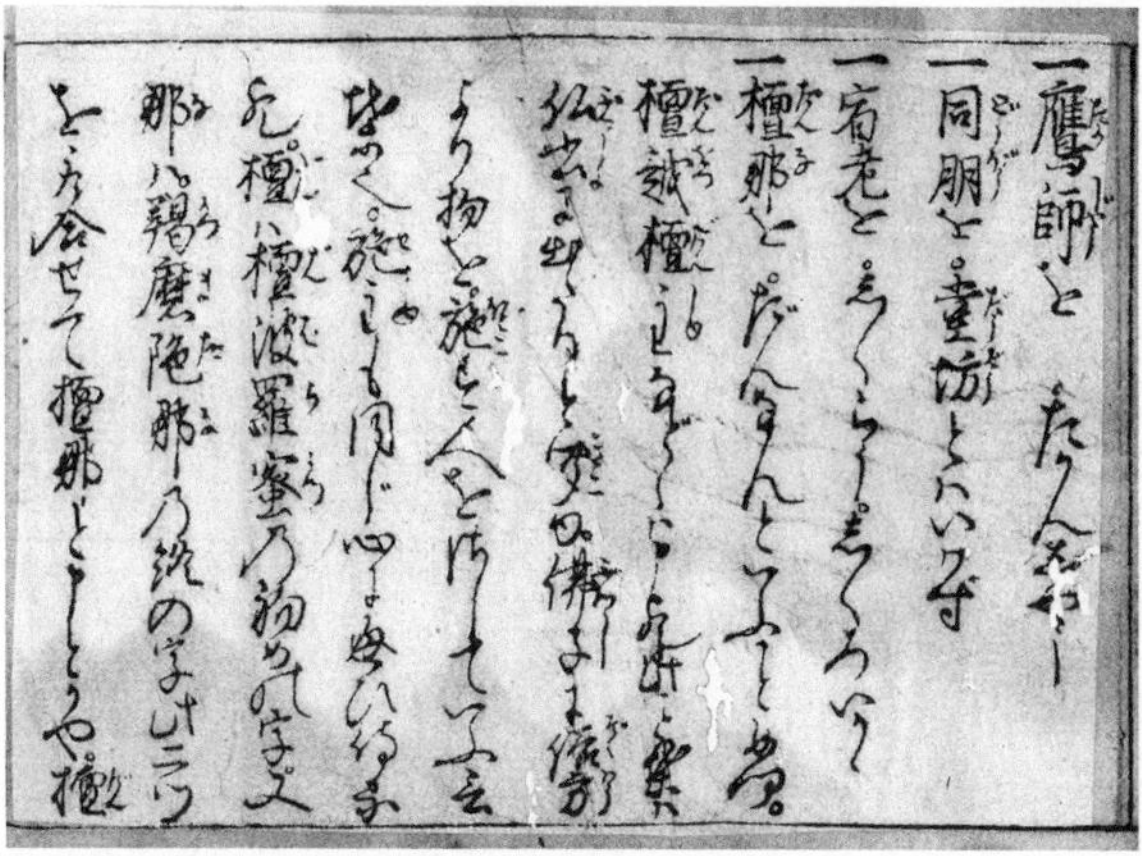

図 3-18　安原貞室『かたこと』

図 3-19　富士谷御杖『詞葉新雅』

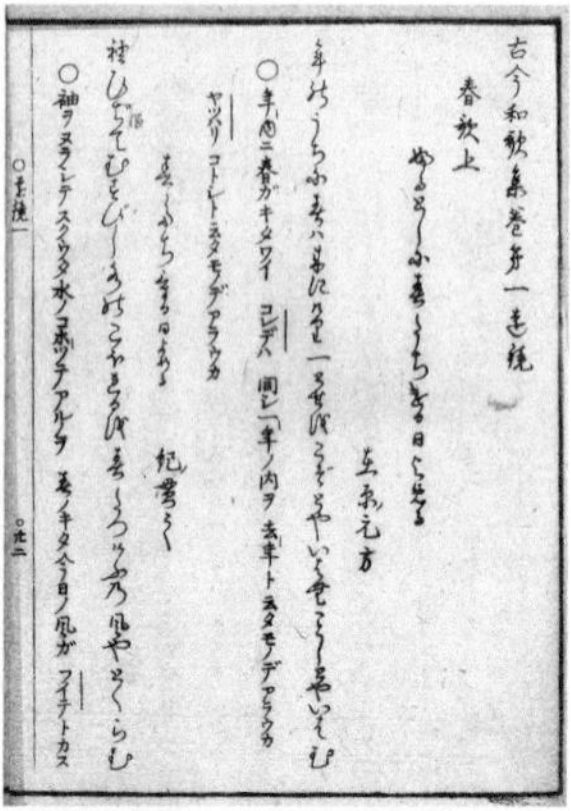

図 3-20　本居宣長『古今集遠鏡』

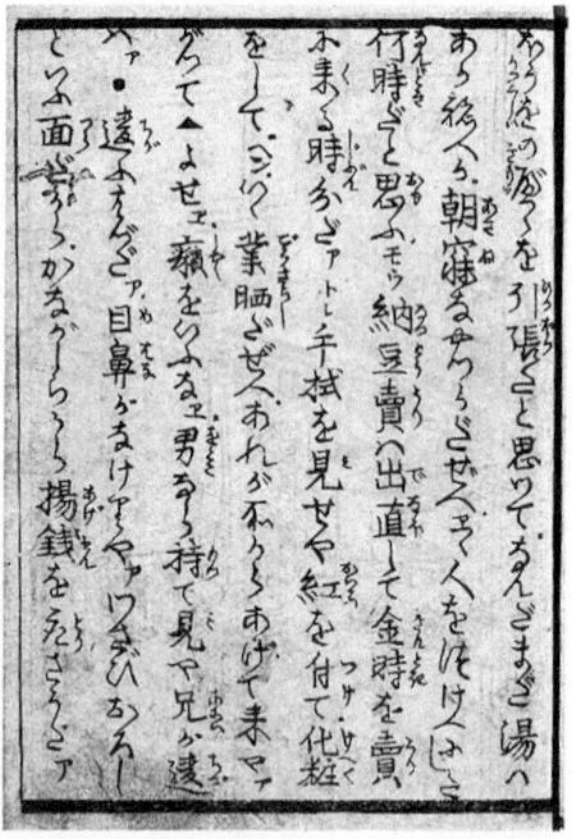

図 3-21　式亭三馬『浮世風呂』

ないことを示していることを評価するべきであろう。日本語の発音とその文字化についての意識がいわば研ぎ澄まされてきている。

本居宣長『古今集遠鏡』は、テキストそのものがきわめて興味深い。このテキストは、真名序と長歌とを除いた『古今和歌集』の歌すべてを「いまの世の俗語《サトビゴト》に譯《ウツ》」している。「今の世の俗語」はこのテキストが出版された時に使われていた「はなしことば」とみるのが自然であろう。『古今和歌集』は九〇五年に撰進されているので、十世紀の和歌に使われた日本語を十八世紀末の「はなしことば」に置き換えたテキストということになる。

序にあたる文章中には「世に遠《トホ》めがねといふなる物のあるして、うつし見るに／は、いかにとほきも、あさましきまで、たゞこゝもとにうつりきて(略)のこるくまなく、見／え分れ」るとある。宣長の生きている時空から離れた時空で成立した『古今和歌集』を「うつし見る」というはっきりした意識が窺われる。

『古今和歌集』の歌は「漢字平仮名交じり」で文字化し、歌の左側に置いた「譯」を「漢字片仮名交じり」で文字化している。日本語においては漢字・片仮名・平仮名という三種の文字を使って文字化が行なわれるということもしっかりと意識し、平仮名と片仮名とをいわば使い分けている。これは『詞葉新雅』も同様で、『詞葉新雅』の場合は、片仮名によって「里言」を文字化し、その「里言」に対応する「古言」は平仮名によって文字化されている。現代日本語においては、漢字と平仮名と片仮名とを使って文字化することがごく一般的になっているので、一つのテキスト内で平仮名と片仮名とが併用されていることについて何も思わないかもしれないが、かつては漢文訓読文の流れを汲んで、漢語を少なからず使う文章であれば「漢字片仮名交じり」、漢語をあまり使わない和文の流れに連なるような文章であれば「漢字平仮名交じり」で文字化するのが自然であった。

図3－21『浮世風呂』をみると、「〜ァ」のような箇所が少なからずある。この「ア」は文字としてみれば片仮名であるが、文字の大きさはだいたいにおいて小ぶりになっている。「〜ア」は、その語は実際には末尾に「ア」が軽く添えられているような発音をしていることを示

そうとしていることが推測される。本文中で平仮名と片仮名とを混ぜ用いることがほとんどなかったことからすれば、この「ア」は片仮名にみえるけれども、仮名ではなく、発音をより丁寧に示すために添えられた符号とみるのがいいのではないだろうか。符号であることをはっきりさせるために、「漢字平仮名交じり」だから、平仮名ではない片仮名の形を使った。

江戸時代になって、日本語の文字化が急速に精密になっていることが窺われる。今ここでは「客観的」ということばをごく常識的に使うことにするが、それは使っている日本語を客観的にとらえることができるようになったからであろう。客観的な観察を可能にしたのは、「今、ここ」で使われている以外の日本語、例えば古代日本語あるいは十世紀の日本語にふれ、空間を異にする日本語=方言にふれたからであろう。幕末ちかくなれば、日本語以外の言語との接触を経験し、日本語はよりいっそう相対化されることになる。

4　わりこんできた近代中国語

近代中国語の受容

漢文は二千年以上中国及び東アジアで使われた、強固な「かきことば」といってよいだろう。どんな言語であっても、その言語を文字化するための文字をもっていれば、「かきことば」をもっていることになる。「かきことば」はもともと「はなしことば」のもつ現場性を補うためのものであるから、時空を超えて情報を伝えることを目的としている。したがって、「はなしことば」が変化しても「かきことば」の変化は小さい。

中国語にも当然「はなしことば」があり、それはずっと使われていた。しかしそれが「かきことば」にあまり「足跡」を残していない。日本語もそうであるし、多くの言語においてそうであろう。しかし、中国においては明の末頃から清の初めにかけての頃に、「はなしことば」をかなり使った文学作品がつくられるようになった。『三国志《さんごくし》演義《えんぎ》』『水滸《すいこ》伝《でん》』『西遊記《さいゆうき》』『金瓶《きんぺい》梅《ばい》』『紅楼夢《こうろうむ》』などが代表的なものだ。

これらの文学作品は「白話小説」と呼ばれることがあったが、これらは中国での成立からあまり時間をおかずに日本にもたらされ、訓点(返り点・送り仮名・振り仮名など)を附して読みやすくした「和刻本」として出版され、当時「通俗○○」と呼ばれた、漢文書き下し文の形式を採る、広義の「翻訳」テキストも出版された。さらには、中国の白話小説を日本の小説に仕立てなおした「翻案」もあった。前章でみたように、上田秋成の『雨月物語』中には白話小説を翻案した作品が含まれている。

中国語を「古代中国語=古典中国語」と「近代中国語」と大きく二つに分けてとらえることがあるが、「白話小説」をかたちづくっている中国語は「近代中国語」ということになる。日

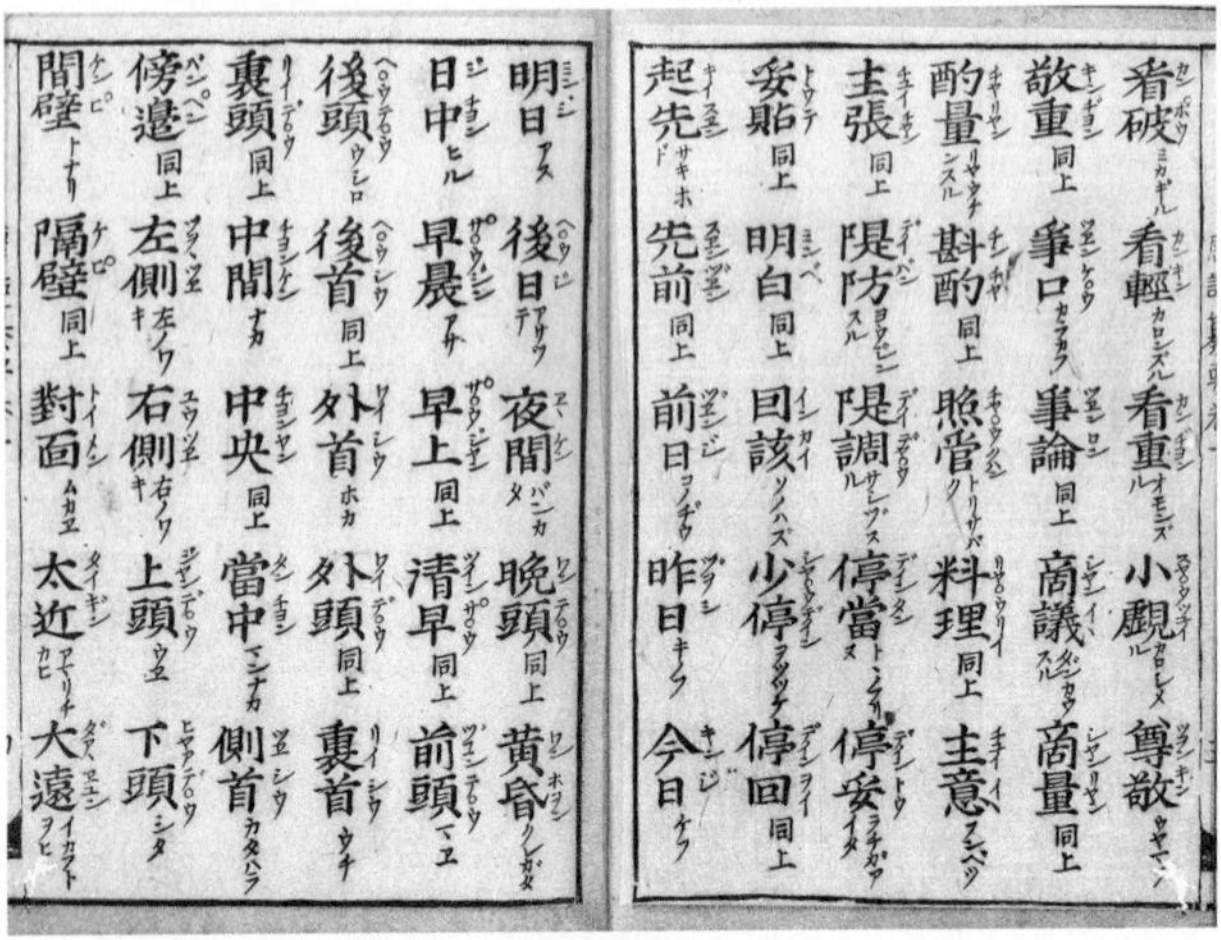

図 3-22　岡島冠山編纂『唐話纂要』巻一，三丁裏〜四丁表

本語母語話者も、ずっと古代中国語＝古典中国語に接してきた。したがって、近代中国語は新鮮に感じられたと思われる。近代中国語は「唐話」と呼ばれることもあった。「唐話」を見出しにしている辞書を「唐話辞書」と呼ぶことがある。

江戸時代には、京都においては、伊藤仁斎《いとうじんさい》、東涯《とうがい》父子の古義堂《こぎどう》、江戸においては、荻生徂徠《おぎゅうそらい》の蘐園《けんえん》を中心に、唐話＝近代中国語の学習が盛んになった。**図 3-22** は岡島冠山《おかじまかんざん》(一六七四〜一七二八)が編纂し、享保元(一七一六)年に六巻六冊で出版された『唐話纂要《とうわさんよう》』巻一の三丁裏〜四丁表にかけての箇所。『唐話纂要』は唐話初学者の入門用テキストとして、もっともひろく使われたと考えられている。巻一は二字話、三字話を採りあげ、巻二は四字話、巻三は五字話、六字話などを採りあげており、巻四は「長短語」（口語文の例文）、巻五は「親族」「器用」「畜獣」など十五に意義分類をした語彙集となっている。

図３－22は二字話、筆者の用語でいえば二字漢字列を見出しとしている箇所にあたる。見出しの右には唐話としての発音が振仮名として施され、見出し直下には簡単な語釈が置かれている。いくつかの見出しを抜き出してみよう。振仮名は漢字列のうしろに示した。語釈の意味をわかりやすくするために、語釈のうしろの丸括弧内に漢字を置いた。

尊敬　ツヲンキン　ウヤマフ（敬）
商議　シヤンイ、　ダンカウスル（談合）
商量　シヤンリヤン　同上＝ダンカウスル（談合）
酌量　チヤリヤン　リヤウケンスル（料簡）
斟酌　チンチヤ　同上＝リヤウケンスル（料簡）
料理　リヤ○ウリイ　同上＝トリサバク（取り捌く）
主意　チユイイ、　フンベツ（分別）
主張　チユイチヤン　同上＝フンベツ（分別）
明白　ミンベ　同上＝ラチガアイタ（埒があいた）

黄昏　ワンホヲン　　クレガタ(暮れ方)
中央　チヨンヤン　　同上＝ナカ
對面　トイメン　　ムカヱ(向)

今、発音は措いて、見出しとなっている中国語と語釈との対応に注目することにする。「尊敬　ウヤマフ」「黄昏　クレガタ」「中央　ナカ」「対面　ムカヱ」のように、現代日本語において使われている漢語の語義とそれほど異ならないような例がある。岡島冠山は、「唐話」と判断して見出しとしているのだろうから、「唐話」すなわち近代中国語であっても古典中国語と語義が重なっている語はあったことがわかる。

「料理」をよむ

「料理」は「トリサバク」と説明されている。「常用漢字表」は「料」にも「理」にも訓を認めていないが、「料」には〈おさめる・はからう・あつかう〉という字義があり、「理」にも〈おさめる・はからう・あつかう・さばく〉という字義がある。したがって、「リョウリ(料理)」は上字と下字との字義に重なり合いがある語であることになる。こうした語構成をしている漢語は一定数ある。上字も下字も〈おさめる・はからう・あつかう〉という字義なのだから、二字全体の語義も〈おさめる・はからう・あつかう〉という語義になる。天平宝字元(七五七)年に施行された養老律令の営繕令十七条の八番目の「貯庫器仗条」に「凡貯レ庫器仗、有二生レ渋綻断一者、三年一度修理、若経二出給一破壊者、並随レ事料理、在京者、所レ須調度人力、申二太政官一処分、在外者、役二当処兵士及防人一、調度用二当国官物一」というくだりがあり、兵庫に収蔵されている武具は三年に一度修理し保全されていた。この条文中に漢語「リョウリ(料理)」が使われているが、〈整えおさめる・整えはからう〉というような語義で使われていると考えられている。

その一方で、延暦二十三(八〇四)年に、皇太神宮の宮司大中臣真継《おおなかとみのまつぐ》らが神祇官に提出した解文(=報告書)「皇太神宮儀式帳」には「則御河に清奉て、御膳料理畢」というくだりがみられる。漢語「リョウリ(料理)」に〈整えはからう〉という語義があるのだから、整えるものが「御膳」であれば「御膳料理」という表現になる。現代日本語「リョウリ(料理)」は名詞であれば、〈こしらえた食べ物〉、サ変動詞「リョウリスル」であれば、〈材料に手を加えて食べ物を整えつくる〉という語義として使う。

広く使う抽象度のたかい語義が、次第に具体的、限定的なことがらのみに使われるようになっていき、そこからさらに比喩的・抽象的な語義に転じるという語義の変遷=動きは一般的にみられる。漢語「リョウリ(料理)」の場合、まず〈おさめる・はからう・あつかう〉という抽象度のたかい語義①があり、それがさまざまな場面で使われていたが、次第に〈食べ物を整えつくる〉という具体的・限定的な語義②として使われるようになり、さらにはその〈整えつくられた物〉を指すようになった③。これは〈酒の肴・副菜〉という語義の「サカナ」という語が次第にその〈酒の肴・副菜〉として好まれた〈ウオ(魚)〉を指すようになっていったのと同じだ。現代日本語においては、〈物事をうまく処理する・相手を制する〉という語義④でも「リョウリ(料理)」が使われることがある。④は①を知らなければ、「転義のはて」のように感じるが、結局①にもどっているとみえなくもない。つまり①と④とは区別がつきにくい。

『日本国語大辞典』は明治十一(一八七八)年に刊行されている織田純一郎訳『花柳春話』二十四の「自から国政を料理す」を①の使用例としてあげている。その可能性はあると考えるが、④である可能性もあるのではないか。江戸時代には「リョウル」という動詞がうまれているが、それは②③の「リョウリ」が動詞化したのではないだろうか。つまり語義①は日本では次第に使われなくなっていた。

これが、古典中国語「リョウリ(料理)」が日本語の語彙体系内に位置を占めて、どのような語義で使われてきたかという、これでも比較的単線的な「日本語の歴史」だ。さらに付け加えるならば、名詞「リョウリ(料理)」を動詞化した「リョウル」という語が江戸時代にはあったことが確認できる。

芭蕉は元禄二(一六八九)年三月二十七日に「奥の細道」の旅に出るが、七月十五日には越後、越中を経て金沢に入る。七月二十日には犀川のほとりにあった松玄庵で句会をひらき、「残暑しばし手毎にれうれ瓜茄子」を発句として十三吟の半歌仙をまく。「れうれ」は「リョウル」の命令形「リョウレ」にあたると思われる。

この古典中国語を起点とする「単線的な日本語の歴史」に、江戸時代には近代中国語としての「リョウリ(料理)」が「参入」する。語釈には「トリサバク」とあり、もともとあった語義①にちかい。しかし、おそらく先に述べたように、江戸時代には語義①で「リョウリ(料理)」が使われることはあまりなかったと推測する。

図3-23は唐話辞書の一つで、留守《るす》友信《とものぶ》編輯、千手興成校補『語録譯義《ごろくやくぎ》』(全四巻)の巻之三であるが、「料理　出王徽之伝要云トリサハクコト」とある。留守友信(一七〇五〜一七六五)は仙台藩の儒官、遊佐《ゆさ》木斎《ぼくさい》の養子となり、後に京都で三宅尚斎《みやけしょうさい》(一六六二〜一七四二)に学ぶ。三宅尚斎は、佐《さ》藤直方《とうなおかた》、浅見《あさみ》絅斎《けいさい》と共に朱子学者山崎闇《やまざきあん》斎《さい》門の三傑と呼ばれることがあった人物であった。千手興成(一七八九〜一八五九)

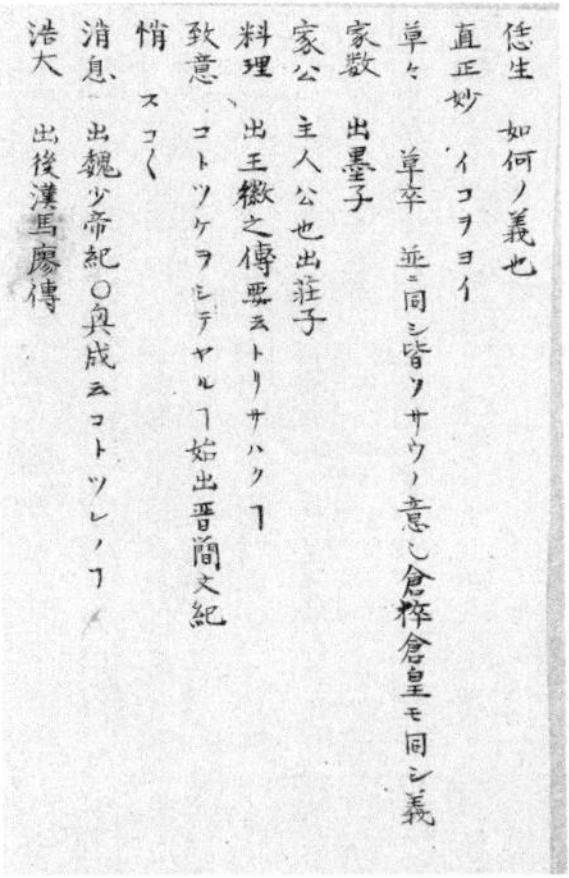
恁生　如何ノ義也
直正妙　イコヲヨイ
草々　草卒　並ニ同シ皆ソサウノ意ㇾ倉猝倉皇モ同シ義
家数　出墨子
家公　主人公也出荘子
料理　出王徽之傳要云トリサハクヿ
致意　コトツケヲシテヤルヿ始出晋簡文紀
悄　スコく
消息　出魏少帝紀○与成云コトツレノヿ
浩大　出後漢馬廖傳

図3-23　留守友信編輯，千手興成校補『語録譯義』巻之三

は京都、三条西洞院東に住した漢学者。

図3-24は同じ留守友信が編輯した『俗語譯義』で『語録譯義』同様、「料理出王徽之傳要云トサバクコト」とある。図3-25は筆者が所持している別の『語録譯義』。こちらには「料理出王徽之傳〇要云トリサバクコト」とある。写本は、同じ書名のものであっても、内容がかなり異なることもある。それは写本のもとになっている親本テキストも増補されていくことがあるからで、いつ写すかによって写本の内容が決まる。またゆっくり丁寧に写せない場合もあり、数日で急いで写すような場合には誤写も生じやすくなる。

『俗語譯義』を読んでいくと、この語は「朱子語類《しゅしごるい》」にある、という記述がある。『朱子語類』は宋代の儒学者、朱熹《しゅき》(朱子)と門弟たちの問答を朱子没後に整理した書物であるが、問答録であるので、「はなしことば」=近代中国語にちかい。留守友信は山崎闇斎の門人であった三宅尚斎に師事しているので、当然留守友信も朱子学を学び、『朱子語類』を読んでいたことが推測される。その『朱子語類』を読むためには、「はなしことば」すなわち「俗語」を理解する必要がある。そういう必要性のもとに、『俗語譯義』や『語録譯義』は編まれた。最初は、いろいろな書物を読んでいて出会った、古典中国語ではない語の抜き書きであっただろう。それを自身が辞書のように使えるように、頭字の画数順に整理をした。自分が辞書のように使えるテキストは他人も辞書のように使うことができる。こうなると、一般的な「近代中国語辞

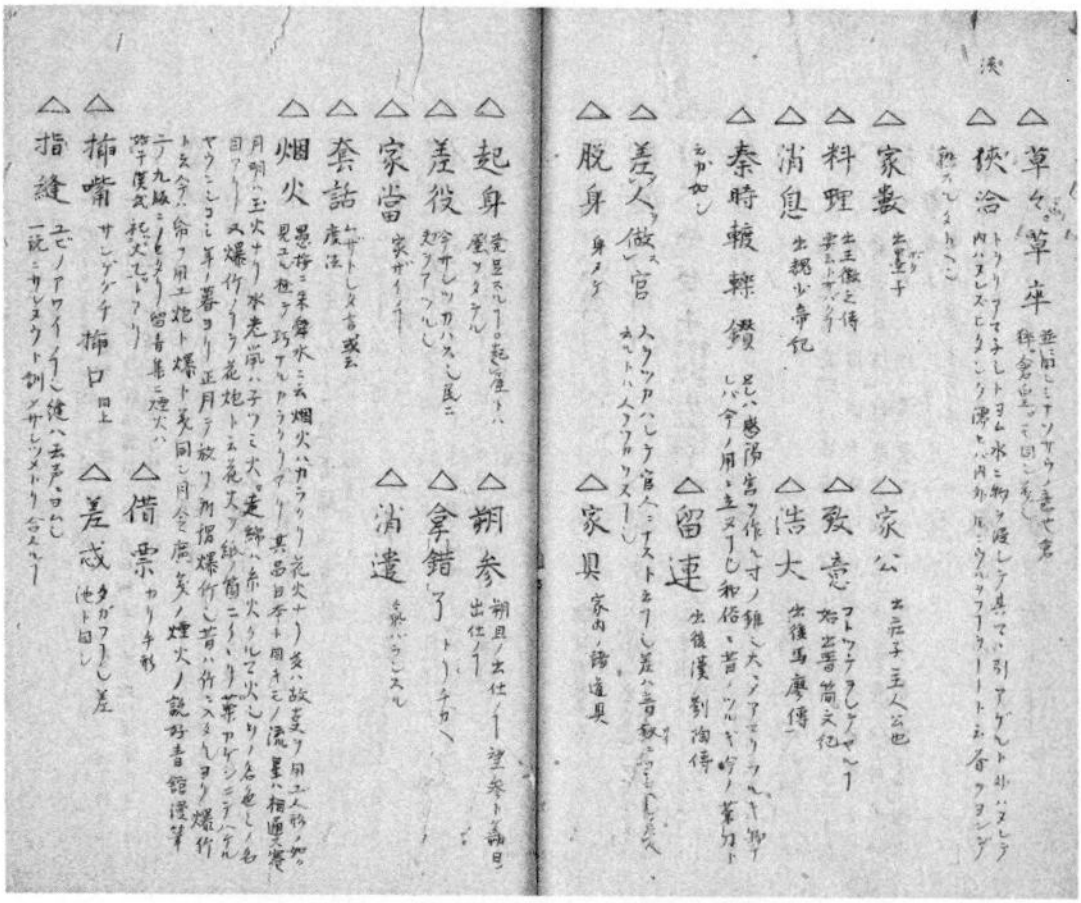

図 3-24　留守編輯『俗語譯義』

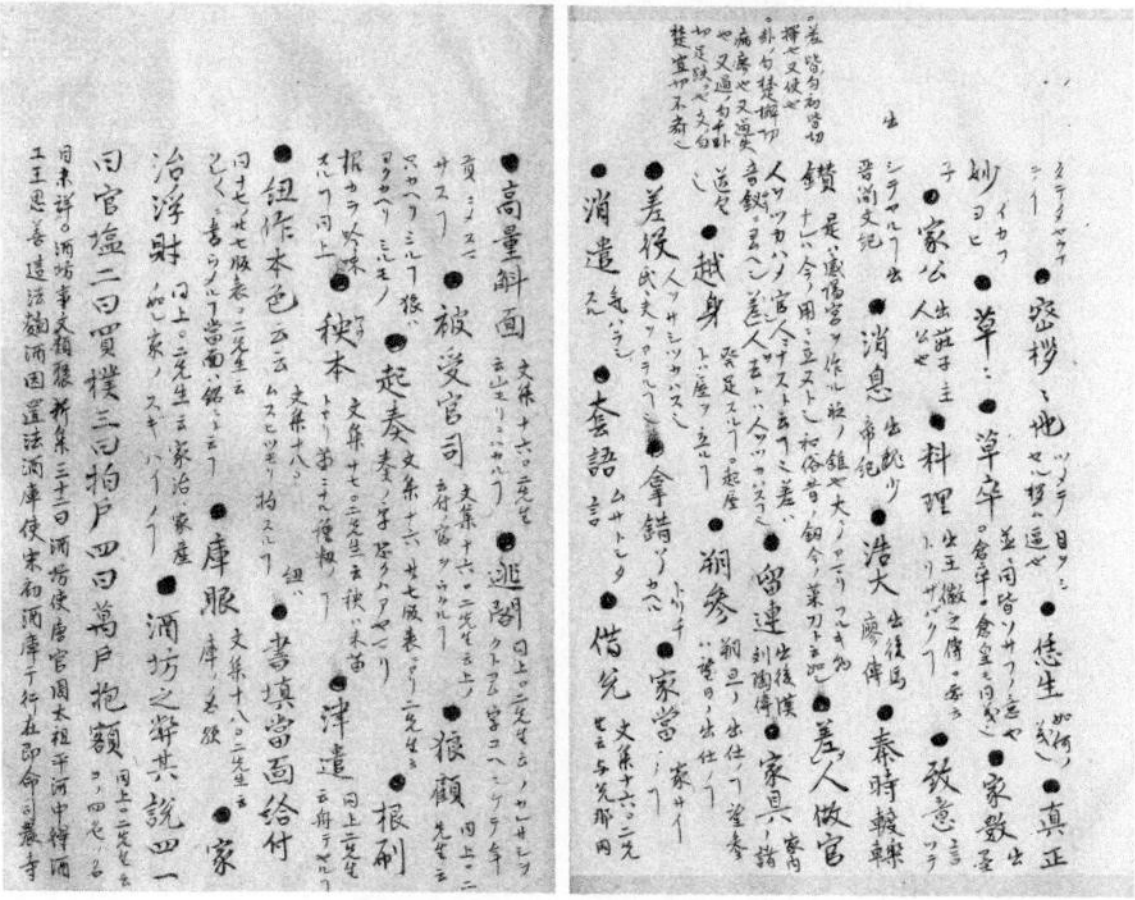

図 3-25　『語録譯義』

書」にちかいテキストとして写されるようになる。

白話小説の浸透

日本では白話小説の中では、『水滸伝』が人気だった。江戸時代には、中国で出版されたテキストそのものも日本にもたらされているし、訓点（返り点・送り仮名・振仮名）などを附した和刻本、『通俗忠義水滸伝』のような翻訳も出版されている。『水滸伝』は唐話学習のテキストとしても使われた。テキストとして使われるとなれば、辞書のようなテキストもつくられるようになっていく。

図3-26は岡島冠山がつくったと考えられている和刻本『忠義水滸伝』の一丁表、図3-27は『通俗忠義水滸伝』。図3-28は鳥山輔昌《とりやますけまさ》『忠義水滸伝抄訳』の第二十四回で「料理家内ノ雑事ヲヨクトリハカロウコト也」とある。『水滸伝』の第二十四回には「独自一身、容易料理」とあって、「料理」が使われており、『忠義水滸伝抄訳』はその箇所についての注解ということになる。図3-29は天台宗の僧侶で多くの漢詩を作った慈周《じしゅう》（一七三四〜一八〇一。六如上人）の『葛原詩話《かつげんしわ》』巻四の十九丁表の箇所で、「料簡、義ヤ、料理ト近シ。此等ミナ和俗ノ常語ト成テ、人亦敢テ詩中ニ不ㇾ用。料理ノ字、世説馬曹ノ語ニ出ツ。杜詩ニ未ㇾ須料二理白頭人一、宋武衍詩、東風合與ㇾ春料理忍把二軽寒一痩二海棠一、范成大詩ニ風倒二酴醾架一長條頭搶地趂渠未萌芽政可相料理ト。

此等俗ノ世話ヲヤクト云ニアタル」とある。慈周の理解によれば、この時期、漢語「リョウケン(料簡)」の語義と漢語「リョウリ(料理)」の語義は接近していて、「リョウリ」も「リョウケン」も日常的に使う語となっており、漢詩の中で使う語ではなくなっていた。慈周は『世説《せせつ》新語《しんご》』や杜甫や武衍、范成大の詩に「料理」が使われていることを例示し、「世話ヲヤク」というような語義になっていることを記している。

漢語「リョウケン」は江戸時代には、すでに「はなしことば」内で使われるような漢語であったことが推測できる。『唐話纂要』においても、「酌量」「斟酌」の語釈に「リョウケン」が使われている。そのことと、右の『葛原詩話』の記事を考え併せると、この時期は、漢語「リ

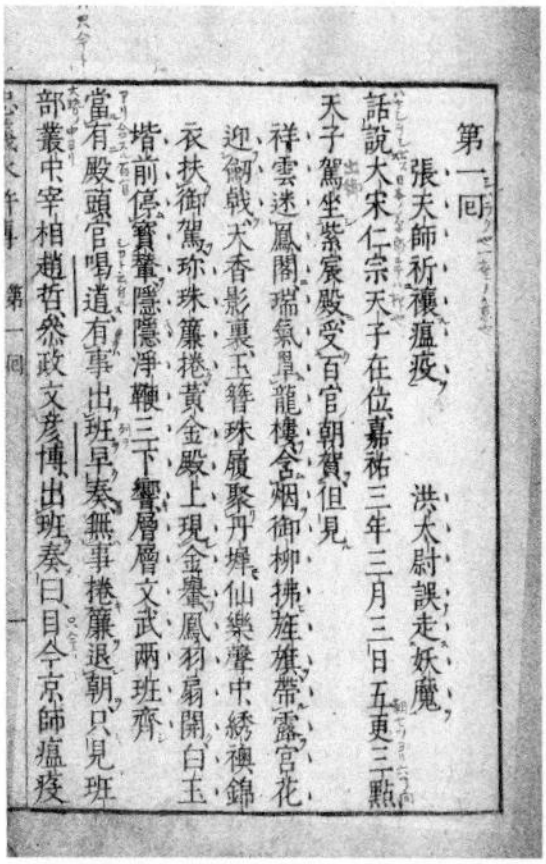
第一回 張天師祈禳瘟疫 洪太尉誤走妖魔
話說大宋仁宗天子在位嘉祐三年三月三日五更三點
天子駕坐紫宸殿受百官朝賀但見
祥雲迷鳳閣瑞氣罩龍樓含烟御柳拂旌旗帶露宮花
迎劍戟天香影裏玉簪珠履聚丹墀仙樂聲中繡襖錦
衣扶御駕珍珠簾捲黄金殿上現金轝鳳羽扇開白玉
堦前停寶輦隱隱淨鞭三下響層層文武兩班齊
當有殿頭官喝道有事出班早奏無事捲簾退朝只見班
部叢中宰相趙哲參政文彥博出班奏曰目今京師瘟疫

図 3-26　和刻本『忠義水滸伝』

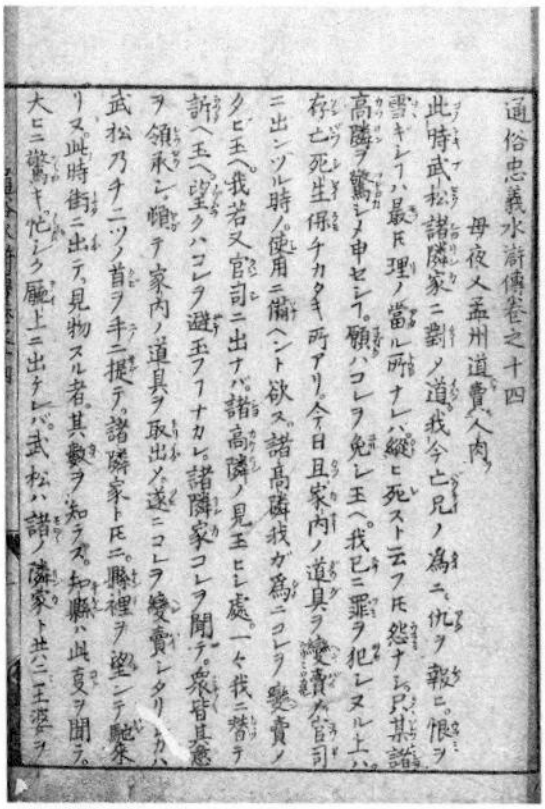
通俗忠義水滸傳卷之十四
母夜叉孟州道賣人肉
此時武松諸隣家ニ對ノ道、我今亡兄ノ爲ニ、仇ヲ報ヒ、恨ヲ
雪ギレテハ最モ理ノ當ル所ナレバ、縱ヒ死ストモ云フモ然ナリ。只其諸
高隣ヲ驚シメ申セシ了。願ハコレヲ免レ玉ヘ。我已ニ罪ヲ犯レヌル上ハ、
存亡死生保チカタキ所アリ。今日且家内ノ道具ヲ變賣シテ官司
ニ出ンヅル時ノ使用ニ備ヘント欲ス。諸高隣我ガ爲ニコレヲ變賣ノ
タヒ玉ヘ。我若又官司ニ出ナバ、諸高隣ノ見玉ヒレ處、一々我ニ替テ
訴ヘ玉ヘ。望クハコレヲ避玉フコトナカレ。諸隣家コレヲ聞テ、衆皆其意
ヲ領承シ、頓テ家内ノ道具ヲ取出シ遂ニコレヲ變賣レタリ。カカハ
武松乃チ二ツノ首ヲ手ニ提テ、諸隣家ト氏ニ、縣裡ヲ望ンテ馳來
リヌ。此時街ニ出テ、見物スル者、其數ヲ知ラズ。知縣ハ此事ヲ聞テ、
大ヒニ驚キ、忙シク廳上ニ出ケレバ、武松ハ諸ノ隣家ト共ニ二王婆ヲ

図 3-27　『通俗忠義水滸伝』

ヨウリ（料理）」「リョウケン（料簡）」「シャクリョウ（酌量）」「シンシャク（斟酌）」の語義が接近していたことになる。

一つの語の語義は他の語とかかわりなく、静的に定まっているわけではない。その語の周辺

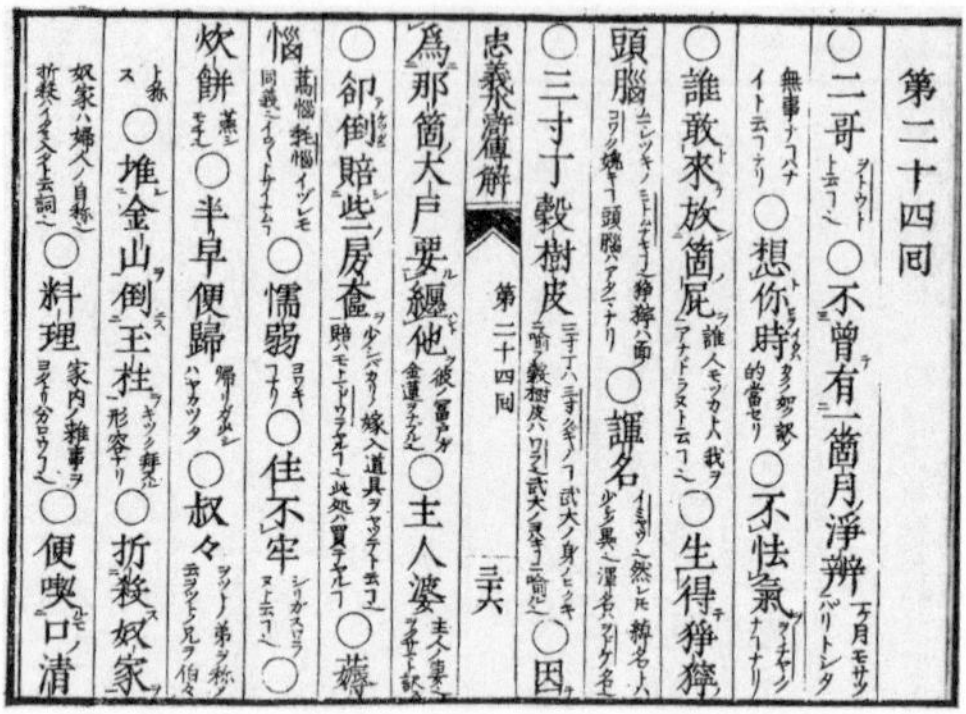

図 3-28　鳥山輔昌『忠義水滸伝抄訳』第二十四回

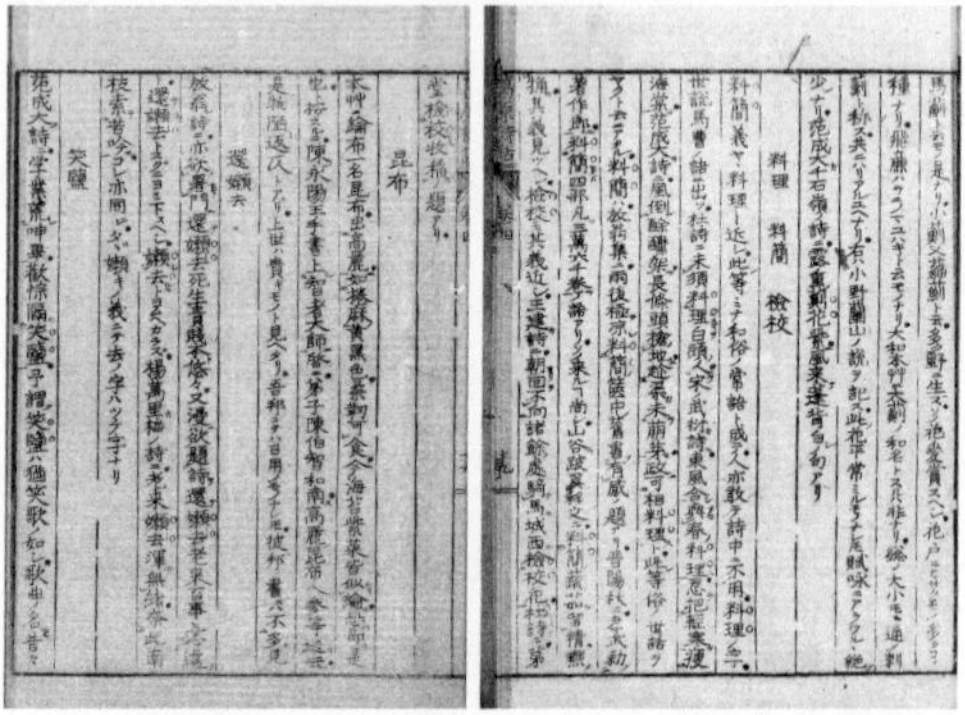

図 3-29　慈周『葛原詩話』巻四，十九丁表・裏

に位置している類義語とつねにやりとりをしながら、自身の語義を探っているような状態であると思われる。語義が接近しすぎて、同義語にちかくなると、どちらかの語が必要ではなくなってしまう。そうしたことによって、使われなくなっていく語も当然あるだろう。また接近しすぎたから、逆に語義差を保って、どちらも「生き残る」という道もありそうだ。古典中国語と和語が連合関係を形成しているところに近代中国語がわりこんできたらどうなるか。このように語義に目を向けても、そこには「動き」がある。これはどんな言語も同じであろう。

抽象化して静的にことがらをとらえたほうがわかりやすいことは少なくないだろう。しかしまた、ことがらの中に「動き」を見出し、全体を動的にとらえることによって、ダイナミックなおもしろさが感じられることもあるだろう。いつもいつも単線的に物語化された歴史がわかりやすくおもしろいということでもないのではないか。

『中日辞典』第二版（二〇〇三年、小学館）は「料理（liàolǐ）」の語義1を「処理する。切り盛りする」、語義2を「料理」としている。そして「日本語の「料理（する）」「調理（する）」は〝烹調〟〝烹饪〟〝做菜〟などを用いる。「魚を料理する」「肉を料理する」はそれぞれ〝做魚〟〝做肉〟。「日本料理」は〝日本菜〟。ただし、最近一部の都市では日本語の影響により「料理」の意味で〝料理〟を用いることも珍しくない」と説明を加えている。

現代中国語「料理」の語義はまず〈処理する〉であるが、日本語の影響で〈料理する〉という語義でも使われるようになっているのであれば、日本でうまれた「リョウリ（料理）」の語義が中国にいわば「逆輸入」されていることになる。まさにダイナミックな話といってよい。

前掲のように「商議」「商量」はともに「ダンコウ（談合）」によって説明されている。「ダンコウ」は和語「カタリアフ」に漢字列「談合」をあて、その漢字列「談合」を音読みして生じた語であるというみかたもあるが、今ここでは語種にはこだわらないことにする。滝沢馬琴《たきざわばきん》があらわした読本《よみほん》『南総里見八犬伝』二の十六回に「有一日《あるひ》亀篠は蟇六と商量《ダンカフ》し」というくだりがあり、ここでは「ダンカフ（ダンコウ）」に漢字列「商量」があてられている。また、坪内逍遙『当世書生気質《とうせいしょせいかたぎ》』の八には「もと相知れる人々等が、某銀行を創立せんとて、其商議《ダンガウ》に来りしかば」というくだりがあり、こちらでは「ダンガウ」に漢字列「商議」があてられている。

このように、「ダンコウ」を文字化するにあたって、漢字列「商量」「商議」が使われている例を江戸時代のテキスト、明治時代のテキストから見出すことができる。改めていうまでもなく、「ダンコウ」を漢語漢字列「商量」「商議」で文字化することができるのは、「ダンコウ」の語義と漢語「ショウリョウ（商量）」「ショウギ（商議）」の語義とに重なり合いがあるからであって、江戸時代から明治時代にかけてはそのような状態になっていた。「そのような状態」は言い換えれば、『唐話纂要』が示しているような状態ということで、白話小説が日本にもたらされたことによって近代中国語は当時の日本語母語話者にも身近なものとなり、その中には日本語の語彙体系内にも位置を占めたものも確実にあった。

日本語は江戸時代になって、これまで慣れ親しんできた古代中国語＝古典中国語の他に近代中国語という新しい中国語と出会い、それを採り入れながら江戸時代、明治時代と展開していった。

契沖と辞書体資料

さて、本章の冒頭に登場した契沖に話を戻そう。契沖のあらわした『万葉代匠記』は、現在も『万葉集』研究における必読の書といってよいだろう。『万葉代匠記』は『万葉集』の注釈を軸にしたテキストといってよいであろうが、その注釈は、注釈を支える例証を、『万葉集』はいうまでもなく、『古事記』『日本書紀』『古語拾遺』などを初めとして、「国書約二五〇、漢籍約一四〇、仏典約八十以上の典籍」（『日本古典文学大辞典』第五巻・五八三頁・一九八四年、岩波書店）に求めている。それらの中には字書・辞書、類書も含まれている。類書とは、漢籍の分類項目ともなっているが、さまざまなテキストから採録した語句や事項を、意味内容や韻、字ごとに分類し編集したテキストをいう。

中国の書物でいえば、初唐には欧陽詢《おうようじゅん》の『芸文類聚《げいもんるいじゅう》』、虞世南《ぐせいなん》の『北堂書鈔《ほくどうしょしょう》』、徐堅《じょけん》の『初学《しょがく》記《き》』（図3-30）が編まれ、仏教にかかわるものとして、唐の道世《どうせい》の『法苑珠林《ほうおんじゅりん》』があり、宋代には『事文類聚《じぶんるいじゅう》』(全一七〇巻)、『太平広記《たいへいこうき》』(全五百巻)、『太平御覧《たいへいぎょらん》』(全千巻)、『冊府元亀《さっぷげんき》』(全千巻)、『文苑英華《ぶんえんえいが》』(全千巻)、元代には『古今韻会挙要《ここんいんかいきょよう》』(三十巻。図3-31)、明代には『永楽大典《えいらくたいてん》』(全二二八七七巻)や『三才図会《さんさいずえ》』(全一〇六巻)、清代には『佩文韻府《はいぶんいんぷ》』(全一〇六巻)や『古今図書集成《ここんとしょしゅうせい》』(全一万巻)など大部の類書が編まれている。

類書や字書・辞書は筆者のとらえかたでいえば「辞書体資料」にあたり、編集の過程で、先行しているテキストの「情報」をとりこむことがある。「ことがある」というよりもむしろ積極的に先行テキストの「情報」を累積したテキストが類書、字書・辞書であるといったほうがいいかもしれない。中国において、そうした傾向はより強かったと思われる。

「孫引き」ということばがある。『広辞苑』は「まごびき」を「他の書物に引用されたものを、原典にさかのぼって調べることなく、そのまま引用すること」と説明している。二〇二三年になって、教育の場においてChatGPTをどのように使えばいいか、ということがしばしば話題になっている。人間ではなくAI(Artificial Intelligence＝人工知能)がインターネット上から情報を集め、それをまとまりのある情報に編集して提示する。ChatGPTを現代社会における「類書」のようなものとみることも可能かもしれない。「孫引き」がよくないのは、「原典にさかのぼって調べ」ない点で、それはChatGPTの場合も同じだ。AIが集めてきた「情報」には、現時点では(と言っておくが)まだ少なからず誤った「情報」が含まれていることがある。

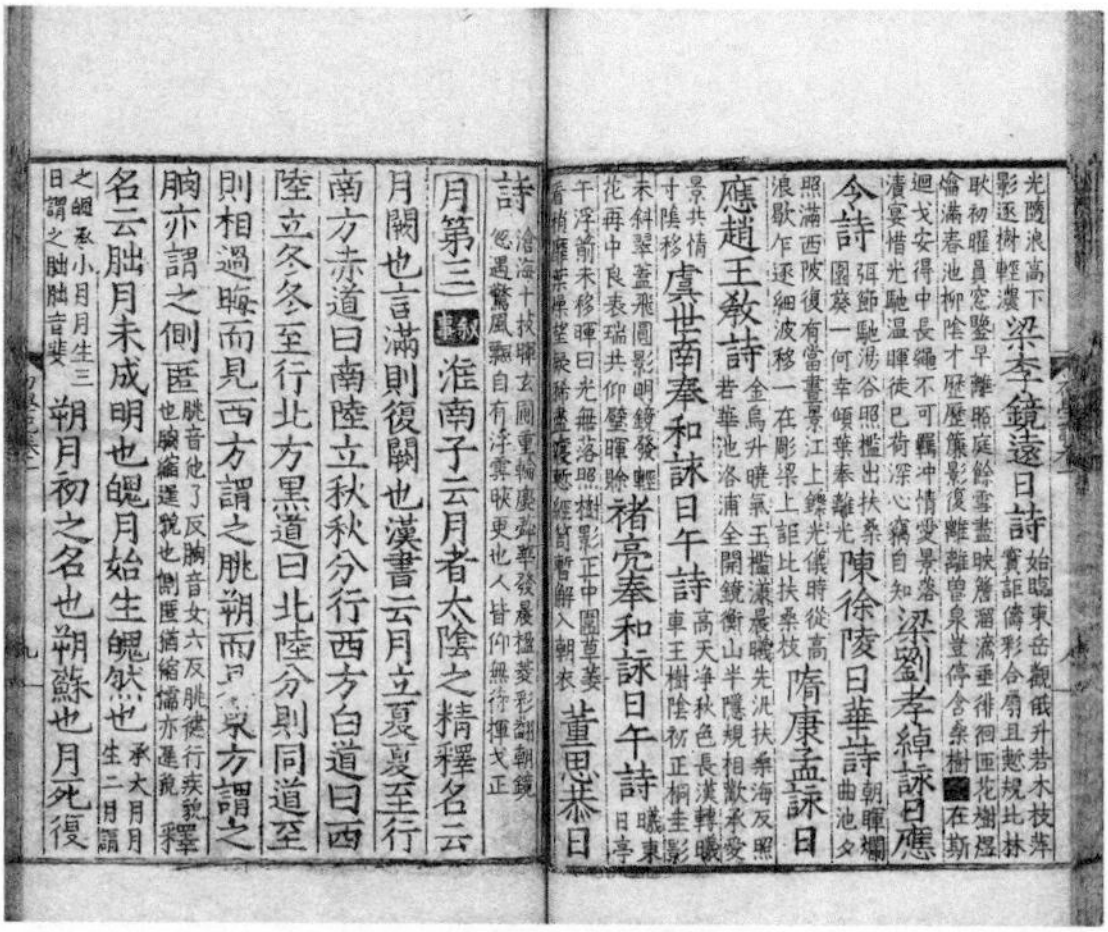

図 3-30　『初学記』

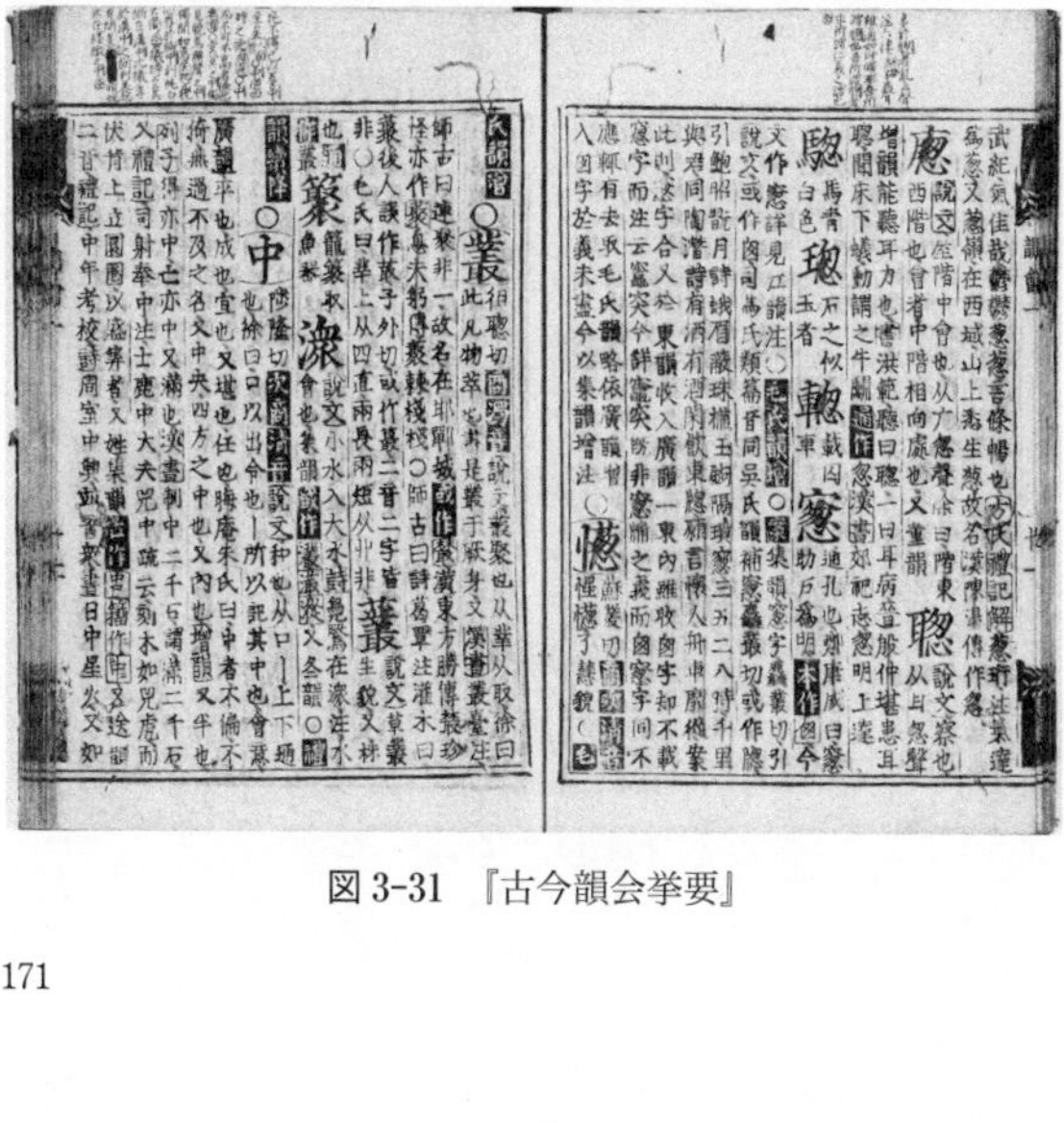

図 3-31　『古今韻会挙要』

人間に与えられている時間は限られているし、その与えられている時間すべてをあることに注ぐこともできない。できるだけ「原典」にはあたる。しかし場合によっては類書や字書・辞書も使うというようにバランスをとりながら、ことがらにあたることがむしろ大事だろう。また契沖の生きた時期を考えるならば、直接あたることができないテキストも少なからずあったと思われ、類書や字書・辞書はそうした点を補っていたと思われる。

『万葉代匠記』などを読むと、契沖が『事文類聚』『古今韻会挙要』『和名類聚抄』などを積極的に使っていたことが窺われる。

中国で編まれた辞書体資料には中国語、中国文化にかかわる「情報」が、日本で編まれた辞書体資料には日本語、日本文化にかかわる「情報」が蓄蔵されている。現在は辞書といえば、何かを調べるためのものという意識が強いだろうが、ここまで述べてきたように、過去においてはそれだけではなかった。辞書は改めていうまでもなく辞書体資料の代表的なものといってよい。次章では「辞書をよむ」ことによって日本語の歴史にかかわる知見を得るということについて述べることにする。

第四章

辞書から漢字をとらえなおす

1　辞書をどうとらえるか——観察のポイント

辞書は辞書体資料の代表といってよい。辞書体資料に日本語にかかわる「情報」が蓄積されているということについては、ここまで折にふれて述べてきた。本章では、「辞書を丁寧によむ」ことによって、漢字や日本語にかかわる知見を得るということについてできるだけ具体的に述べてみたい。

国語辞典であれば、日本語の語義や書きかた＝文字化のしかたについて調べる、英和辞典であれば、英語の語義や発音を調べるといったように、現在出版されている辞書は何かを調べるためのものといってよい。現在、日本語を使っている人たちが、そうした辞書の使用者として想定されているから、その想定されている使用者が検索できるように見出しが排列されている。

現在出版されている国語辞書のほとんどが、見出しを五十音順に排列している。これは、国語辞書を使う人のほとんどが「五十音」を知っているということが前提になっている。

明治二十四（一八九一）年に刊行が完結した『言海』は、見出しを五十音順に排列している。その『言海』が出版された時に、福沢諭吉が「寄席の下足札が五十音でいけますか」と言った

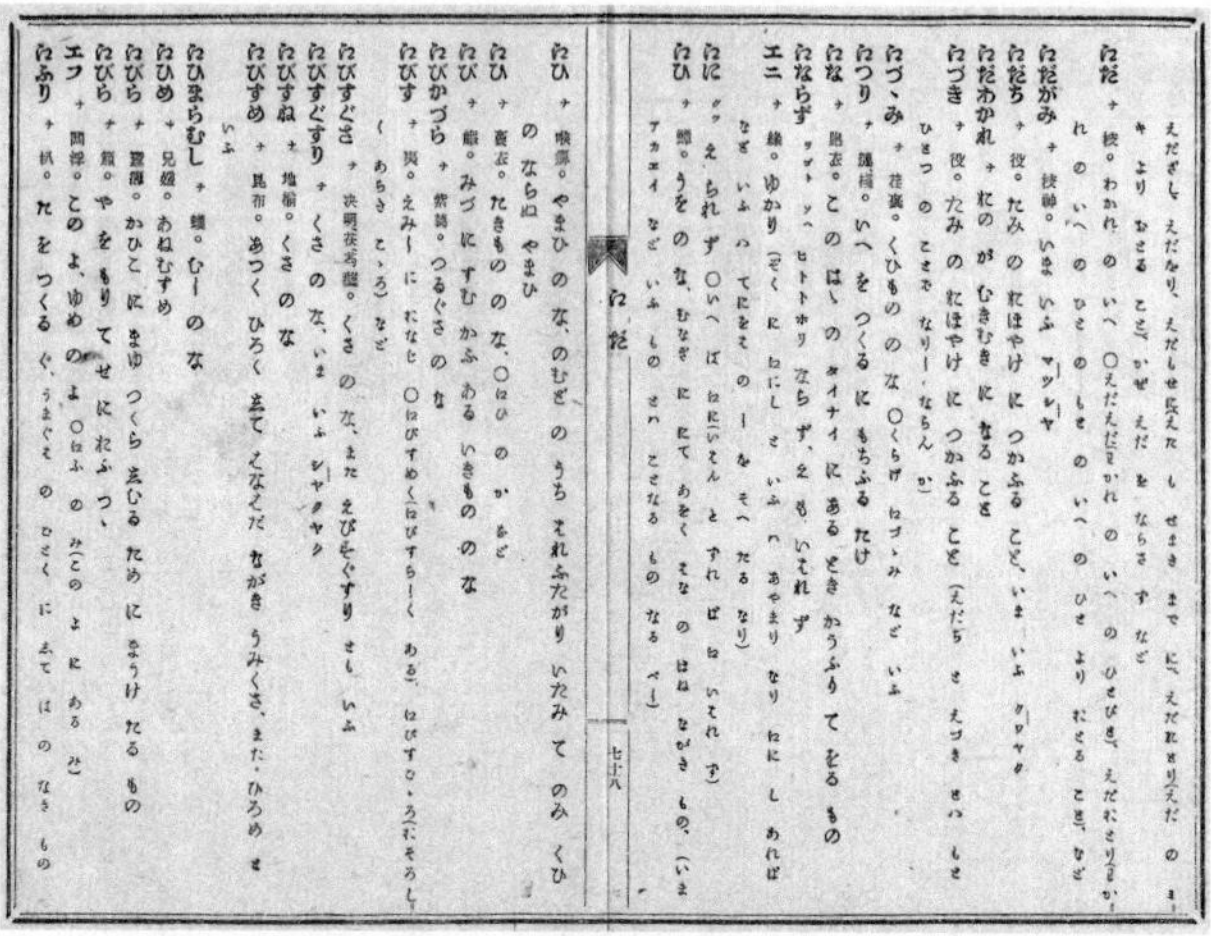

図4-1　近藤真琴『ことばのその』

という話が、明治四十二年十月十三日の『東京日日新聞』に載せられている。記事は大槻文彦のインタビューのような体裁なので、そういうことがあったのだろう。

図4-1は『言海』にさきだって出版されていた、近藤真琴『ことばのその』(明治十八年九月刊)であるが、見出しを五十音排列している。物集高見《もずめたかみ》『ことばのはやし』(明治二十一年七月刊)も同様である。したがって、五十音排列が特別に珍しかったわけではない。しかしまた、『言海』そのものも、草稿の段階ではいろは排列であったことがわかっており、明治二十一年五月に出版された高橋五郎『漢英対照いろは辞典』は書名のようにいろは排列を採用している。谷川士清《たにがわことすが》『和訓栞』は江戸時代に編まれた辞書で五十音排列を採るものとし

て知られているが、江戸時代までは辞書の見出しはいろは排列が主流であった。

明治二十年前後は、辞書の見出しの排列が、いろは順から五十音順へと移行が始まった時期といえるだろう。現在は当たり前のように思っている五十音順は、過去においては当たり前ではなかったということだ。こうしたことは、辞書のあらゆる側面についていえる。

さて、ここではまず辞書を「見出し＋語釈」という枠組みでとらえ、この枠組みを使って、いろいろな時期につくられた辞書について漢字・漢語に注目しながら観察し、述べていくことにしたい。「語釈」という用語は見出しとなっている語句の語義についての説明を思わせるが、「見出し」についての「情報」すべてを「語釈」と呼ぶことにする。中世の『節用集』のように「見出し」に対して、あまり情報が配置されていない辞書も過去にはあった。そういう場合は「語釈ゼロ」ととらえることにする。当然のことながら、「語釈ゼロ」の辞書は「見出し」がすべてということになる。

「見出し＋語釈」から辞書が成り立っているとみることにすると、辞書について観察するためのポイントは、次のように整理できるだろう。

一、どのような見出しを選ぶか。
二、選んだ見出しをどのように排列するか。

三、見出しに対してどのような情報を配置するか。

この三点を意識しながら、辞書から漢字について考えていこう。

2　漢字のかたち

中国の「古代文字」と「近代文字」

本書の主題である、「日本語をあらわすための文字として漢字を使う」ためには、まず漢字について知る必要がある。表意的に漢字を使うためには、漢字字義を知らなければならないし、表音的に漢字を使うためには、漢字の発音を知らなければならない。中国では漢字について「形・音・義」というカテゴリーを設ける。「形」は漢字のかたち、「音」は漢字の発音、「義」は漢字字義である。

日本における漢字のかたちについて述べるためには、まず中国における漢字のかたちについて把握しておく必要があるので、整理しておくことにしたい。

中国において、秦代末期漢代初期頃を画期として、漢字を「古代文字」と「近代文字」とに分けてとらえることがある。古代文字には「甲骨文」(図4-2)、「金文」(図4-3)、「篆文(大

図4-2　甲骨文

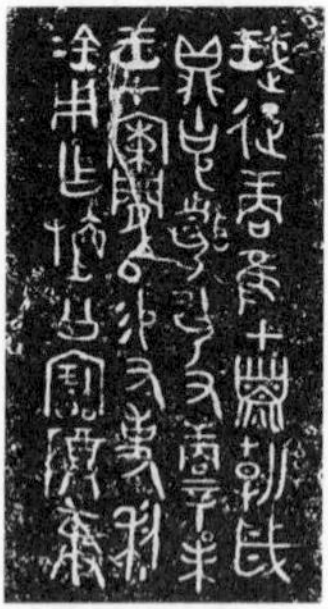

図4-3　金文

篆・小篆)」があり、近代文字には「隷書」「草書」「楷書」と「行書」がある。中国鳳翔府で発見され、現在は北京の故宮博物院に保存されている「石鼓文」には「大篆」で始皇帝の生活や功績をたたえた文が刻まれている(図4-4)。秦の始皇帝は「小篆」を統一的に使うことを推し進めた。甲骨文や金文は図形的にみえる部分をもっているが、小篆はそうした図形的な要素をなくし、全体がほぼ均一化された線で構成され、文字らしくなっている。文字全体も長方形の形に整えられている。**図4-5**は小篆で秦の歴史を刻んだ「泰山刻石《たいざんこくせき》」の拓本である。

始皇帝は小篆を作って統一をはかったが、その一方で、大篆はより書きやすい「隷書」をもうみだしていた。この隷書についてはいろいろな「みかた」があるので、ここでは一つの「みかた」を示しておくことにする。それは隷書には前漢の中期以前に使われたと考えられている、篆文の影響を残して細長い「秦隷」と呼ばれているものと、前漢の中期以降に使われたと考えられている「漢隷」と呼ばれているもの、後漢の中後期に使われた、「左はらい、右はらい」

という特徴をもつ「八分《はっぷん》」と呼ばれているものとがあり、「八分」は次第に貴人の碑にも使われるようになり、隷書は漢代には標準的な書体になったという「みかた」である。一方、「漢隷」と「八分」とを同じものとする「みかた」もある。

「秦隷」「漢隷」には「左はらい、右はらい」のような装飾的な部分がみられない。左はらいを「波」、右はらいを「磔」と呼んでいたが、次第に隷書の横画で、上に突き上げるように書

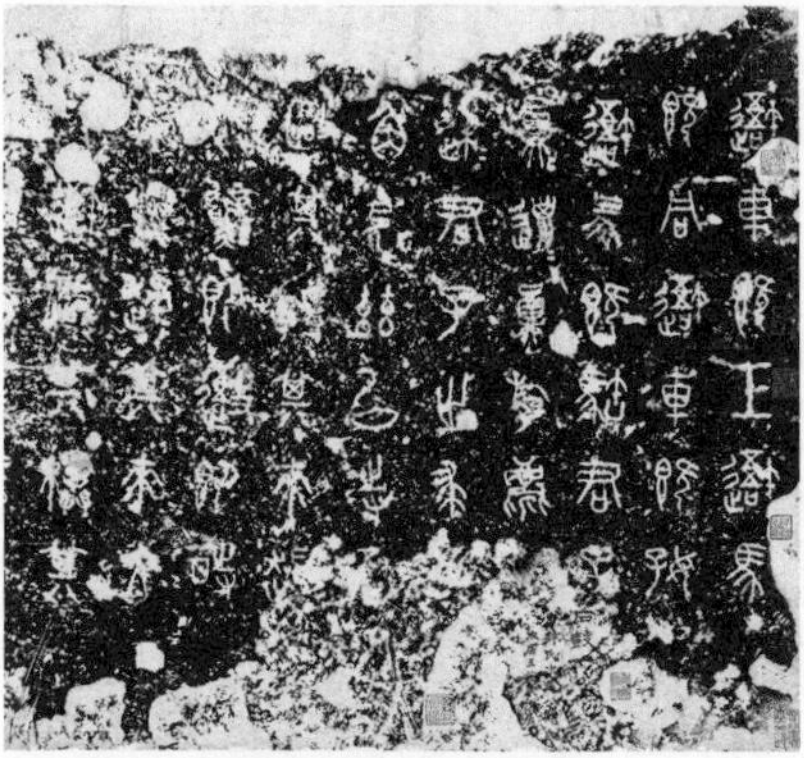

図 4-4　大篆(石鼓文)

図 4-5　小篆(「泰山刻石」拓本)

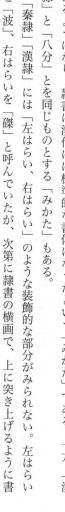

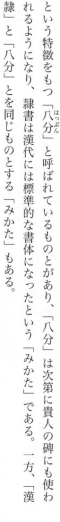

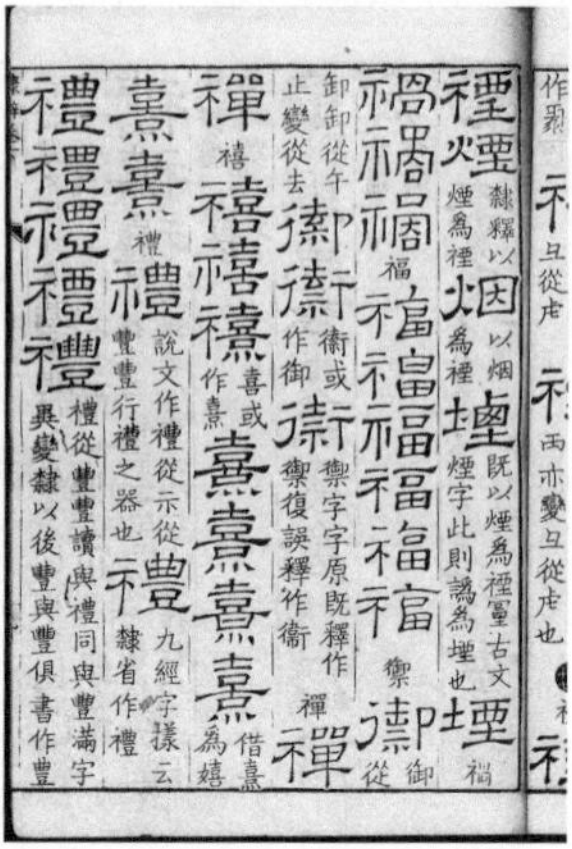

図4-6　顧藹吉『隷辨』の鎌田環斎による和刻

くはらいを「波」、上に引きあげるように書く右はらいを「磔」と呼ぶようになり、現在では横画に限定せず、波打つような右はらいを「波磔《はたく》」と呼ぶ。「八分(隷)」はこの波磔を使って、一字一字が横長に書かれる。後漢時代に陝西省《せんせいしょう》郃陽県令であった曹全の功績を顕彰するために、中国の中平二(一八五)年につくられた碑、「郃陽令曹全碑《こうようれいそうぜんひ》」は漢代の隷書(八分隷)の代表的なものとして、「礼器碑《れいきひ》」「乙瑛碑《いつえいひ》」とともに評価されている。

こうした碑の拓本は江戸時代後期以降、日本にも舶載されるようになった。図4-6は『経《け》典熟字弁《てんじゅくじべん》』などの著作で知られる儒者、鎌田《かまた》環斎《かんさい》(一七五三〜一八二一)が清の顧《こ》藹吉《あいきつ》のあらわした『隷辨《れいべん》』を和刻したもので、隷書はこうしたテキストによって知られるようになった。碑は明の万暦《ばんれき》(一五七三〜一六二〇)の初め頃に出土している。その時には一字の欠損もなかったが、明末の台風で碑は断裂した。碑の断裂前にとられた拓本は多くはない。

漢代には速写を追求した「草書」や隷書を意識しながらも崩し方を工夫した「行書」もうまれる。「草書」は一つの文字の筆画を最初から最後まで一筆書きで書くことが多い(実際には一筆で書けない字も少なくない)。これは日本における「草書」にもあてはまる。そうなると、隷書における字の輪郭をできるだけ残す必要がでてくるが、その一方で、文字の内部の具体的な筆画が省略されたり、文字の一部分がまとめられたりするようなこともあった。

唐代の孫過《そんか》庭《てい》(六四八～七〇三)の『書譜《しょふ》』は王羲《おうぎ》之《し》の正統を伝える草書と考えられている。その『書譜』を使って説明するならば、例えば穴冠の字は、穴冠であることを示しているが、穴冠の内部については、省略をするために差がわかりにくくなっている。「究」や「空」「突」は「九」「工」「犬」の形がなんとかわかるものの、「窮」(図4-7)では左側の「身」と右側の「弓」とが続けられており、この形から「躬」を想起することは難しいといわざるを得ない。隷書体においては、「身」と「弓」とは左右に独立した構成要素となっており、そうした構成要素に「もど」しにくい。隷書体や篆書体は構成要素でとらえることができるが、そうした構成要素は草書体ではとらえにくいことが多い。

構成要素の違いが、漢字における字同士の違いであるのだから、構成要素がとらえにくい草書体は、そうした漢字の「字同士の違い」がくずれているとみることもできる。そう考えると、草書体は、「よみ」ではなく「書く」ことに特化された、はやく書くことを一義的に追求した結果うまれた字体であることがはっきりしてくる。

図4-7　孫過庭『書譜』より「窮」

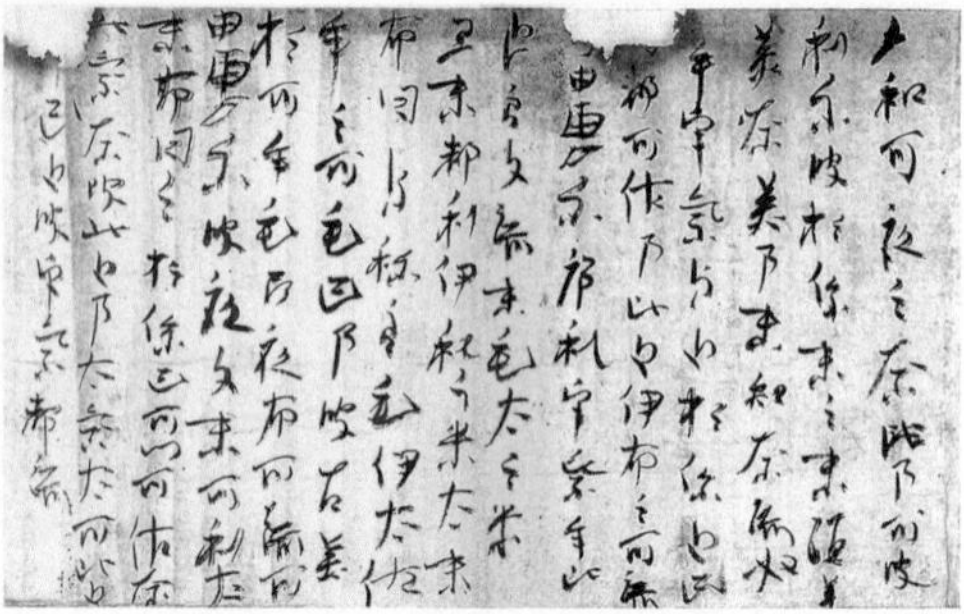

図4-8　正倉院文書「乙」

こういうところにいろいろなことに通じる「ヒント」がある。少し脱線しておこう。

草書体は書体の名称であるが、隷書をはやく書くために草書がうまれたことを前提にして「はやく書くために文字の構成要素を続け書きする」という書き方あるいはプロセスを「草化《そうか》」と呼ぶことにしよう。正倉院にいわゆる「万葉仮名」で書かれたと考えられている二つの文書があり、「甲」「乙」と名づけられている。図4-8は「乙」と呼ばれている文書であるが、行書体の漢字で書かれている。行書体であるので、そのまますぐに仮名にみえるような字はないけれども、あえていうならば、後ろから二行目の八字目から十三字目「たけたかひと」の二つ目の「た」は一つ目の「た」が「太」を思わせるよりは、「太」を思わせず、今使っている「た」にみえなくもない、というかたちをしているとみることはできるだろう。放恣《ほうし》な想像ではあるが、この文書の行書体をさらに「草化」すればまずは漢字の草書体に、そして最終的には平仮名にたどりつくということになる。

漢字の草書体をさらに「草化」したものが平仮名であることは原理的には認められている。平仮名は漢字全体を変形させて、すなわち「草化」させてできあがり、片仮名は漢字の部分を採ってできているということを、現代日本語母語話者は知識として知っていたり知らなかったりであろう。しかし、平仮名、片仮名の「背後」には、現代日本語母語話者が知っていても知っていなくても漢字があり、仮名は基本的には漢字とともに使われてきている。いつ頃まで平仮名の背後に漢字が見えていたのだろうか。

平仮名の背後に漢字が見えていれば、その見えている漢字を「草化」して平仮名を作り出すことができる。この場合の平仮名の背後の漢字は平仮名の供給源といってもよい。江戸時代の国学者があらわし、出版されたテキストの序文などで、あまり見かけない平仮名が使われていることがある。こうした「あまり見かけない平仮名」の中には、漢字を「草化」させて新たにつくった平仮名が含まれている可能性があるだろう。

日本の辞書への影響

さて、話を中国に戻そう。後漢末ぐらいから「楷書」がうまれ、初唐には完成するが、六朝の変動期に多くの異体字がうまれることになり、異体字を整理して正字を定めることを目的とした「字様《じよう》」が編まれるようになっていく。唐の太宗《たいそう》は顔師古《がんしこ》(五八一～六四五)に、五経の文字の校勘を命じて「五経定本」を作らせた。孔穎《くよう》達《だつ》はその「五経定本」をもとにして、『五経正義《ごきょうせいぎ》』を編纂する。顔師古は五経を校勘するかたわら、後に「顔氏字様」と呼ばれるようになった「字様」をつくるが、テキストそのものは現在に伝わっていない。

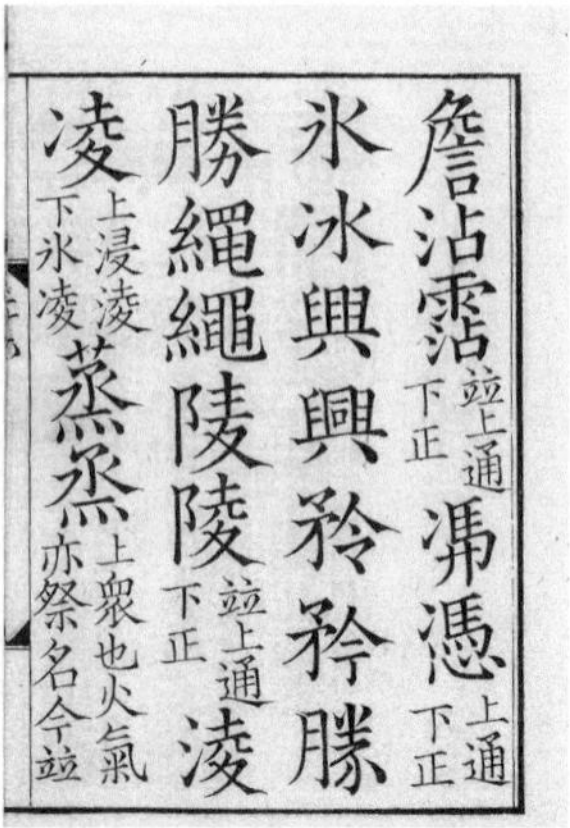

図 4-9　顔元孫編『干禄字書』

「顔氏字様」は経書テキストに密着したものであったが、実用性を加えた、『群書新定字様』というテキストと推定されている「S388字様」と呼ばれる「字様」がつくられ、その実用性をさらに拡大し、科挙の受験対策書のようなおもむきがあるものが、顔元孫《がんげんそん》が編んだ『干禄字《かんろくじ》書《しょ》』（図4-9）であったと推測されている。

「S」はハンガリー生まれのイギリスの考古学者、東洋学者のサー・マーク・オーレル・スタイン Sir Marc Aurel Stein（一八六二〜一九四三）のスタインの「S」で、スタインは一九〇〇年には東トルキスタン地域へ探検旅行を行ない、一九〇六年の第二回の探検では、敦煌の仏画・仏典・古文書などの敦煌文献を持ち帰った。

『干禄字書』は由来がたしかで、碑文や科挙の答案などに使うことができる字体を「正」、公文書などに使うことができる字体を「通」、そうでない字体を「俗」と呼んで区別している。この『干禄字書』は『類聚名義抄』を初めとして、日本の字書・辞書に影響を与えた。『干禄字書』は、右に述べたように、中国のある時期における「判断」を示したテキストであるが、

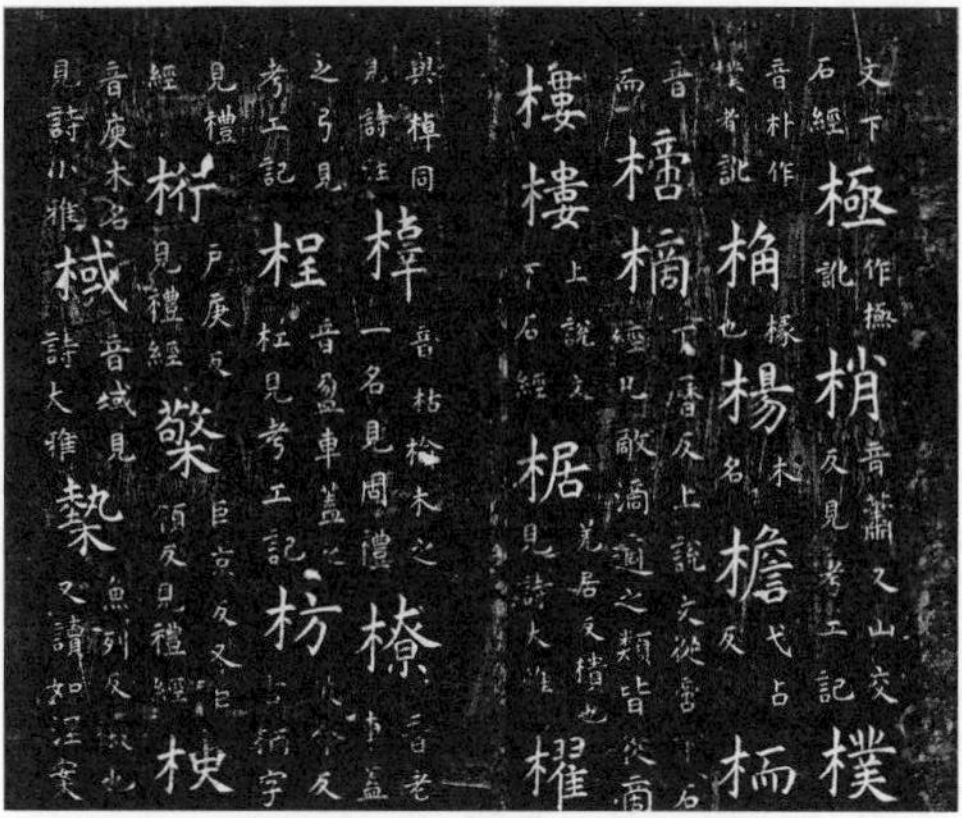

図 4-10　開成石経『五経文字』

そのことについて十分な配慮をせずに、いわば無条件で、日本における漢字字体研究において参照されることが多い。将来、こうした研究態度は批判されることが予想される。

しかしまたこのことは、中国語と日本語とが同じ(ようにみえる)漢字を使っていることによって、ごく自然に、無意識裡にそうしたことがひきおこされているとみることもできる。中国と日本とは「同文」(=互いに異なる民族または国家で、使用する文字が同一であること)の国と呼ばれることがある。新井白石は『同文通考《どうぶんつうこう》』という書物をあらわしている。

実用性を拡大した『干禄字書』に対する批判的

な立場から、張参《ちょうさん》『五経文字《ごきょうもじ》』が編まれ、『五経文字』は『五経正義』とともに開成《かいせい》石経《せっけい》に刻まれるに至る。開成石経は現在、西安市の碑林で見ることができる（図4-10）。中国では宋の時代になると、木版印刷がさかんに行なわれるようになり、欧陽詢や顔真卿《がんしんけい》などの楷書体が好まれるが、宋代になると、印刷専用の宋朝体が作られ、

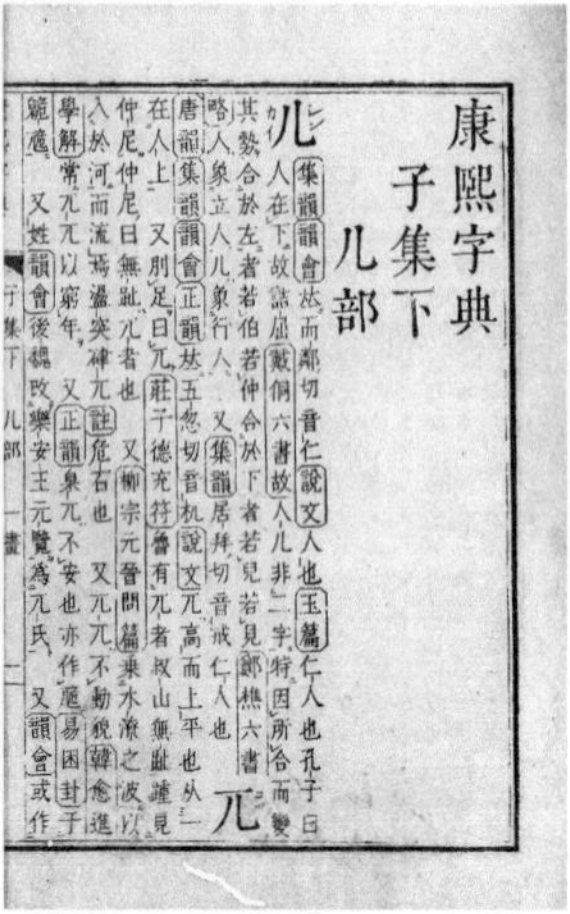

図4-11　和刻本『康熙字典』子集下

その宋朝体から、明末清初の頃に明朝体が成立し、仏典や四書などの印刷で使われるようになっていった。康熙《こうき》帝《てい》の命によって編纂された『康熙字典』（康熙五十五・一七一六年刊）は明朝体によって印刷され、『康熙字典』の書体が「康熙字典体」として、後の時代の字体・書体のモデルとなった。中国においても木版印刷においては当初、楷書体であったが、『康熙字典』は篆書体や隷書体で書かれた文字を明朝体にデザインしなおしているために、伝統的な楷書体の手書き字形と異なる字形が使われていることがある。

日本においても、伝統的な手書き楷書体が使われる一方で、『康熙字典』を初めとして、明末清初に中国で印刷された書物が輸入された。『康熙字典』の場合、安永七（一七七八）年に都賀《つが》

庭鐘《ていしょう》らの校訂した和刻本の『康熙字典』が出版されている（図4－11）。現代日本語において、漢字は明朝体で示されていることが多い。多いというよりも、それ以外の書体をほとんど目にしないといってよい。

本木昌造《もときしょうぞう》が長崎の活版伝習所において、ウィリアム・ガンブルの講習を受けた時に、ガンブルが持っていた明朝体を使ったことによって、日本の金属活字も明朝体によって展開していくことになる。

中国においても、手書きの楷書体の「流れ」の中に『康熙字典』が採用した印刷用書体である明朝体がわりこみ、日本においても手書きの楷書体の「流れ」の中に明朝体がわりこみ、加えて金属活字も明朝体をベースにして作られたことによって、日本の明治期における漢字字体の使用実態はきわめて複雑な様相をみせることになる。

字形・字体・書体

ある文字のかたちを、「こういうかたち」という概念としてもっていると考えた時、その「こういうかたち」を「字体」と呼ぶ。その「字体概念」に基づいて、実際に手でその文字を書くと、書くたびに少しずつ違ったかたちとして実現する。印刷の場合は「同じかたち」と感じるが、実際にはインクの濃淡や文字のかすれなどまで含めれば、まったく同じかたちにはならない。版木を使った印刷であれば、印刷をするたびに版木が摩滅していくので、同じかたちにならないことははっきりしている。母型から活字をつくる金属活字ではそういうことはないが、活字一つずつを手彫りする木活字は、活字であっても、同じ字の形が少しずつ異なることがある。**図4-12**は木活字で印刷された『責而者艸《せめてわぐさ》前

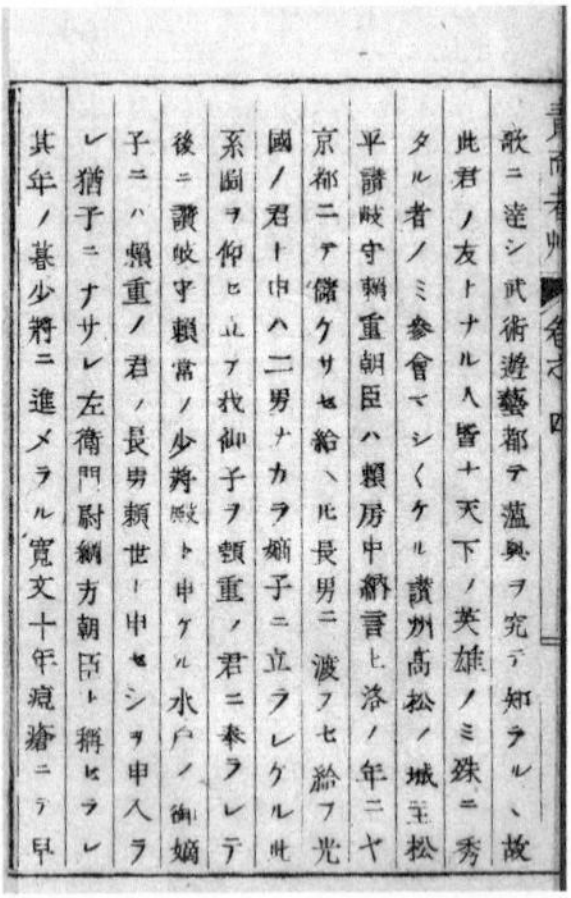
責而者艸　巻之四
歟ニ達シ武術遊藝都テ薀奥ヲ究テ知ラル丶故
此君ノ友トナル人皆十天下ノ英雄ノミ殊ニ秀
タル者ノミ参會シケル讃州高松ノ城主松
平讃岐守頼重朝臣ハ頼房中納言ト洛ノ年ニヤ
京都ニテ儲ケサセ給ヘル長男ニ渡ラセ給フ光
國ノ君ト中ハ二男ナカラ嫡子ニ立ラレケル此
系圖ヲ仰セ立ラ代御子ヲ頼重ノ君ニ奉ラレテ
後ニ讃岐守頼常ノ少將殿ト申ケル水戸ノ御嫡
子ニハ頼重ノ君ノ長男頼世ト申セシヲ申入ラ
レ猶子ニナサレ左衛門尉綱方朝臣ト称セラレ
其年ノ暮少將ニ進メラル丶寛文十年痘瘡ニテ早

図4-12　木活字版『責而者艸』

編』巻之四の一丁裏であるが、四行目の「頼重朝臣」の「頼」字は七行目の「頼重」とは異なる。そしてまた、同じ「頼」字であっても、少しずつ形が異なることがわかる。

この実現しているかたちを「字形」と呼ぶ。「常用漢字表」に附載されている「表の見方及び使い方」の4には「字体は文字の骨組みであるが、便宜上、明《みん》朝体のうちの一種を例に用いて「印刷文字における現代の通用字体」を示した」とあり、「字体」を「文字の骨組み」と説明している。

「表の見方及び使い方」にはさらに「字体についての解説」が附されている。その「第一　明朝体のデザインについて」においては「常用漢字表では、個々の漢字の字体（文字の骨組み）

を、明朝体のうちの一種を例に用いて示した。現在、一般に使用されている明朝体の各種書体には、同じ字でありながら、微細なところで形の相違が見られるものがある。しかし、各種の明朝体を検討してみると、それらの相違はいずれも書体設計上の表現の差、すなわちデザインの違いに属する事柄であって、字体の違いではないと考えられるものである。つまり、それらの相違は、字体の上からは全く問題にする必要のないものである」と述べられている。この言説からすれば、「書き手」と「読み手」との間でやりとりされているのは、(具体的には「字形」であるが)「字体」(概念)であることになる。しかし、そうした認識が教育の場、あるいは社会全体に共有されているだろうか。

また「第二　明朝体と筆写の楷書との関係について」の3では「筆写の楷書字形と印刷文字字形の違いが、字体の違いに及ぶもの」という見出しのもと、「以下に示す例で、括弧内は印刷文字である明朝体の字形に倣って書いたものであるが、筆写の楷書ではどちらの字形で書いても差し支えない。なお、括弧内の字形の方が、筆写字形としても一般的な場合がある」と述べている。

『広辞苑』第七版は見出し「たいけい(体系)」の語義を①②③に分けて説明しているが、③においては、「〔言〕ソシュールの用語。ある特徴を共有しながらも相互に異なる要素の集合。音素、語の意味などは体系をなす」と説明している。漢字という文字を体系としてとらえるということは、漢字という文字と認められる特徴を備えていながら、それぞれが他の漢字とは異なる要素をもって集合しているととらえることになる。より具体的に説明するならば、他の漢字と視覚的に異なることが確認できることになり、「大」と「犬」「太」であれば、点の有無、点の位置によってこの三字が区別されている。「B」と「大」とは文字として共有する特徴がなく、同じ文字として認められていないので、体系をなさない。

ここまで解説してきた「甲骨文字」「金文」「篆書」「隷書」「草書」「行書」「楷書」はそれぞれ文字としての特徴を共有しており、体系を成しているとみることができる。そしてその体系内で、他の字と異なる要素をもち、体系としての構造をもつ。中国においては、右のそれぞれは体系をなし、かつ「篆書」に続いて「隷書」がうまれるというように、使っている漢字のかたちがいわば「セット」として変化していったということであった。そうみた時に「篆書」には「篆書」の「字体」があり、「隷書」には「隷書」の「字体」があるということになる。しかし、「楷書」の成立をもって、そうした変遷は終わり、「楷書」成立以降は、選択可能な様式として併存することになる。

書体か字体か――かたちの「みかた」

「楷書」が成立した後は、「楷書」以外は使わないということであれば、「楷書」が唯一の漢字体系であり、この「楷書」の体系において漢字の「字体」をとらえればよい。しかし、「楷書」も使うが「行書」も使うということになれば、かなりな程度かたちが異なる「楷書」「行書」全体に字体を設定する必要があることになる。しかしそれは、かたちが異なりすぎて難しいことが容易にわかる。そうなると、「楷書」には「楷書字体」があり、「草書」には「草書字体」があるというみかたを採るしかない。つまり書体ごとに字体を設定するというみかたで、これはいわば字体の上位概念として書体を設定していることになる。

「楷書」成立以降に、「行書」や「草書」も使うという場合、「楷書」のこの字は「行書」ではこのように書く、というような「結びつけ」を行なう必要がある。点画がはっきりしていないかたちを起点にするよりは、点画がはっきりしているかたちを起点にしたほうがわかりやすいことはいうまでもなく、そうなると「隷書」あるいは「楷書」が起点の候補となる。「楷書」がもっとも新しいかたちであることからすれば、「楷書」成立後は「楷書」が漢字全体の起点となることは自然といってもよい。この「みかた」は「楷書」の字体(概念)が「行書」「草書」などさまざまな「書体」の概念よりも上にある、という「みかた」といってよい。つまり「字体」と「書体」との関係については、「書体」を最上位概念とする「みかた」と「字体」を最上位概念とする「みかた」の二つがある。

日本においては、「楷書」「行書」「草書」の三つが主な書体として受け入れられ、「楷書」が規範的書体＝「真」と位置付けられた。そのこと及びかたちから、「行書」「草書」は「楷書」を変形したもの＝崩したもの、という意識がうまれ、それが定着して現代に至っているので、現代日本語母語話者にわかりやすいのは、楷書の字体概念を上位に置く「みかた」であろう。

漢字の教育は小学校から始まる。文部科学省は小学校で学習する漢字(教育漢字)を各学年にわりあて、それを小学校学習指導要領の別表「学年別漢字配当表」として示している。現行の表には一〇二六字が載せられており、令和二(二〇二〇)年から施行されている。この一〇二六字はすべて常用漢字二一三六字に含まれており、この表にない一一一〇字は中学校以降で学習することになるが、中学校には「学年別漢字配当表」は示されていない。文部科学省のホームページにはこの「学年別漢字配当表」が画像ファイルで示されているが、表で使われている字体が「教科書体」と呼ばれる字体である。「教科書体」は〈教科書に使われた活字書体〉と定義することができる。

昭和八(一九三三)年に小学校の教科書が改訂され、小学校一年生の国語教科書が「サイタ　サイタ　サクラガ　サイタ」という「サクラ読本」で、昭和十二(一九三七)年に発行された小学校三年生用の教科書で初めて活字が採用された。活字は手書きの楷書体のかたちを採り入れた明朝体と説明されるような活字であった。この時点では「手で書く漢字のかたち」がはっきりと意識されていたことになる。

かたちをあわせる——美しさとは

「書体」は漢字についての概念と考えやすいが、電子印刷の「フォント」にちかい概念とみることができる。「フォント」は一つ一つの文字についての概念ではなく、ある共通する「かたち」の特徴をおびた文字・記号のセットのことをあらわす概念で、「正楷書体」のフォントには平仮名も含まれている。漢字と平仮名によって日本語を文字化することは現在におけるデフォルト＝標準的な文字化(標準的表記)といってよいだろう。そうであれば、その漢字と平仮名によって文字化されたひとまとまり＝版面を視覚的に見やすくする工夫があってよいことになる。版面を見やすくするというのは、ごく自然な「心性」であろうし、日本語に関していえば、それはずっとあったといってもよい。

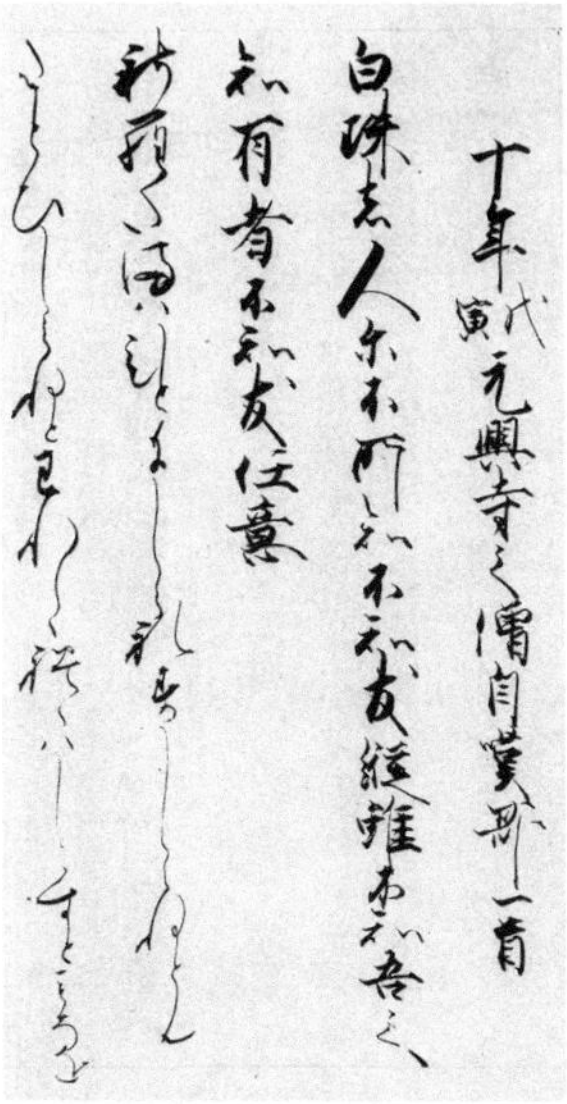

図4-13　元暦校本『万葉集』

「見やすく」は「美しく」にも通じる。どのような文字で文字化するかということを観察しようとすることは、文字化をできるだけ抽象化してとらえるということで、図形的・デザイン的な要素は捨象することになる。したがって、そのような「みかた」を採る場合には、「書体・フォント」については言及されない。「さくら」「サクラ」「桜」の違いについては考えるが、「さくら」「さくら」の違いについては考えないということになる。「さくら」は柔らかい感じがする、「さくら」は力強い感じがする、ということは観察者の「感じ」であって、それは観察対象、研究対象にはしない、つまり人間を排除したみかたといえるだろう。言語学はいうまでもなく、日本語学もそのように、人間不在で行なわれる傾向がつよい。

漢字のかたちに平仮名のかたちをあわせるという発想は自然なものといえる。そうした発想、感覚はかつてもあった。図4-13は元暦校本『万葉集』であるが、漢字と仮名とが調和、融合するように書かれていることが窺われる。

3 漢字を見出しにした字書――『節用集』を中心に

漢字と結びつく和語

弘法大師空海（七七四～八三五）は延暦二十三（八〇四）年に留学僧として入唐し、二年後の大同元（八〇六）年には多数の典籍を持って日本に帰国している。『篆隷万象名義《てんれいばんしょうめいぎ》』はその空海が、天朝四(八二七)年頃から承和二(八三五)年頃までの間につくったと推測されている。

書名からわかるように、「篆隷万象名義」は「篆書」と「隷書」とを示すことを目的としているると思われる。図4-14は高山寺に蔵されているテキストであるが、永久二(一一一四)年に写されたもので、江戸期以降の写本もすべてこの高山寺本を写している。

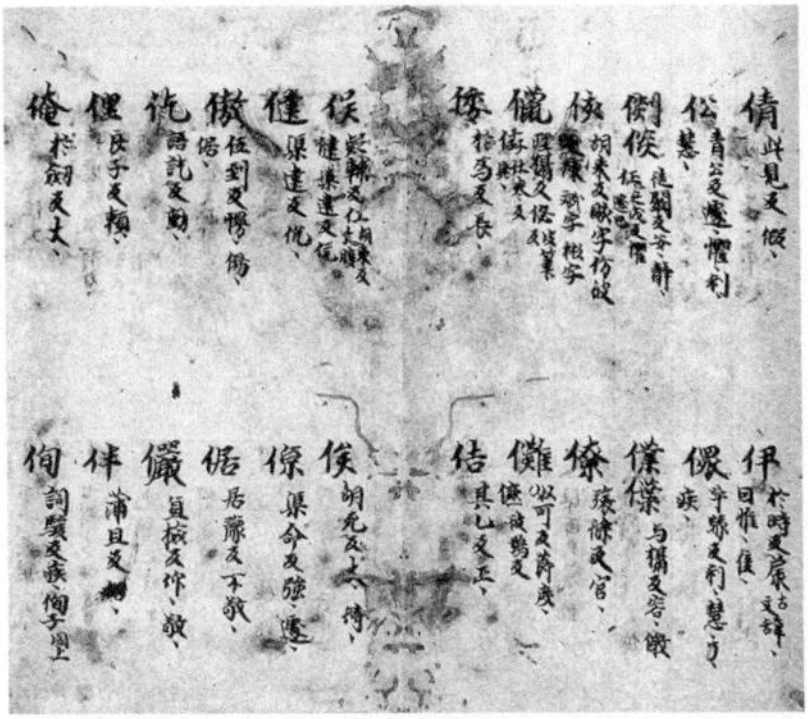

図4-14　空海『篆隷万象名義』

平安時代初期につくられたと考えられている漢字辞書が『新撰字鏡』である。宮内庁書陵部には天治元(一一二四)年に写され「天治本」と呼ばれるテキストが蔵されているが、江戸時代には「群書類従本」「享和本」と呼ばれる、和訓が配されている漢字のみを抜き出したテキストがつくられ、印刷出版されている。漢字字義と対応する日本語は何かという「すりあわせ」は日本語の歴史の中で継続的にずっと行なわれていた。図4-15は鎌倉時代後期頃につくられたと考えられている『字鏡』と呼ばれる字書(東洋文庫蔵)の「第十四足篇」の箇所(第一冊二十六丁裏)。「足」が冒頭すなわち「部の首」に置かれていて、「部首」の字であることがわかる。「足」には「ヲハル」

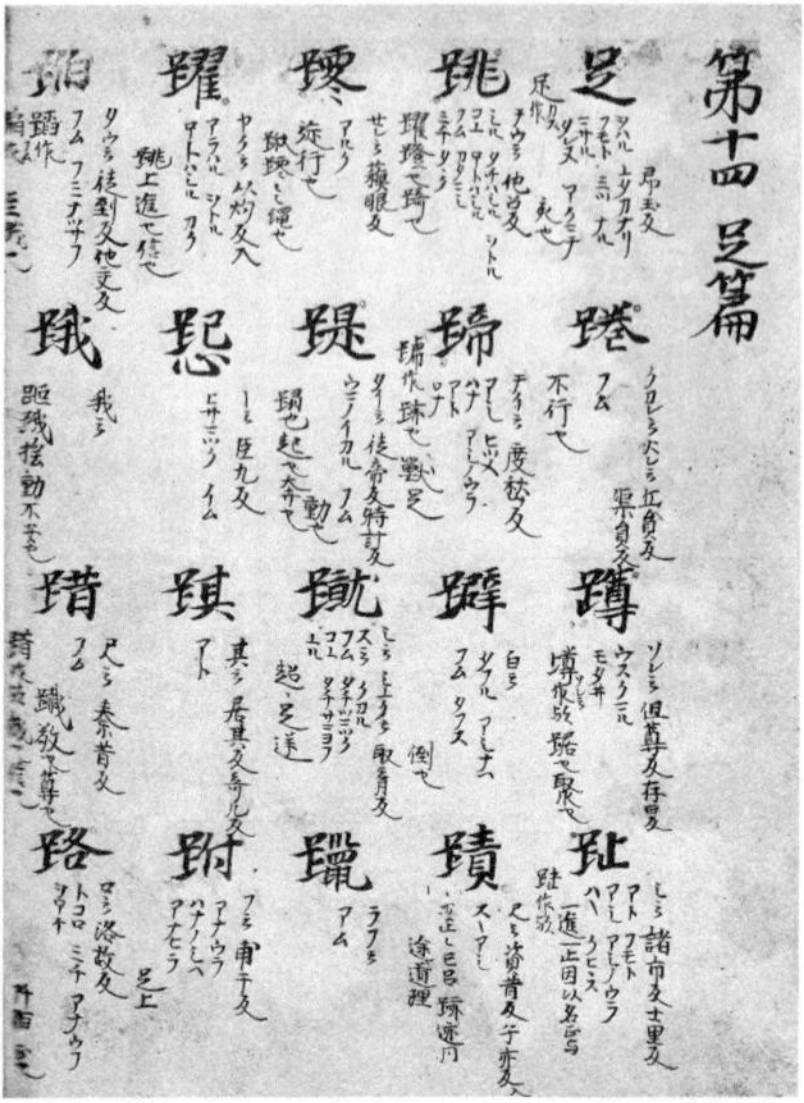

図 4-15　『字鏡』第一冊二十六丁裏

「ユタカナリ」「フモト」「ミツ」「ナル」「マサル」「タレヌ」「アクマテ」という和訓が配されている。「即玉反」は上の字「即」の子音部分と下の字「玉」の韻尾を合わせて「足」字の発音をあらわす「反切《はんせつ》」という「方法」で、漢字以外の文字を使わない中国語において考え出された発音を示す方法である。

　二行目の一字目は配されている和訓からすれば「跳」の字と思われるが、「兆」の部分が左右に一画ずつ多いようにみえる。なんらかの過誤があるのか、それとも異体字であろうか。十一行目の四字目の「跡」には「フム」「タツヌ」「アト」と三つの和訓が配されている。

　ある漢字に複数の和訓が配されているのは、この字書がつくられるまでに当該漢字と結びついた和訓が、字書を含むいろいろなテキストから類聚されているとみるのが自然であろう。図

4-16は室町時代に写されたと推測されている白河本『字鏡集』と呼ばれている、都立中央図書館加賀文庫に蔵されている字書のやはり「足部」である。五行目の一字目に「跡」が置かれているが、そこには「ヒツメ」「フム」「シタカウ」「ハルカ」「ツク」「クルマノアト」「ヒラク」「アト」「馬ノアト」「トヲシ」「ウツシ」「ヌキアシ」「ヲトコ」「ハルカ」「ウツラナリ」「マシラ」「スキタリ」「ヲロソカ也」とあって、十八の和訓が配されている。『字鏡』よりも和訓がずいぶん多く配されていることがわかる。図4-17は慶安四年に出版されている『新刊和玉篇』（上中下三冊）の上巻二十四丁裏の箇所であるが、四行目の七字目に「跡」が置かれているが、和訓は「アト」一つしか配されていない。図4-18は明治九（一八七六）年に刊行されている藤田善平編輯の『四聲訓譯韻字平仄鼇《ごう》頭註解玉篇《とうちゅうかいぎょくへん》』の巻之四、一〇六丁裏であるが、「跡」には配されている和訓は「アト」一つである。

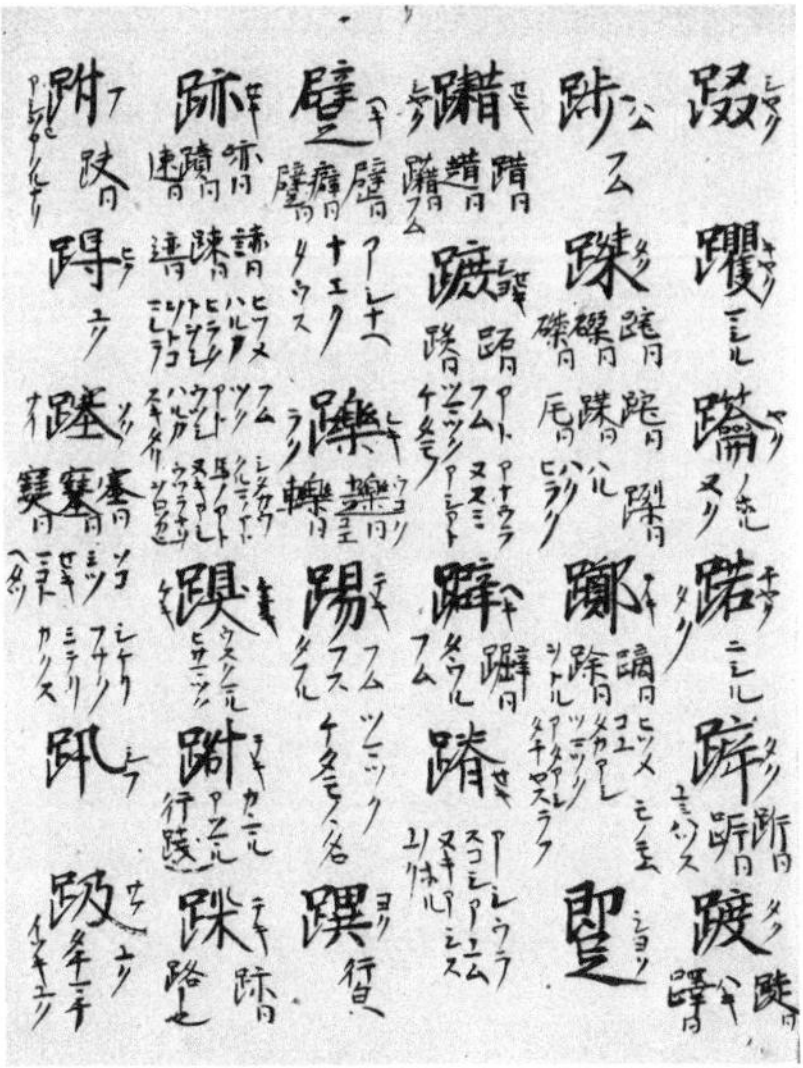

図4-16　白河本『字鏡集』

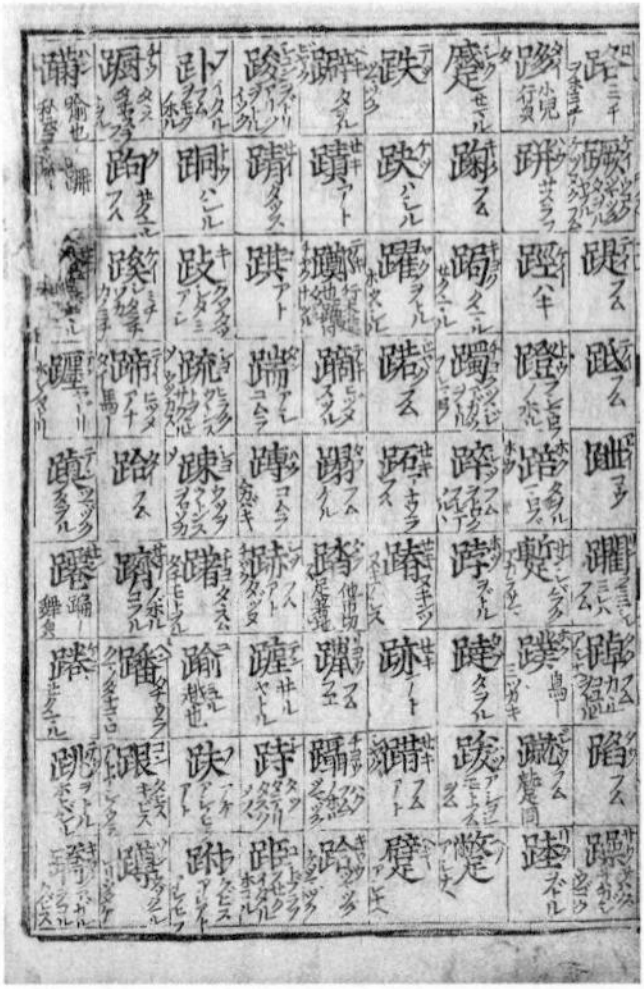

図 4-17　『新刊和玉篇』(上中下三冊)
上巻，二十四丁裏

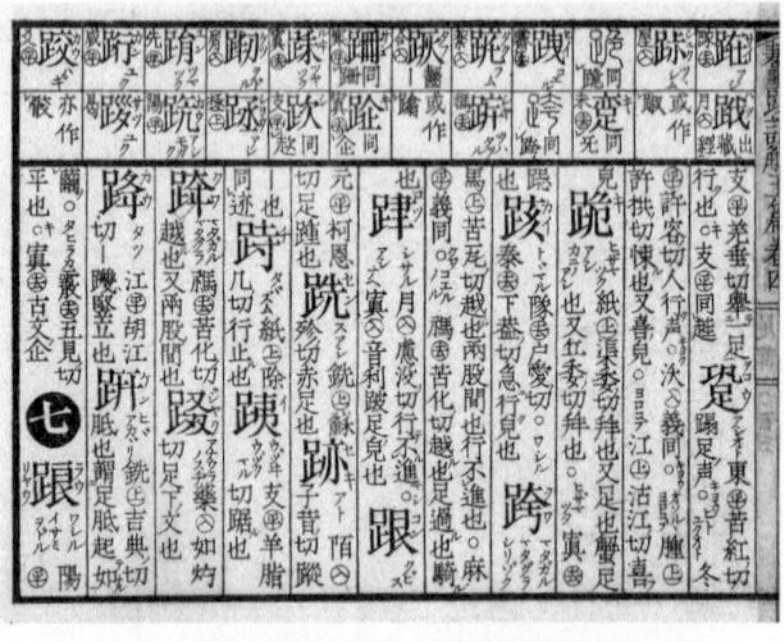

図 4-18　藤田善平編輯『四聲訓譯韻字平仄 鼇頭註解玉篇』巻之四，一〇六丁裏

少し粗い述べ方になるが、鎌倉時代の『字鏡』から室町時代の『字鏡集』にかけては和訓が増えており、江戸時代の『新刊和玉篇』では和訓が一つになり、それが明治時代に受け継がれているようにみえる。常用漢字表においても「跡」に認めている訓は「あと」のみであるので、その状況は現代まで続いているとみることもできる。

漢文が訓読される、あるいは古典中国語＝漢語の語義を考えるにあたって、和語が「すりあわせ」に使われる。そのプロセスでは漢字と結びつく和語＝和訓が増えていく。これは「中国語をよむ」というプロセスにおける漢字と和語の結びつきだから、この場合の和語は翻訳に使われる日本語ということになる。当然、古典中国語＝漢語の文脈に応じて翻訳に使われる日本語はさまざまなものとなる。

鎌倉時代から室町時代にかけては、和語を文字化するにあたって、漢字がひろく使われだした時期といえるだろう。今度は「日本語をかく」というプロセスにおける漢字と和語の結びつきなので、和語の語義とできるだけ重なり合いのある漢字を絞ることになる。わかりやすい説明をするならば、室町時代までに一つの漢字と結びついていた多くの和訓の中で、和語＝和訓の語義と漢字字義との重なり合いがもっともある漢字を使って当該和語を文字化する。そうすると和語の文字化に使う漢字は一つもしくは二つぐらいになるだろう。一つであれば、それは当該漢字の「定訓」ということになる。

「定訓」についてはこれまでもさまざまに考えられてきたが、それはもっぱら「漢字をよむ」という方向の中で論じられてきた。「漢字でかく」という方向からも「定訓」について考える必要があるだろう。「漢字をよむ」の中には漢語を理解するということも含まれる。漢語を理解するプロセスにおいて、漢語を構成している漢字字義をどうおさえればよいかということが吟味されたことが推測できる。そうであると、右の例でいえば「跡」字が含まれている漢語がどのくらい日本語の語彙体系内で使われていたか、また実際に使われていたか、ということも和訓の生成や定着にはかかわっていることになる。当該漢字を含む漢語があまりないとなれば、当該漢字の字義を確認する機会そのものがないことになる。

図4-17をよくみると、和訓「フム」のみが配されている漢字が複数あることに気づく。一行目の「踶」「踧」「蹈」、二行目の「蹴」、三行目の「踰」、四行目の「踏」、八行目の「跆」は「フム」一つが和訓としておかれている。和訓「アト」のみが置かれている字としては「跡」以外に五行目の「蹟」、六行目の「蹀」がある。和訓「フム」「アト」と結びついている漢字が複数あった場合は、原理的に説明するならば、複数ある漢字のどれを使って和語「フム」「アト」を文字化するかということになる。ここでどのようなことがらが一つに絞っていく条件、要素であるかははっきりしていない。つまりそのことについては研究されていない。このように考えると、日本語についてわかっていないことはまだまだあることになる。テキストを丁寧に観察し、ひろく事象をとらえて原理的にしっかりと考えることによって、これまで気づかれていなかった「問題・課題」に気づくことが多い。新たな「問題・課題」をほりおこすことも「日本語の歴史」をよみなおすことの一つだろうし、そこにおもしろさもある。

『節用集』は漢字列を選ぶため?

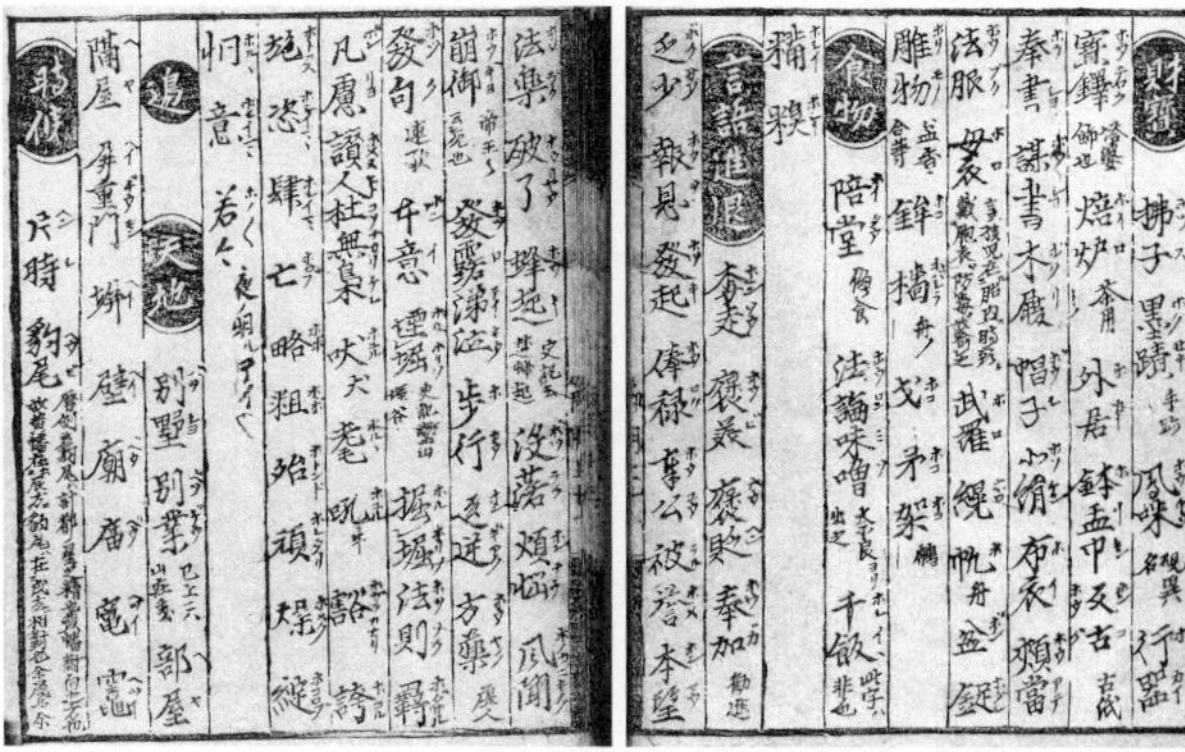

図 4-19　『節用集』天正十八年本（堺本）

図4－19は下巻末に「于時天正十八年庚寅履端吉辰」とあるところから「天正十八年本」と呼ばれている『節用集』のホ部言語進退門である。この本は「堺本」とも呼ばれる。「堺本」は整版印刷されていると思われる。「リタン（履端）」は〈暦の初め〉つまり正月元旦のこと。

見出しとなっている語句を示す。振仮名は漢字列のうしろに片仮名で示した。説明のために各見出しに番号を附した。語釈は省いた。47「意」のうしろの「若々《ホノ々々》　夜ノ明ルテイ也」、上部欄外の「欲《ホシキ》　物ノ」は墨による書き込み。これらの書き込みは「堺本」のいずれの時期かの所持者によるもの。ちゃんとホ部言語進退門に、そこにあってもおかしくない見出しが書き込まれている。44は「燥」と判断した。

1 奔走 ホンソウ	2 褒美 ホウビ	3 褒貶 ホウヘン	4 奉加 ホウガ
5 乏少 ボクセウ	6 報恩 ホウヲン	7 発起 ホツキ	8 俸禄 ホウロク
9 奉公 ホウコウ	10 被レ誉 ラルホメ	11 本望 ホンマウ	12 法楽 ホウラク
13 破了 ホウリヤウ	14 蜂起 ホウキ	15 没落 ボツラク	16 煩悩 ボンナウ
17 風聞 ホノカニキク	18 崩御 ホウキヨ	19 発露涕泣 ホツロテイキウ	20 歩行 ホカウ
21 返逆 ホンギヤク	22 方薬 ホウヤク	23 発句 ホツク	24 本意 ホンイ
25 堙レ堀 ホルホリヲ	26 掘レ堀 ホルホリヲ	27 法則 ホツソク	28 羇 ホダサル
29 凡慮 ボンリヨ	30 讃人社無梟 ホメヌヒトコソナカリケレ		31 吠 ホユル
32 耄 ホル、	33 吼 ホユル	34 豁 ホガラカナリ	35 誇 ホコル
36 施 ホトコス	37 恣 ホシイマ、	38 肆 ホシイマ、	39 亡 ホロブ
40 略 ホボ	41 粗 ホボ	42 殆 ホトンド	43 頑 ホレタリ
44 燥 ホメク	45 綻 ホコロブ	46 惘 ホル、	47 意 ホシイマ、

右では語釈は省いているが、例えば14には「史記云／楚蜂起」、25には「史記塹山／堙谷」という語釈が置かれている。『史記』項羽紀には「楚蠭起之将、皆争附君者、以君世世楚将、為能復立楚之後也」とあり、『漢書』項籍伝にも「楚蠭起之将」という表現がみられる。ある

いはまた、『史記』の始皇帝本紀に「塹堀湮谷」という表現がみられ、これらの見出しの淵源はたしかに『史記』にある。そして25にはレ点が施されており、漢文テキストから抽出されていることを思わせる。

さて、右には「堺本」ホ部言語進退門の見出し47をすべて掲げた。この47の見出しの中に、明らかに語を超える言語単位であるものが五つ(10・17・25・26・30)含まれている。28「ホダサル」43「ホレタリ」も語を超えているが、これは語に準じるものとみておくことにしたい。その語種を考えると、漢語が二十四、和語が十八ある。

右で述べたように、見出し47は語を超えたものが五、漢語が二十四、和語が十八で、「いろいろな見出しが混在している」ととらえることもできる。しかしすべての見出しが漢字によって文字化されていることからすれば、「堺本」『節用集』の見出しは「漢字列」であると統一的にみることもできる。語であるか句であるか、漢語であるか和語であるかという観点はいわば現代の観点で、それを「堺本」にあてはめて論じるのは、当時なかった観点を使って観察を行なっていることになり、場合によっては観察が現代寄りになりすぎて不都合を生じることがある。しかし、漢字だけで文字化されているかどうかは、当時であってもわかることで、「堺本」『節用集』の見出しが「漢字列」であるとみることには無理はない。

「堺本」だけではなく、室町時代につくられた「古本」と呼ばれる『節用集』テキストは見出しとしている漢字列に施されている振仮名の第一字目によって「いろは」分けされ、その「いろは」分けの内部を「天地」「時候」「草木」「人倫」「支体」「畜類」「財宝」「食物」「言語進退」のように意味分類している。

振仮名の第一字目で「いろは」分けされていることからすれば、振仮名になっている語がわかっていなければ、『節用集』を検索することができない。振仮名によって「いろは」分けされているところにたどりつき、次に意味分類にしたがって、探している語句にたどりつく。最終的にたどりつくのが漢字列であるから、『節用集』はある語にどのような漢字列をあてればよいかを調べるための辞書である、という「みかた」が提示され、ずっと『節用集』はそのような辞書だと考えられてきた。現在もそうした「みかた」が根強い。しかし、この「みかた」に対して反論することは難しくない。

例えば19「発露涕泣」は『平家物語』にみえる表現で、『日葡辞書』においてもこの語は見出しになっている。しかし室町時代の「はなしことば」で使われるような語ではなさそうだし、「かきことば」であっても、誰がどういう場合に「ホツロテイキウ」はどう書くのだったか、と『節用集』を調べるのだろうか。

あるいはイ部畜類門には「螳螂《イボジリ》」という見出しがある。「イボジリ」は昆虫のカマキリのことで、『日本国語大辞典』第二版は「語誌」の欄において「蟷螂は方言の数が多いが、その全国的な分布からもイボジリがいちばん古い形式と認められる」と記している。つまり「イボジリ」はカマキリをあらわす語で、方言としてもひろく分布している。ということは「はなしことば」として古くから使われていた語とみるのが自然だろう。さてそこで、その「イボジリ」にあてる漢字はなんだったか、ということを誰がいつ調べるのだろう、ということだ。

「はなしことば」と漢字

右であげた四十七の見出しには漢語が二十四含まれていた。漢語は通常は漢字によって文字化される。それは「漢語は漢字で書くのが一般的」という、表記上の習慣について述べているように聞こえるかもしれない。そういうことももちろんあるが、漢語は漢字で文字化されていないと語義がわかりにくい、ということも含む。一般的には発音を耳にして、その発音によって「あの語だ」ということがわかり、語義を思い浮かべる。しかし、漢語には発音が同じで、語義が異なる語が少なからず存在している。例えば「易林本」『節用集』ト部人倫門には「統領《トウリヤウ》」と「棟梁《トウリヤウ》」とが連続して見出しになっている。このような場合は発音を耳にしただけでは語が特定できない。語が特定できなければ語義を思い浮かべることができない。漢語は漢字といわば「一体化」していることが自然であって、「ホウヘン」という漢語を知っているが、それはどういう漢字があてられているのか見当がつかないことは考えにくい。

漢字列に施されている振仮名の第一字目によって「いろは」分けしてある辞書はその振仮名がわかっていなければ検索することができない。そしてこの形式の辞書は最終的に漢字列にたどりついているようにみえる。だから、これは漢字列を調べるための辞書、すなわち書くための辞書であるという「みかた」はなりたたなくはないが、右で検証したように、そのように使われたと考えにくい例が見出しの中にいわばいくらでもある。

「堺本」イ部畜類門には「鮧」に「イグイ」という振仮名が施されている。『日本国語大辞典』は見出し「いぐい」を「魚「うぐい」の古名」と説明して、出雲風土記と延喜式、文明本『節用集』の使用例をあげ、それ以外の使用例を示していない。だからといって、「イグイ」という語があまり使われなかったということにはならない。しかしまた、現在出版されている最大規模の国語辞書である『日本国語大辞典』が右以外の使用例を示していないということはこの語が頻繁に使われ、文献に「足跡」を残すような語ではなかった可能性を示唆しているとみることには無理はないだろう。これも誰がいつどんな場面で「イグイ」を文字化したかったのか、ということになる。

漢語の中には「はなしことば」の中で使われるようになったものもある。「はなしことば」の中で使われるのだから、発音を耳にして語が特定できるようになっているはずだ。発音から語が特定でき、語義がわかるということは漢字によって文字化されていなくてもいい、すなわち「漢字離れ」をしているということになる。現代日本語でも使う「ガッテン(合点)」は漢語であるが、漢字を思いうかべなくても語義がわかるだろう。あるいは「リョウカイ(了解)」は「り」と略しても語義がわかるのだから完全に「漢字離れ」をとげているといってもよさそうだ。そういうことからすれば、漢語の説明に使われている、漢語や漢字で文字化されていない漢語は、「はなしことば」の中で使われていた可能性がたかいと考えられる。

森鷗外の辞書体資料

古典中国語で書かれた『史記』や『漢書』のようなテキストをよむ。また出雲国風土記のようなテキストをよむ。そうした読書活動の中で、気になった漢語や漢字列を抽出してノートに書き留める。

森鷗外は明治十四(一八八一)年十二月に陸軍軍医副となって東京陸軍病院に勤務するようになる。『鷗外全集』第三十七巻(一九七五年、岩波書店)には「語彙材料」と題され、おもに陸軍軍医本部用紙を使って、和罫紙五十枚ほどに記された抜き書きが収められているが、これは鷗外がさまざまなテキストから語彙を抜き出して書きとどめたもので、明治十五、六年前後につくられたものと考えられている。『重訂解体新書』から語彙を抜き出して「腓骨　Fibula」のようにドイツ語を添えるといった、医学にかかわる抜き書きが多数をしめているが、『南山俗《なんざんぞく》語考《ごこう》』のような「唐話辞書」や『雑字類《ざつじるい》編《へん》』からの抜き出しもみられる。図4-20は『雑字類編』巻七の十五丁表の箇所であるが、鷗外はここにみられる「市儈《スワイ》」と「牙婆儈」を抜き出している。その他、「太政官布達」から「莞莚《ゴザ》」を抜き出したり、『康熙字典』を「抄出」した箇所もある。鷗外にとってやはり辞書は読んで抜き書きをつくるようなテキストであった。「語彙材料」の末尾には「左語」と記された『春秋左氏伝』からの抜き書きがみられる。最初に「庖正左哀元年、掌膳羞之官」とあるが、これは『春秋左氏伝』哀公元年の条にみえる「庖正」という語を注とともに抜き出したものである。

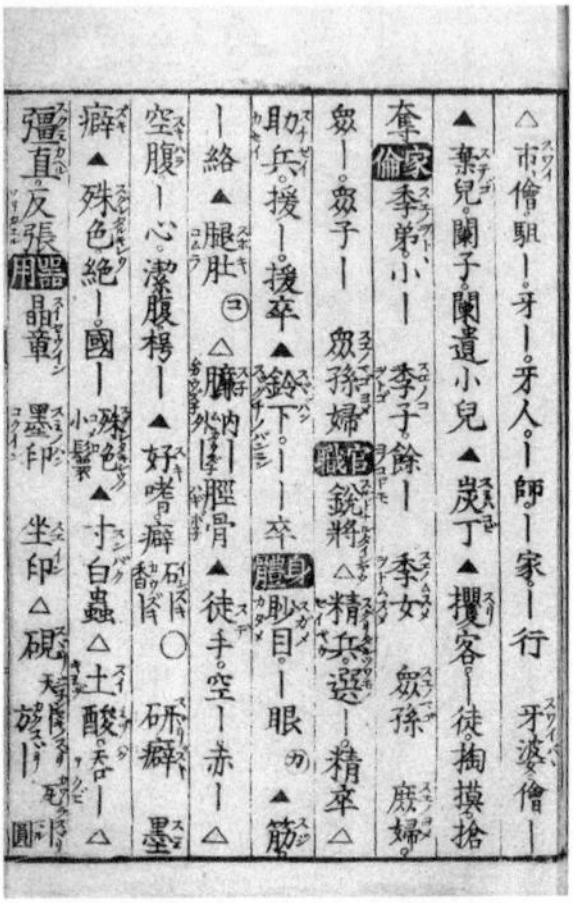
△市儈駔ー。牙ー。牙人。ー師。ー家。ー行　牙婆儈ー
▲棄兒。闌子。闌遺小兒　▲炭丁　▲攫客ー徒。掏摸。捨
季弟。小ー　季子。餘ー　季女　叔孫
叔ー。叔子ー　叔孫婦　銳將　△精兵選ー。精卒　△
兵。援ー。援卒　▲鈴下。ーー卒　眇目。ー眼　▲筋
ー絡　▲腿肚　△臁　內ー脛骨　▲徒手。空ー。赤ー　△
空腹ー心。潔腹。枵ー　▲好嗜癖　○　研癖　墨
癖　▲殊色。絶ー。國ー　▲寸白蟲　△土酸。ー　△
殭直。反張　晶章　墨印　坐印　△硯

図4-20　『雑字類編』巻七，十五丁表

あるいはまた、「塵冢《ちりづか》」と題された和装二冊本があるが、こちらは明治三十二（一八九九）年の小倉赴任から明治四十年にわたる頃のものと考えられている。この「塵冢」の中にも「語彙」という見出しのもとにさまざまな語彙が記されているが、『大漢和辞典』があげていないような語彙が少なからず抜き出されている。

小島憲之（一九八四）はこの「塵冢」について「万巻の和漢書、その雑書にまでわたる精読ぶりは驚嘆のほかはない」(一八七頁)と述べ、また小島憲之(一九九八)において「鷗外は、自己の読んだ漢籍の中より注意すべき漢語を抄出し、時には自己の作品の中にもその姿をみせる」「正統的な四書五経をなるべく避けて、宋元明以来の俗語小説類戯曲類の語を主として摘出する」(二七頁)と述べている。

小島憲之(一九九八)は、「栗山大膳《くりやまたいぜん》」において使われた「権道」という漢語について吟味した上で、「栗山大膳」の「テーマとして、あらかじめ「権道」の問題が潜在していたかと疑ってみることも許容されるのではなかろうか。ひょっとすると、この作品の底には、「権道」という隠水《こもりず》が深く流れているのではなかったか」(一二頁)と述べている。『日本国語大辞典』は「ケンドウ(権道)」を「手段としては道に外れるが、結果からみて道に合っている行きかた。目的を達するためにとる、臨機応変の処置。方便」と説明している。この語は『孟子』に使われている語で、小島憲之は『孟子』の注疏である『孟子正義』がこの語をどのように理解しているか、から追跡を始める。

結局、中国において「権道」という語がどのように理解されてきたか、日本ではどうだったかを検証した後に、鷗外がどのように理解して、どのように自身の作品の中で使ったのか、ということになる。「権道」という一つの語の中国から日本、日本では江戸時代から明治時代という「グレートジャーニー」といってもよい。「権道」という語が正確に理解できなければ

「栗山大膳」という作品が読めないのかどうか。これは文学作品に関してあらすじとして「何が書いてあるか」ではなく、その「あらすじ」を「どのような語を使ってどのように言語表現としてアウトプットしているか」という「みかた」といってよい。

いつも文学作品をそのように読まなければならないということはないだろうが、こうした読み方があることはたしかなことといってよい。そして右のような「グレートジャーニー」のはてに現代日本語があるという感覚も時には必要だろう。「今、ここ」は「今、ここ」だけで成立したのではない。

『節用集』のできかた、ひろがりかた

さて、話を戻す。自身が抽出した漢字列が、どのような日本語に対応するかがわかる場合はそれも一緒に書き留めておく。漢字列の振仮名としておいてもよい。ノートに抽出した漢字列が多くなってくると、読み返したくなる。あるいは少し整理をしたくなる。『史記』から抜き出した漢字列の下には「史記」と書いておく。あるいは何かメモ的なことがあればそれも書いておく。それを読み返すために振仮名の第一字目によって「いろは」分類しておく。筆者は、『節用集』はこういうプロセスを経てまずできあがったと推測している。

「いろは」分類をしておけば、検索することができるようになる。もちろん自分以外の人も

検索できる。自分以外の人も検索できるということは、辞書として使えるということでもある。しかし、辞書として使うことができるということと、辞書として使うことを第一義的に目的としているということはまったく異なることであり、そうしたことの見極めは大事であろう。

右に示した1から47の見出しは、三字漢字列以上の見出し、訓点が加えられている見出しを別にすれば、二字漢字列がまず並べられ、それから一字漢字列＝単漢字が並べられている。見出し17の振仮名は「ホノカニキク」でこれは語ではなく句であるが、和語とみれば、二字漢字列はほぼ漢語、一字漢字列はほぼ和語をあらわしているが、結局は漢語か和語か、ということよりも並んでいる漢字の数によって見出しが並べられているようにみえる。

室町時代に成った『節用集』は江戸時代になると印刷され出版されるようになる。印刷して出版するということは、いわば不特定多数の人が使うということを前提にしていることになる。この場合は、辞書として使うことが第一義的な目的となっている。「辞書として使う」ことが前提になると、使いやすい、あるいは買いたくなる、ということが追求されるようになる。いろいろな附録をつけるのは「買いたくなる」への対応で、江戸時代に出版された『節用集』には冊子に厚みがあるグループがある。第三章の図3－14としてあげた『江戸大節用海内蔵』、図3－15としてあげた『倭節用集悉改大全』はそうした厚いグループのものだ。

日本語の文字化と『節用集』

図4-21は宝暦十(一七〇六)年に出版された『増字百倍早引節用集《はやびきせつようしゅう》』の冒頭と二十九丁裏の部分。「凡例」には「他《タ》ノ節用《セツイヨウ》トカハリ、門部《モンブ》ニヨラズ、訓読《ヨミコエ》ノ仮名数《カナカズ》ヲ以テ、文字《モンジ》ヲ求《モト》ム」とあり、「いろは分け+意義分類」ではなく、意義分類=門部をやめて振仮名の字数によって、「い一」「い二」「ほ六」と分けている。室町時代につくられた古本『節用集』は「いろは分け+意義分類」を基本としていたが、意義分類は、慣れないと探している見出しがどの門にあるかがわかりにくい。複数の門をみることもあり、意義分類をやめたのは「工夫」といってよいだろう。「本行」には行書体の漢字が置かれ、左側に楷書体が添えられている。つまり、行書体が軸になっている。行書体の漢字列には平仮名で、楷書体の漢字列には片仮名で振仮名が施されているのも、この時期の「感覚・心性」をあらわしているものとみてよいだろう。「行書体漢字+変体仮名平仮名」という組み合わせがこの時期の標準的な表記体であったことが窺われる。こういうことも実際の文献をみないとわからない。テレビの時代劇の中で、手紙が楷書体の漢字で、平仮名が連綿(=続けて書くこと)なしに書かれていることがあるが、あり得ないことといってよいだろう。

「ほ六」の冒頭は「風聞《ほのかにきく》 仄聞《同》」で図4-19で掲げた「堺本」『節用集』の見出しをいわば受け継いでいるといえよう。続く「任法」は『管子』の編名となっているが、見出しとしては

「任レ法《ほうにまかす》」で、語ではなく漢文の句のかたちになっている。続く「發路泣《ほろりとなく》」は「堺本」の見出し「発露涕泣ホツロテイキウ」を思わせるが、もしも「発露涕泣」が『節用集』の見出しとして継承されていくうちに、姿を変えたとすれば、それはそれで興味深い。

「ほ六」の直前、つまり「ほ五」の末尾に置かれている「放下僧《ほうかぞう》」の左側には「はの部にいづ」と記されている。しかし実際は「は五」に「放下僧《はうかぞう》」という見出しはない。「ほ六」の末尾には「放生会《ほうじやうゑ》」という見出しがあり、この見出しにも「はの部に出」と記されている。こちらは「は六」に「放生会《はうじやうゑ》」というかたちで見出しになっている。「放下僧」は「は六」になかったが、「放生会」は「は五」と「ほ六」とに見出しとして掲げられており、これ

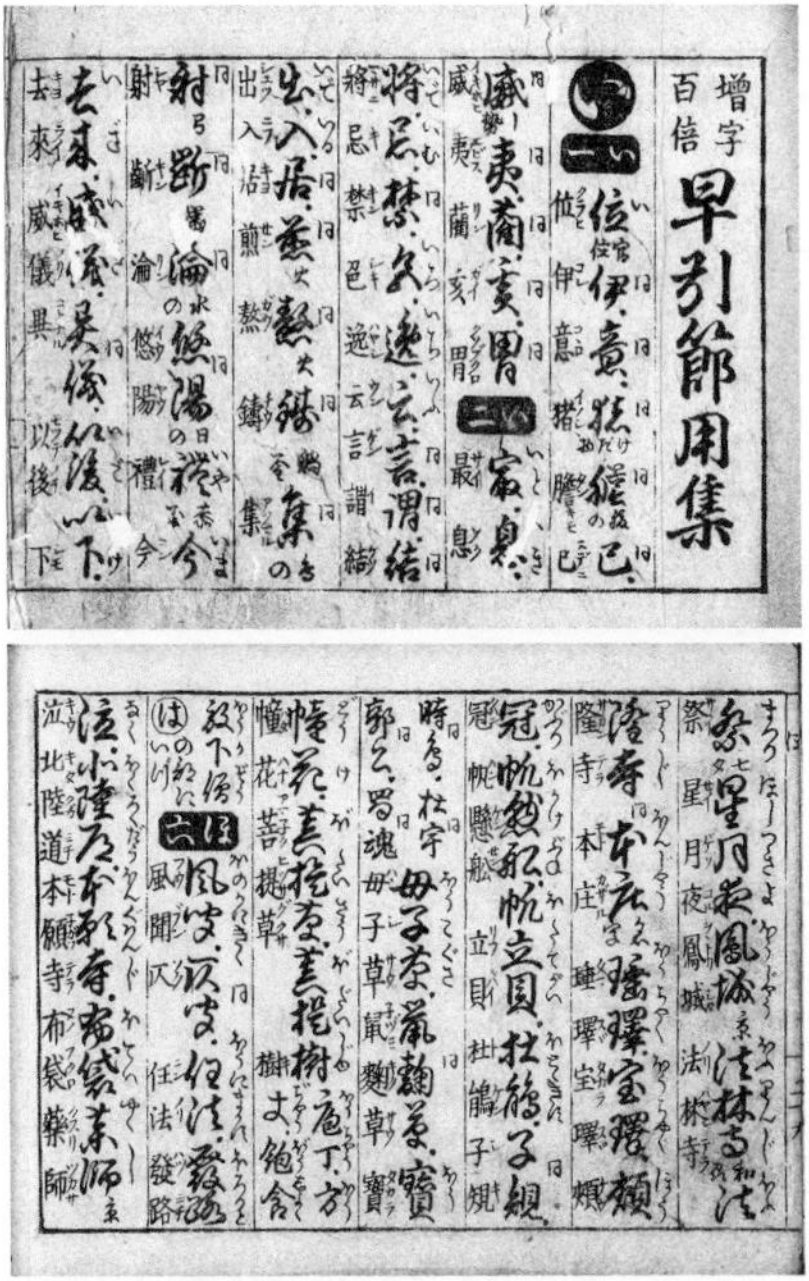

図 4-21 『増字百倍 早引節用集』冒頭(上)と二十九丁裏

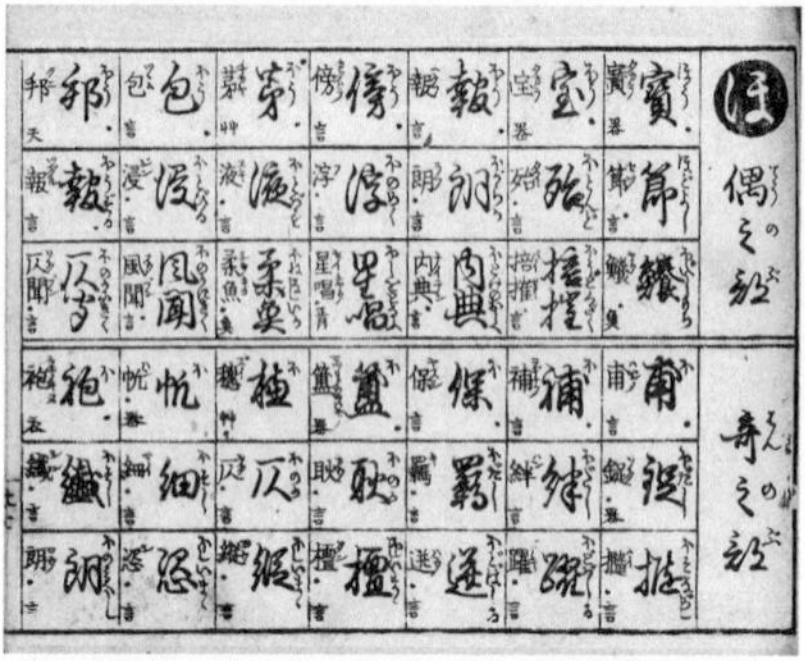

図 4-22　『万倍加増 長半仮名引節用集』

は当時「ホー」と発音する語の「字音かなづかい」に「ほう」「はう」があったことに対応するための「見出しの双掲」であると思われる。

『増字百倍早引節用集』は文政六（一八二三）年にも出版されているが、文政版では「放生会《ほうじやうゑ》」の上には「かなちがひにてはに入べき字」と記されている。「ホウジョウエ」の「字音かなづかい」は「はうじやうゑ」であるので、「かなちがひ」は「放」の「字音かなづかい」が「ホウ」ではなく「ハウ」であることを指していると思われる。注記を入れるくらいなら、この見出しをハ部に移せばよいと思わないでもないが、宝暦十年から文政六年までの百年ほどの間に「字音かなづかい」についての認識が進んでいることを窺わせる。「字音かなづかい」については本居宣長『字音仮字用格《じおんかなづかい》』が詳しく整理をし、このテキストが現在でも参照されているが、安永五（一七七六）年に出版されている。

図4-22は文化元（一八〇四）年に出版された『万倍加増長半仮名引節用集《ちょうはんかなびきせつようしゅう》』で、この本の表紙見返しには「偶奇仮名引節用集」とある。「長半」や「偶奇」でわかるように、この本は版面を上

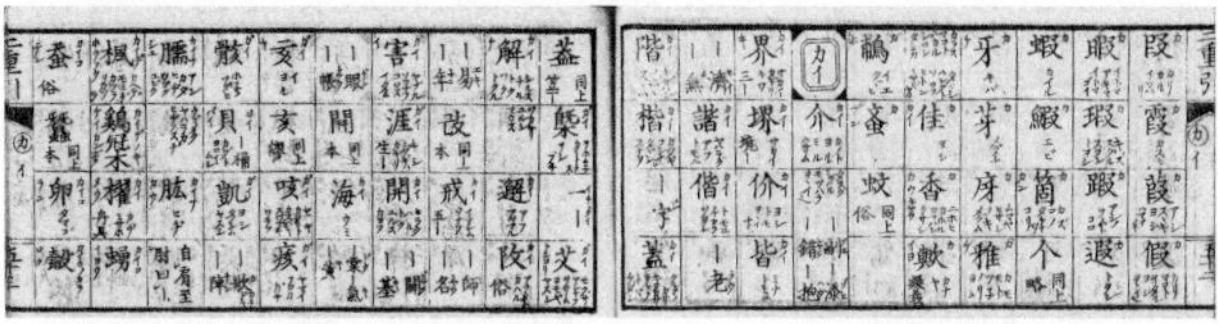

図4-23 『節用早見二重引』「カイ」，五十二丁裏～五十三丁表

下に分け、見出しの振仮名の文字数が偶数であれば上段に、奇数であれば下段に見出しを配置している。このようにレイアウトすることによって、ほんとうに効率よく見出しにたどりつけるのだろうか、と思わないでもない。

図4-23は嘉永五(一八五二)年に出版されている『節用早見《せつようはやみ》二重引《にじゅうびき》』という辞書の見出し「カイ」の部分(五十二丁裏～五十三丁表)である。この本の「凡例」には「以呂波四十七字ノ下亦四十七字ヲ列シ二重ニシテ求ルニ従ツテ得易カラシム」とあって、振仮名の第二字目も「いろは」分けしている。

「カイ」という発音をもつ語が「介」から「海」まで並べられ、「ガイ」という発音をもつ語がそれに続いて並べられている。清音を先に掲げ、濁音をうしろにするのは現代の国語辞書の排列と通う。まず単漢字「介」の和訓として「カノト」「ヨル」「ミル」「ハサム」「タスク」「シバル」「モツハラ」「ヲ、イ也」があげられ、その下に「介副《ソエ》」「介添《ゾエ》」「介錯《シャク》」「介抱《ハウ》」四つの漢字列があげられている。図4-24は高橋五郎『漢英対照いろは辞典』(明治二十～二十一・一八八七～一八八八年刊)であるが、第三

かいろ　(298)　かいぐ

か

かいろ(名) 海租,うみのうんじやう Harbor-tax.
かいろ(名) 海鼠,なまこ(動物) Bêche-de-mer, sea-slug.
かいろ(名) 海蛆,ふなむし(動物) The Ligia oceanica.
かいぞへ(名) 相室,媵,よめのとも,つきそひをんな A bridesmaid.
かいそへ(名) 介副,つきそひ,たすけて An assistant.
かいそちやう(名) 海鼠腸,このわた The viscera of the bêche-de-mer.
かいそう(名) 海葱,にぎめ(植物) A sea-weed.
かいそう(名) 海纓,からなづな(植物) The name of a plant.
かいそう(名) 鶻鵃,くろつぐみ(動物) The name of a bird.
がいそう(名);—する(自) 咳嗽,せき;しはぶきする Cough; to cough.
がいそう[する](他) 劾奏,うつたへあぐる(官人の罪を天朝に) To impeach.
かいぞく(名) 海賊,うみぬすびと A pirate.
かいそん(名) 開樽,さかもり Drinking, a feast.
かいつ[する](自) 暇佚,あそびたのしむ To be at leisure.
がいつう[する] 該通,ゆきわたる(事理等に) To be thoroughly versed in.
かいつぶり(名) 鸊鷉,いよめ(動物) The Wigeon.
かいねい(形) 乂寧,おさまりてやすき,治安 Peaceful, at ease, tranquil.
かいねん 改年,新年,あらたまのとし,としのはじめ The new year.
かいな(名) 黄草,かりやす(植物) The sedge.
かいなふ[する] 皆納,みなをさむる(租税等を) To pay in all.
かいなふ(名) 艾納,まつのぜにごけ(植物) A kind of moss.
かいなんし(名) 海男子,いりこ(動物) Dried bêche-de-mer.
かいら(名) 海螺,つぶ(動物) A shell-fish.
かいら(名) 海蘿,ふのり(植物) A sea-weed.
かいらい(名) 疥癩,かつたい,はたけがさ Leprosy.
かいらいし(名) 傀儡師,でくつかひ,人形遣(にんぎやうつかひ) A puppet-shower.
かいらう[する](自) 開朗,はれわたる To be cleared off.
かいらう(名) 海老,えび(動物) A shrimp; a lobster.
かいらう 偕老,もろしらが Growing old together.
かいらうどうけつ 偕老同穴(夫妻一生同棲して相樂の譬) Growing old and buried together.
かいらうこん(名) 偕老根,えびね(植物) The name of a plant.
がいらく[する](自) 愷樂,たのしむ To enjoy one's self, to be glad.
かいらぎ(名) 梅華皮,さめのかは A shark skin.
かいらん 解纜,ともづなをとく,出帆 To set sail; to sail out.
がいらん[する](他) 該覽,ひろくみる(書籍等を) To read extensively.
かいむ 皆無,かたなし,なにもなし,まるでなし Nought; nothing.
かいう(名) 海芋,みづばせう(植物) A water plantain.
かいう(名) 海宇,よのなか,海内,天下 The world.
がいう 雅遊,みやびあそび Refined kind of play or amusement.
かいうつ 開鬱,きばらし,きさんじ Recreation.
かいうん(名) 海雲,もづく(植物) A kind of sea-weed.
かいうん 開運,うんがひらく(好運に向ふをいふ) To meet with good fortune.
かいく(名) 海狗,あざらし,おつとせい(動物) A seal.
がいく(名) 街衢,ちまた,まちのとほり A street.
かいくわ(名);—する(自他) 開化(人世の開け進む事をいふ),開明,文明 Civilization; to be civilized.
かいくわい 改悔,くいあらたむる(前非等を) Repentance; to repent.
かいくわつ(形) 開豁,ほがらか,はつきり,豁然 Wide open; broad.
がいくわつ[する](他) 概括,すぶる,くくる To comprehend; to include.
かいくわてんわう 開化天皇(人皇第九代の帝) The Emperor Kaikwa.
かいくわし 開化史,文明史(一國の開明に赴むける事の歴史) History of civilization.
かいくわせき(名) 海花石,きくめいし A striped stone.
かいくわん 解官(官職を罷むるをいふ) To resign one's office.
かいぐわん(名) 解願,ぐわんほどき,還願,ぐわ

(い ゐ) ろ は に ほ へ と ち り ぬ る (を お) わ か よ た れ そ つ ね な ら

図 4-24　高橋五郎『漢英対照 いろは辞典』

かいぞく（名）海賊 海上ニ舟ヲ泛ベテ、往來ノ船ヲ劫《オビヤ》カシテ物ヲ奪フ盜人。

かいぞへ《エ》（名）介添〔搔添《カイソヘ》ノ義〕（一）添ヘテ傅《カシヅキ》トスル人。助ケテ事ヲ爲ス人。（二）女ヲ嫁《ヨメイ》ラスルトキ添フル婢。

かいたい（名）解體（一）解剖《カイバウ》ニ同ジ。（二）衆人一致ノ心ヲ失フヿ。

かいだ《ド》い（名）海內 四海ノ內。一國中。

かいだう（名）海棠 樹ノ名、葉ハ林檎ニ似テ稍長ク、數葉叢生ス、初出ハ綠ニシテ、後出ハ紫ヲ帶ブルヿ、櫻ノ葉ノ如シ、葉ノ間ニ花ヲ開ク、櫻ニ次ギテ、艶美ナリ、蕾ハ朱ノ如ク、開ケバ淡シ、蕚、莖、共ニ、彼岸櫻ニ似テ、實ノ形、山查子ニ似タリ。叉、花、粉紅ニシテ、枝、下ニ向フモノヲ、またりトイフ、實無シ。垂絲海棠
かいだ《ド》う（名）街道 國中ノ往來ヲ通ジ、驛ナドアル大道。

かいだ《ド》う（名）海道（一）海邊ノ國國ニ通ズル街道。〔山道《センダウ》ニ對ス〕（二）誤テ、街道。

かいだ《ド》うどほ《オ》り（名）〔街道通ノ義カ〕蟲ノ名、斑猫《ハンメウ》ニ同ジ。

かいたく（名）開拓 新ニ荒地ヲ開キ、田畑ヲオコシ、住民ナド移スヿ。開發《カイホツ》。開墾《カイコン》。

かいたくし（名）開拓使 北海道ノ開拓等一切ノ事ヲ統ベ行フ地方官。

かいだす・ス・セ・サ・シ・セ（他動）（規.一）搔出 汲ミ出ス、「水ヲ—」

かいた

図 4-25　大槻文彦『言海』

拍清音の「かいそへ」を見出しにして漢字列「介副」を示している。図4－25は明治二十四年に刊行を終えた大槻文彦『言海《げんかい》』であるが、こちらは第三拍濁音の「かいぞへ」を見出しにして漢字列「介添」を示している。

嘉永五年に出版された『節用早見二重引』は「カイソエ」「カイゾエ」二つの語形を示し、それぞれが結びついている漢字列として「介副」「介添」二つを示していたが、それと重なり合う状況を明治二十（一八八七）年頃に刊行されている二つの国語辞書で確認できた。いつもこのように「きれいに」検証できるとは限らないが、幕末といってよい一八五二年の日本語の状況が三十年後にまで継承されていることがわかる。『漢英対照いろは辞典』に「かいそへ」の「そ」に漢字「曽」をもとにしたいわゆる「変体仮名」が使われていることにも注目したい。平仮名、片仮名の字体が一つになるのは、明治三十三（一九〇〇）年の改正小学校令施行規則に示された「第一号表」をきっかけにしている

ので、それまでは仮名の字体は一つではなかった。「第一号表」は仮名字体の「今、ここ」の淵源であったことになる。

　漢字列「介副」「介添」は和語「カイソエ・カイゾエ」を文字化したもの、漢字列「介錯」「介抱」は漢語「カイシャク」「カイホウ」を文字化したものであるので、「介」を頭字にした二字漢字列を、それがいかなる語種をあらわしたものであるかにかかわらず、集めてあることになる。単漢字を見出しにして、和訓を示し、さらにその単漢字を頭字とする漢語を添えるという形式はあった。

図4-26『平仄韻附 文選字引』二丁裏

　図4-26は安政二(一八五五)年に出版された『平仄韻附文選字引』の二丁裏の箇所。書名からわかるように、『文選』に使われている漢字についての「情報」を調べるためのテキストであるが、「情報」はまずは和訓として示されている。「介」字には「キル」「カブト」「シバル」「ツク」「ヘダツ」「ヨロヒキル」「ハサム」「ミル」「タスク」「ナカタチ」「ヨル」「ヲ、イ也」と十二の和訓があげられている。『節用早見二重引』と重なっているのは、「ミル」「ハサム」「タスク」

「シバル」「ヨル」「ヲ、イ也」の六つである。『節用早見二重引』の「カノト」は「カフト」の誤刻である可能性がある。「介」の末尾に「孤介（コカイ）」と「江介（コウカイ）」という二つの漢語があげられている。『文選』の字引であることからすれば、当然のことともいえるだろうが、とにかく漢語のみをあげている。『文選字引』を一方に置いて、『節用早見二重引』をみると、『節用早見二重引』が日本語寄りのテキストであることがわかる。

さて、『節用早見二重引』ではまず「カイ」という発音をもつ語が「介」から「海」まで並べられ、それに続いて「ガイ」という発音をもつ語が「亥」から「凱」まで並べられているが、なぜか（と言っておくが）その中に「貝」が含まれている。「貝」には「カイ」という振仮名が施されているようにみえるが、なにより、「カイ（貝）」の古典かなづかいは「かひ」であって「かい」ではない。二重引であるので、「カヒ」という見出しがたてられているが、そこには「カビル（蹼・醭・黴・殕）」「カビタン（加毘旦・加必丹）」があげられているだけで、「カイ（貝）」はあげられていない。つまり、『節用早見二重引』の二重引は古典かなづかいではなく、発音によっていることがわかる。

『節用早見二重引』には漢字列「勾引」の右に「カドハカス」、左に「コウイン」と振仮名を施した例や、漢字列「終夜」の右に「ヨモスガラ」、左に「シウヤ」と振仮名を施した例などがあり、一つの漢字列が和語、漢語の文字化に使われることがはっきりと意識されていたことがわかる。

4　漢語を見出しにした辞書——明治の言語態

明治になり、さまざまな法律や布告、布達が次々と公布されるようになる。それらの法律や布告は漢語を多く使う漢文訓読系の文章であった。法律や布告にふれた「一般庶民」が実際にどの程度、そこで使われている漢語の語義を知りたいと思ったかは措くとして、法律、布告などで使われている漢語の語義を簡便に知るための「漢語辞書」が明治二十年頃まで陸続と出版された。

明治二十年前後になると、『ことばのその』『ことばのはやし』『漢英対照いろは辞典』『言海』など、本格的な「国語辞書」が出版されるようになる。そこからは、いわば「国語辞書の時代」になっていく。しかし、それまでの日本の辞書は単漢字を見出しにした漢字字書、漢語を見出しにした漢語辞書、両者を折衷した辞書であったといってよい。ここではいくつかの漢語辞書を観察してみよう。

図4-27は明治維新後の慶応四年六月に販売された、最初の漢語辞書である荻田嘯《おぎたしょう》編『新令《しんれい》字《じ》解《かい》』の冒頭部分。「遺詔《イセウ》　天子ノゴイ、ゴン」のように見出しとして漢語「イショウ(遺詔)」

の発音を振仮名とし、簡単な語釈を配している。「イイゴン」は「ユイゴン」の変化形で江戸時代から使われていた。ここはそうした江戸時代語＝江戸弁がそのまま振仮名になっているとみるのがよいだろう。「イカン（遺憾）」が漢語「ザンネン（残念）」で説明され、「イケン（威権）」が「イコウ（威光）ケンイ（権威）」と説明されている。これらは漢語を漢語によって説明しており、見出しとなっている漢語よりも語釈に使われている漢語のほうが理解しやすい漢語であることが推測できる。そう考えると「説明される漢語」「説明する漢語」という「漢語の層」があることがわかる。

図 4-27　荻田嘯編『新令字解』冒頭

「ボウエキ（貿易）」は「カウエキト同ジ」、「チカン（遅緩）」は「ヱン引ノコト」、「ダッソウ（脱走）」は「シユツポン」と説明されており、「ボウエキ（貿易）」「チカン（遅緩）」「ダッソウ（脱走）」よりもそれぞれ「コウエキ（交易）」「エンイン（延引）」「シュッポン（出奔）」のほうがわかりやすい漢語であったことが推測される。

『新令字解』の見出し数は九〇四であったが、明治三（一八七〇）年には、荻田嘯自身が増補し、見出しが一七〇〇になった『増補新令字解』が出版され、同じ年に荻田嘯と東条永胤《とうじょうながたね》の連名で同じ書名の『増補新令字解』が出版されているが、こちらの見出しは五四五三語となっている。

後者の『増補新令字解』には内容に小異がある四つの版が存在することもわかっている。荻田嘯が単独で増補した『増補新令字解』と荻田嘯、東条永胤連名の『増補新令字解』との関係についてははっきりとしない。後者は荻田嘯がかかわらないところで編輯されていて、出版に際して荻田嘯の名前を加えた可能性もありそうだが、いずれにせよ、『新令字解』に一定の需要があったから増補版が編まれたことは疑いがない。

図4-28は『漢語都々逸』(明治三年)、図4-29は『漢語図解』(明治三年)であるが、これらのように、漢語と絵を組み合わせたテキストも少なからず出版されている。図4-30は「早見漢《そうけんかん》語字解譔《ごじかいしゅう》」と名づけられている漢語の見立て番付。出版年は記されていないが、「漢語和解一覧」と名づけられた同様の漢語見立て番付が明治九年に出版されている。現在ではあまり漢語と意識することも少ないと思われるが、「君　キミ／アナタ」「僕　ワタシ」がそれぞれ東と西の横綱の位置に置かれている。東をみれば、「周旋　セワスル」「因循　グズ〳〵」「探索　ヲンミツ／サガスコト」「會計　カンジヤウ」「發明　ミヒラク」「月給　ツキ〳〵ノ／キウキン」「議論　ギヲロンスル」「愉快　キミヨキ」「器械　ドウグ」と漢語が並べられている。「ヲンミツ(隠密)」「カンジョウ(勘定)」「キュウキン(給金)」「ギ(議)」「ロン(論)」「ドウグ(道具)」など、語釈に漢語が使われている。

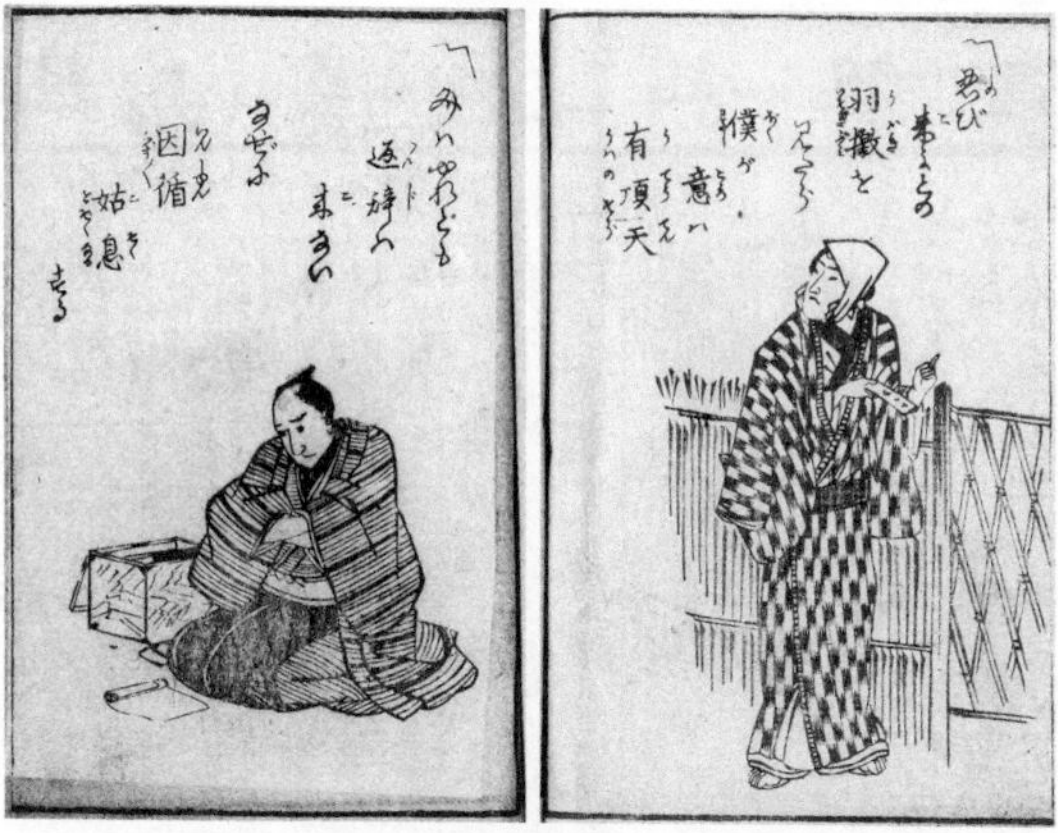

図 4-28 『漢語都々逸』

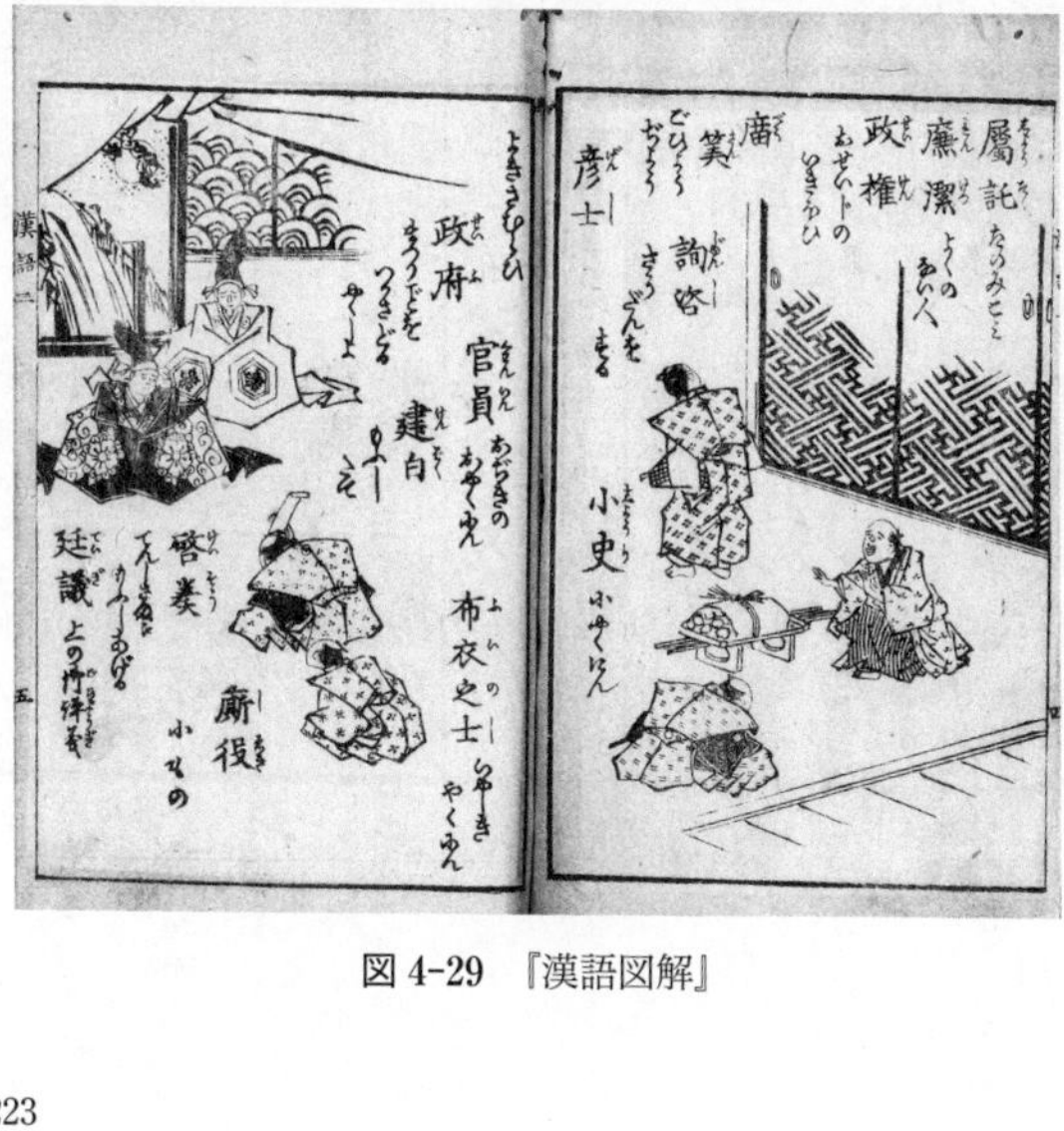

図 4-29 『漢語図解』

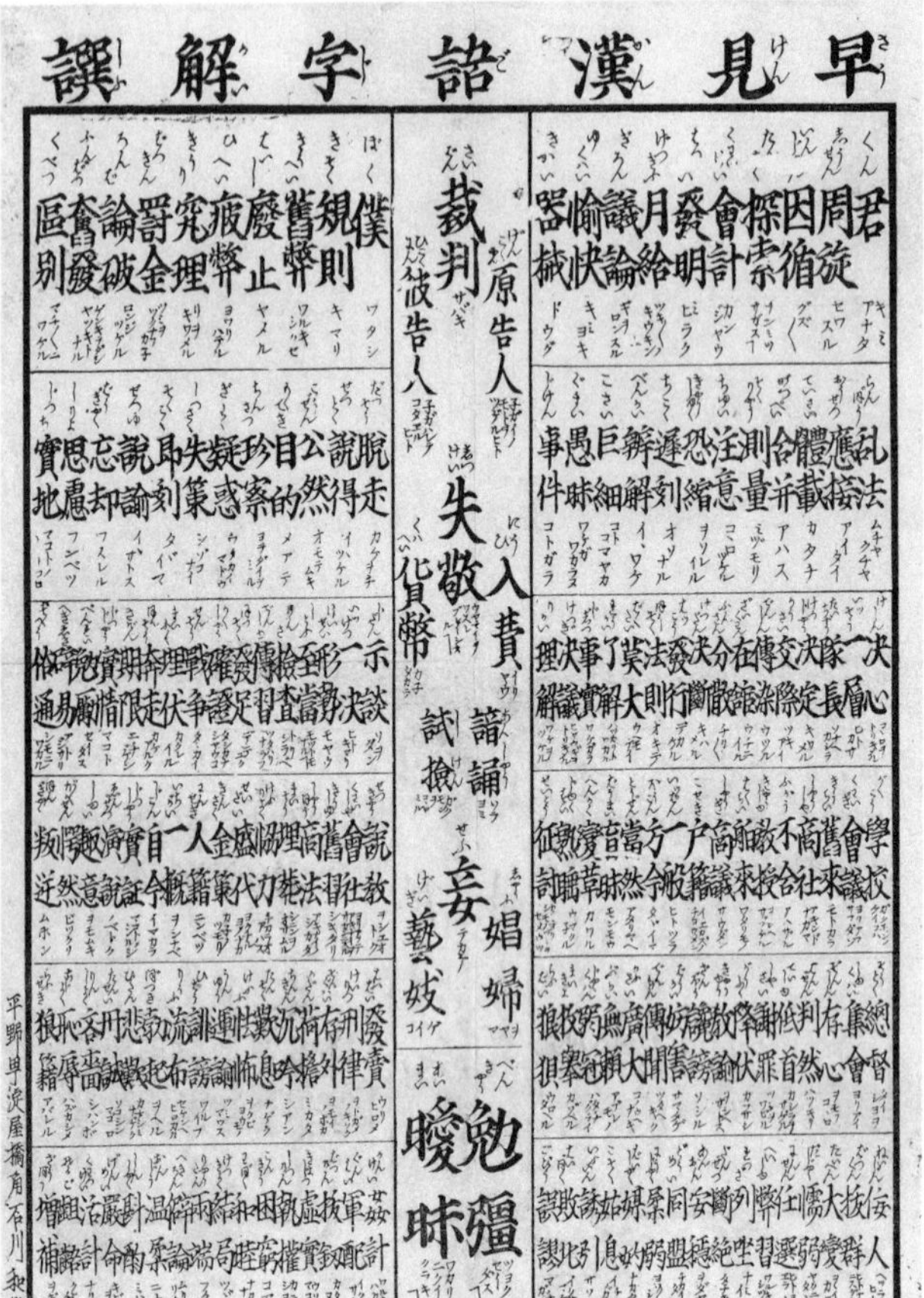

図 4-30 「早見漢語字解譔」

漢語「キュウリ(究理)」の語義を「理ヲ究《きわ》メル」と説明されたら、「説明になってない」といいそうではあるが、説明するならそういうことで、この説明は「究理」を漢文的にとらえた説明とみることもできる。『漢語都々逸』『漢語図解』『早見漢語字解譔』はいわば「ストレートな」文献ではないだろう。しかし漢語を採りあげたこのような文献が少なからずあることは、やはり明治期においては漢語は注目されていたし、明治期の日本語語彙体系の中では一定の位置を占めていたことが窺われる。

漢語辞書は明治二十年代以降次第に出版数が減っていくが、見出し数が一万を超えるものもある。現在出版されている国語辞書も、項目数が多いこと、「新語」を見出しにしたことを謳って、辞書が売り出される。それは印刷して出版する以上、印刷出版にかかったコストを回収し利益をあげたいということと無関係ではないと思われる。江戸時代であっても、明治時代であっても、同じような「事情」はあるだろう。それは出版が経済と結びついているということで、そのことは直接的には「日本語の歴史」にかかわらないともいえるだろうが、経済が人間の活動を促すという意味合いでは無関係ともいえない。

明治期には西洋文化との接触の中で、新たな漢語が訳語として作られていったといわれる。そういう面もたしかにあるが、訳語としてこれまであまり使われてこなかった古典中国語が使われることもあったと推測する。また見出し数が一万を超える漢語辞書は、必ずしも新たな漢語ばかりを見出しにしているわけではなく、古典中国語を見出しにしていることが少なくない。そうすることによって、見出し数をいわば増やし、他の漢語辞書との差異化をはかっていると思われる。辞書を厚くみせるために、袋綴じの間に紙を入れているものが存在することもわかっている。

ここまで日本でつくられた辞書は、空海の『篆隷万象名義』、昌住の『新撰字鏡』のような単漢字を見出しにした「漢字字書」、源順の『和名類聚抄』から『色葉字類抄』『類聚名義抄』、『節用集』「漢語辞書」まで、漢字列を見出しにし、漢語を見出しにした辞書であったことについて具体的な文献にふれながら確認してきた。それは、日本語による言語生活をいとなむ上で、漢字・漢語に関しての「情報」をもつことが重要であったことを窺わせる。これまで、そうした観点が提示されたことはあまりなかったと思われる。これも「よみなおし」の一つのポイントとなるだろう。

参考文献
小島憲之 一九八四『ことばの重み——鷗外の謎を解く漢語』(新潮選書)
小島憲之 一九九八『漢語逍遙』(岩波書店)

終章

日本語と漢字——歴史をよみなおす

「日本語の歴史」をテーマとした書物はこれまでにも数多くある。本書は日本語と漢字との関係を軸として「正書法がない」ということに着目しながら日本語の歴史をよみなおすことを目的とした。終章では、どのような点をおもに「よみなおした」かということと、よみなおすことの意義の二つについて述べてみたい。

「歴史」には必ず「語る人」が存在する。「語る人」は根拠となる「事実」を観察し、評価する人でもある。「文献が語る」「資料が語る」などという表現があるが、それは改めていうまでもなく比喩であって、文献や資料が何かを語るわけではなく、必ず文献や資料から「情報」をよみとって「語る人」がいる。「歴史」には「語る人」の観点が深く関わっていることになる。大英博物館に所蔵されている天草版『平家物語』の表紙には「にほんのことばとヒストリアをならい知らんと欲する人の為に世話にやわらげたる平家の物語」とアルファベットで記されているが、ラテン語「ヒストリア（Historia）」は〈歴史・物語〉という語義をもっていて、英語の「history」も「story」も「Historia」から派生していることが知られている。

新しい資料が出現し、その「情報」によって「歴史」が変わることはある。しかし、そういうことは案外少ない。七世紀末頃の木簡がさらに出土する可能性はあっても、八世紀の日本語について考えるためには、『万葉集』『古事記』『日本書紀』をよむことが今後も必須のことであろう。そうであるならば、これまでに認められている「情報」に基づいて「語る」しかないということになる。当然どのような「語り方」をするか、ということが重要になってくる。

これまでは、奈良時代の日本語はこうだった、平安時代の日本語はこうだったという語られ方が採られることが多かった。それはそれでわかりやすい面もあるけれども、もっとも変化の大きい点について語っていくことになりやすい。例えば、日本語で使う音についての大きな変化は室町時代ぐらいで終わるので、江戸時代以降においては、音についてあまり語ることがなくなる。奈良時代は音についてはいろいろと語ることができるが、文法についてはあまり語られないというようなことになる。

何か一つの観点について語るということは考えられなくはないが、何について語ると日本語について語ったことになるか、ということがあり、難しい。本書ではその「何か一つの観点」として「漢字・漢語」を設定している。

欧米の言語学においては、まず音声言語があって、文字はその音声言語を写した二次的なもの、というみかたが一般的といってよい。語をどのように文字化するか、という書記論・表記論は基本的に欧米の言語学に存在しない。正しい書き方＝正しい文字化がたった一つだけある言語は「正書法(orthography)」がある言語で、文字化に関しての選択肢がない。日本語は「正書法がない言語」で、つねに文字化に関しての選択肢がある。

欧米流に考えると、漢字は文字化に使っている文字の一つということになる。そして文字が言語そのものに何らかの影響を与えているとは考えないだろう。しかし、日本語の場合は、多くの漢語を借用して日本語の語彙体系ができあがっている。漢語を借用するということは、その借用した漢語を語彙体系内に位置付けるということで、位置付けるためには、和語とどのようにに結びつけるか、和語とどのように語義上の「距離」をとるかということをすりあわせる必要がある。すりあわせるためには、漢語の語義をきちんとおさえる必要があり、それは漢字字義を通して行なわれた。そう考えると、漢字はいわばただの文字ではないことになる。漢字・漢語を軸にして文献や資料をよみなおしてみると、どういう「風景」がみえるか、ということが本書の「よみなおし」の一つである。

「文字化についての選択肢がある」という表現のしかた、とらえかたはまだ十分ではないかもしれない。表音文字としての仮名が発生してからも、日本語は表意文字としての漢字を使い続けた。そして、漢字は表意的に使うのがいわば「本筋」ということになる。仮名が発生した当初は、漢語は漢字で、和語は仮名で文字化していたと推測するが、次第に和語も漢字によって文字化するようになっていった。

中国語は具体的で、日本語は抽象的であることについては述べたが、そうであるから、中国語の語義すなわち漢字字義が「みえている」とそれはそれで漢字によって日本語を文字化しにくい。中国語と日本語とは異なる言語であるので、中国語の語義と日本語の語義とが語を単位としてぴったりと重なっているわけではない。和語＝日本語を漢字で文字化すると、つねに少しずれがあるといってもよい。その「ずれ」を気にすると、すなわち漢字を中国語語義に合わせて使おうとすると、和語＝日本語を漢字によって文字化できない。

延慶本『平家物語』において、仮名で文字化されている語は、さまざまな理由、条件によって、延慶頃には文字化しにくかった語であろう。しかしそれでも日本語全体としては、次第に和語も漢字によって文字化していったと思われる。「漢字によって日本語がどのように文字化されていったか」をかなりな程度具体的にかつすっきりと述べることができれば、それはまさしく日本語についてのアナザーストーリーになるだろう。

漢字による和語の文字化が進んだ結果、一つの漢字列が漢語も和語もあらわすことができるという状態に至る。「易林本」節用集には「向後《キヤウコウ》《ユクヘ》」(キ部言辞門)、「首途《シユト》《カドデ》」(シ部言辞門)「饗應《モテナス》《キヤウヲウ》」(モ部言辞門)のように、漢字列の左右に振仮名が施されている見出しが少なからずある。あるいは『書言字考節用集』には、「應答《ヲウタフ》」(言辞門ヲ部)、「應答《アヒシラフ》」(言辞門ア部)のように、二つの部に見出しとなっている漢字列が少なからずある。「出レA」すなわちA部にも見出しとして出ている、という注記は、同じものがA部にもある、という認識を示しているとみるのがもっとも自然であろう。そうであるならば、その「同じもの」は「同じ漢字列」ということになる。ここには語ではなく、漢字列を見出しとしてとらえる「心性」が感じられる。

やはり、『節用集』の見出しは漢字列であると考えたい。「同じ漢字列」はある時には「アイシラウ」と発音する和語、ある時には「オウトウ」と発音する漢語を文字化したもので、漢字列は語を超えた言語単位といってもよい。そうみてよいのだとすれば、これは欧米流の言語学には存在しないみかたということになる。『書言字考節用集』を丁寧に読んでいくと、多くの見出しに右の「出ㇾA」という注記が附されている。そのことからすると『書言字考節用集』を編んだ人物はそうした「現象」を丁寧に示すことに意を用いていたことになる。漢字列を軸にした「連合関係」、連鎖のありさまを提示したかったようにみえる。『書言字考節用集』には現代日本語母語話者が作った索引がある。その索引は『書言字考節用集』の振仮名をいったん「歴史的かなづかい」(本書での古典かなづかい)になおし、それを五十音順に並べている。それはそれでごく一般的な索引である。しかし、同一の漢字列がどのようなところに双掲あるいは双掲を超えて複数のところにあるか、ということについてはこの索引からはわからない。そうしたことにも対応できるように索引をつくるとなると、複雑な索引になってしまうかもしれない。それがわかっていたからそうしなかった可能性はおおいにあるだろう。ただ、それでもなお、『書言字考節用集』を編んだ人物としては、「そこをみてほしい」と思っていたところがなおざりになっているように感じられなくもない。
「辞書をよむ」「テキストをよむ」という行為は、辞書やテキストの外にでて考えることを促すと同時に、辞書やテキストの内部に入って「寄り添う」気持ちをうみだす。テキストの外に出て、大きな枠組みの中で俯瞰、鳥瞰する、内部にはいりこんで、虫の目でテキストをとらえ、テキストの声を聞く、この二つの「方法」を繰り返すことによって、テキストに接近していく。初めから何らかの「物語」があるのではない。

言語を使うのは人間で、人間が言語を使うから言語が存在している。しかし、言語学は観察対象、分析対象を言語そのものに絞ることによって科学として成り立っているといわれる。観察対象、分析対象を言語そのものに絞るということは人間を観察・分析対象から排除するということである。

文字化を例にするならば、なぜそう文字化したか、は問わないということだ。「なぜ」は場合によっては「書き手」の心理にまでふみこむことになり、過剰な心理主義に陥ると現象を的確にとらえることができなくなる。したがって、筆者も基本的にはこうした「みかた」を採るが、言語を観察している人の存在は意識する必要があると考えている。つまり、あたかも言語が自律的《オートマティック》に動き、そうなっているように語られていても、やはりそこには現代の観察者、「語り手」がいるのだから、それはその観察者の「みかた・解釈」であることを意識する必要がつねにあると考える。

主観的に述べるな、客観的に述べよ、といわれる。しかし、「語り」はつねに「語り手」が語っているという点において、人間を離れることができない。つまり必ず主観的であることになる。「客観的」はむしろ、語りが主観的であることを意識することというべきではないか。本書においては、言語を使う人間、言語を観察する人間を意識するようにして記述を行なった。

「日本語の歴史」を観察することの起点は、一つ一つの文献・資料＝テキストを観察するところにある。一つ一つのテキストの観察においてわかったことを重ね合わせていくことによって、この時期の日本語の発音はこうであっただろうということがわかったり、この時期のこの漢語の語義はこのようにとらえられていただろうということがわかったりする。「わかる」といってもそれは、そのように推測できるということである。それは具体的な観察をもとにして抽象的な推測に至るということでもある。

本書は、できるだけ具体的なテキストを図として示すことをこころがけた。これまでの「日本語の歴史」についての本の多くは、すでにわかっている「抽象的な推測」を起点として語られていることが多い。それはそれでわかりやすい面もある。しかし、具体的なテキストはこういう「かたち」をもっているということを図で確認していただくことによって、そこに別な気づきがうまれる可能性はたかい。「よみなおし」は筆者が行なった「よみなおし」を述べることの謂いであると同時に、読者のみなさんの「よみなおし」でもある。

現在は、かつては容易にみることができなかったような文献・資料＝テキストの高精度な画像がインターネット上に公開されている。先にふれた天草版『平家物語』も近時、大英博物館が高精度画像を公開している。キリシタン版の研究は、かつては、海外に行って資料を実見した研究者が持ち帰った複写物、それに基づいた写真版によって行なわれていた。それはそうしたものを使える人のみに許されていたといってもよい。

いまは、インターネットに接続する環境があれば、誰でも天草版『平家物語』を見ることができる。本書ではできるだけ多くの文献・資料を図版として示すことを心がけたが、新書であるために、図版の大きさが十分ではない場合があるだろう。そうした場合には、その文献・資料名でインターネットを検索してみると画像が公開されていることが少なからずある。画像は拡大してみることができることが多い。実際のテキストでは小さくて読みにくい文字も画像を拡大することで判読できることもある。

本書が、「日本語の歴史」を読者のみなさん自身がよみなおし、みなおすきっかけに少しでもなってくれれば、筆者としてこんなに嬉しいことはない。そして、日本語において漢字は、語を写す文字であることをいわば超えて、日本語そのものと深くかかわっているということを知っていただくきっかけになれば嬉しい。

あとがき

二〇二二年の八月二十九日から九月二日まで、お茶の水女子大学で「日本語学特殊講義Ⅰ」の集中講義をする機会を与えられた。具体的には「文献からみた日本語の歴史」を講義名として、五日間話をした。勤務先以外の大学で集中講義をすることもこれからはあまりないかもしれないと思い、これまでにも編集担当をしてくださったことのある飯田建さんに、集中講義に参加してほしい旨を伝えたところ快諾してくださった。どうしてもはずせない仕事があった時以外、すべての講義をきいてくださり、昼休みには大学内の「シアトルエスプレスカフェ」で一緒に御飯を食べながら、講義のことについていろいろな話をした。講義がすべて終わって、新書にしましょう、という話になり、できあがったのが本書だ。

筆者が学生の頃、すなわち今から四十年以上前は、日本語の歴史について観察したり、分析・考察したりするにあたって、文献に依ることはわざわざ言うまでもないことだった。しかし現在においては必ずしもそうではない。

国立国語研究所では「現代日本語書き言葉均衡コーパス」「日本語話し言葉コーパス」など、

さまざまなコーパス（＝雑誌や新聞、文学作品など、自然言語の文章を大規模に集め、コンピュータを使ってさまざまな検索ができるように整理されたデータベース）を構築しているが、そうしたコーパスの中に「日本語歴史コーパス」も含まれている。こうしたコーパスを使って、日本語の通時的な考察をすることができるようになっている。あるいは「できるようになっている」ではなくて、日本語の通時的な観察はコーパスを使ってするものだ、という認識に近づいているかもしれない。

そうした時に「文献からみた」であるが、講義では、プロジェクターを使って、いろいろな文献の画像を教室で実際に見ながら、その時点で筆者が考えていることがどのようなかたちで文献にあらわれてきているかについて、かなり自由に話をさせてもらった。

二〇一九年にミシガン大学のヌーンレクチャーで話をするために、斯道文庫に蔵されている百二十句本『平家物語』を通読していた時に、漢語をあらわすことができる漢字列、すなわち漢語漢字列に施された振仮名は、単にその漢字列が文字化している和語を示しているだけではなく、漢語と和語とのバランスをとる機能があるのではないかと思った。その時から、日本語において漢字がはたしている「役割」という観点でいろいろな文献を観察するようになった。

そして、日本語においては、漢字は語をあらわす文字であることを超え、漢字列を軸とした「連合関係」が形成されることがあるのではないかと思うにいたり、そのことをテーマとした論文を書いた。それが日本言語学会編『言語研究』第一六四号に載せていただいた「日本語における漢字列」だ。

本書では、音声化されていない漢字列が機能しているということを「非ソシュール的」と呼んでいる。ソシュールは表音文字で文字化されている言語を観察対象としていたと思われるので、表意文字と表音文字とを併用する日本語の文字化において、ソシュール言語学にはないことがらが看取されるのではないかという予想は早くからされていたと思われるが、それをはっきりと指摘することは案外と難しい。本書の中には、そうした指摘の試みが含まれている。

正書法がない言語である日本語において、漢字がはたしている「役割」は多岐にわたりかつ深い。そしてそれはおもしろい。本書によって漢字のこれまでにない「顔」が少しでも紹介できていればと思う。

二〇二四年　啓蟄を過ぎた暖かな日に

今野真二

図版出典一覧

＊記載のない図版は筆者所蔵

図 1-1　パブリックドメイン
図 1-2　毎日新聞社国宝委員会編『国宝』第 1(上古，飛鳥・奈良時代，西魏・唐)本編，1963 年，毎日新聞社
図 1-3　森浩一『図説 日本の古代 5　古墳から伽藍へ』1990 年，中央公論社
図 1-4　奈良国立博物館所蔵
図 1-5　『万葉集 嘉暦伝承本』巻第 11，1941 年，竹柏会．国立国会図書館デジタルコレクション(https://dl.ndl.go.jp/pid/1143010)
図 1-7　橘忠兼編，前田育徳会尊経閣文庫編『色葉字類抄 1(尊経閣善本影印集成)』1999 年，八木書店
図 1-9　『一切経音義(古辞書音義集成)』1980-81 年，汲古書院
図 1-10　京都国立博物館所蔵．ColBase(https://colbase.nich.go.jp/)
図 1-11　佐佐木信綱，武田祐吉編『万葉集 西本願寺本』巻 19，1933 年，竹柏会．国立国会図書館デジタルコレクション(https://dl.ndl.go.jp/pid/1242478)

図 2-1　『平家物語 真字熱田本』1941 年，侯爵前田家育徳財団
図 2-2　京都大学文学部国語学国文学研究室編『平松家本平家物語』1988 年，清文堂出版
図 2-3　大取一馬責任編集，龍谷大学佛教文化研究所編『平家物語(龍谷大学善本叢書)』1993 年，思文閣出版
図 2-4　天理図書館善本叢書和書之部編集委員会編『平家物語 竹柏園本』1978 年，八木書店
図 2-5　『平家物語 延慶本』1982-83 年，汲古書院

図 3-1　名古屋大学附属図書館所蔵，岡谷文庫
図 3-4　富山市立図書館所蔵，山田孝雄文庫
図 3-5　慶應義塾大学附属研究所斯道文庫編『平家物語 百二十句本(斯道文庫古典叢刊)』1970 年，汲古書院
図 3-6　古代学協会・古代学研究所編『大島本源氏物語』1996 年，角川書店
図 3-7　清泉女子大学所蔵
図 3-8　梅野きみ子所蔵，椙山女学園大学デジタルライブラリー
図 3-9　法政大学図書館所蔵，古川久文庫．法政大学図書館デジタルアーカ

イブ
図 3-11　国立国語研究所所蔵
図 3-12　奈良国立博物館所蔵
図 3-13　和歌山県立博物館所蔵
図 3-21　国文学研究資料館所蔵
図 3-28　古典研究会編『唐話辞書類集 3』1970 年，汲古書院
図 3-30　国立公文書館所蔵
図 3-31　京都大学附属図書館所蔵，平松文庫

図 4-2　『京都大学人文科学研究所所蔵甲骨文字』(https://chise.zinbun.kyoto-u.ac.jp/koukotsu/)
図 4-3　パブリックドメイン
図 4-4　東京国立博物館所蔵．ColBase(https://colbase.nich.go.jp/)
図 4-5　関野香雲『篆刻入門』1958 年，沢書店．国立国会図書館デジタルコレクション(https://dl.ndl.go.jp/pid/2486307)
図 4-7　孫過庭『書譜 唐(中国法書選)』1988 年，二玄社
図 4-8　今野真二『図説 日本語の歴史』2015 年，河出書房新社
図 4-10　『唐開成石經』168，拓．国立国会図書館デジタルコレクション(https://dl.ndl.go.jp/pid/2552559)
図 4-13　『元暦校本万葉集』1986 年，勉誠社
図 4-14　前掲今野『図説 日本語の歴史』
図 4-15　『字鏡(世尊寺本．古辞書音義集成)』1980 年，汲古書院
図 4-16　『字鏡集 白河本(影印篇)』1977 年，勉誠社
図 4-19　『天正十八年本 節用集(東洋文庫叢刊)』1971 年，東洋文庫

今野真二
1958年神奈川県生まれ
1986年早稲田大学大学院博士課程後期退学
高知大学助教授を経て
現在—清泉女子大学教授
専攻—日本語学
著書—『仮名表記論攷』(清文堂出版，第30回金田一京助博士記念賞受賞)，『漢語辞書論攷』(港の人)，『日本語の考古学』(岩波新書)，『辞書からみた日本語の歴史』(ちくまプリマー新書)，『辞書をよむ』(平凡社新書)，『北原白秋　言葉の魔術師』(岩波新書)，『『日本国語大辞典』をよむ』(三省堂)，『言海の研究』(小野春菜との共著，武蔵野書院)，『日日是日本語』(岩波書店)，『『広辞苑』をよむ』(岩波新書)，『日本語の教養100』(河出新書)，『うつりゆく日本語をよむ』(岩波新書)，『日本とは何か』(みすず書房)，『横溝正史の日本語』(春陽堂書店) ほか

日本語と漢字—正書法がないことばの歴史
岩波新書(新赤版)2015

2024年4月19日　第1刷発行
2024年6月25日　第2刷発行

著　者　今野真二《こんのしんじ》

発行者　坂本政謙

発行所　株式会社 岩波書店
〒101-8002 東京都千代田区一ツ橋2-5-5
案内 03-5210-4000　営業部 03-5210-4111
https://www.iwanami.co.jp/

新書編集部 03-5210-4054
https://www.iwanami.co.jp/sin/

印刷・精興社　カバー・半七印刷　製本・中永製本

ISBN 978-4-00-432015-9　　Printed in Japan

岩波新書新赤版一〇〇〇点に際して

ひとつの時代が終わったと言われて久しい。だが、その先にいかなる時代を展望するのか、私たちはその輪郭すら描きえていない。二〇世紀から持ち越した課題の多くは、未だ解決の緒を見つけることのできないままであり、二一世紀が新たに招きよせた問題も少なくない。グローバル資本主義の浸透、憎悪の連鎖、暴力の応酬——世界は混沌として深い不安の只中にある。

現代社会においては変化が常態となり、速さと新しさに絶対的な価値が与えられた。消費社会の深化と情報技術の革命は、種々の境界を無くし、人々の生活やコミュニケーションの様式を根底から変容させてきた。ライフスタイルは多様化し、一面では個人の生き方をそれぞれが選びとる時代が始まっている。同時に、新たな格差が生まれ、様々な次元での亀裂や分断が深まっている。社会や歴史に対する意識が揺らぎ、普遍的な理念に対する根本的な懐疑や、現実を変えることへの無力感がひそかに根を張りつつある。そして生きることに誰もが困難を覚える時代が到来している。

しかし、日常生活のそれぞれの場で、自由と民主主義を獲得し実践することを通じて、私たち自身がそうした閉塞を乗り超え、希望の時代の幕開けを告げてゆくことは不可能ではあるまい。そのために、いま求められていること——それは、個と個の間で開かれた対話を積み重ねながら、人間らしく生きることの条件について一人ひとりが粘り強く思考することではないか。その営みの糧となるものが、教養に外ならないと私たちは考える。歴史とは何か、よく生きるとはいかなることか、世界そして人間はどこへ向かうべきなのか——こうした根源的な問いとの格闘が、文化と知の厚みを作り出し、個人と社会を支える基盤としての教養となった。まさにそのような教養への道案内こそ、岩波新書が創刊以来、追求してきたことである。

岩波新書は、日中戦争下の一九三八年一一月に赤版として創刊された。創刊の辞は、道義の精神に則らない日本の行動を憂慮し、批判的精神と良心的行動の欠如を戒めつつ、現代人の現代的教養を刊行の目的とする、と謳っている。以後、青版、黄版、新赤版と装いを改めながら、合計二五〇〇点余りを世に問うてきた。そして、いままた新赤版が一〇〇〇点を迎えたのを機に、人間の理性と良心への信頼を再確認し、それに裏打ちされた文化を培っていく決意を込めて、新しい装丁のもとに再出発したいと思う。一冊一冊から吹き出す新風が一人でも多くの読者の許に届くこと、そして希望ある時代への想像力を豊かにかき立てることを切に願う。

（二〇〇六年四月）

言語

優しいコミュニケーション	村田和代
うつりゆく日本語をよむ	今野真二
英語独習法	今井むつみ
『広辞苑』をよむ	今野真二
60歳からの外国語修行 メキシコに学ぶ	青山南
やさしい日本語	庵功雄
世界の名前◆	岩波書店辞典編集部編
英語学習は早いほど良いのか	バトラー後藤裕子
ものの言いかた西東	小林隆 澤村美幸
日本語スケッチ帳	田中章夫
日本語の考古学	今野真二
辞書の仕事◆	増井元
実践 日本人の英語	マーク・ピーターセン
ことばの力学	白井恭弘
百年前の日本語◆	今野真二
女ことばと日本語	中村桃子
テレビの日本語	加藤昌男
日本語雑記帳◆	田中章夫
英語で話すヒント◆	小松達也
仏教漢語50話	興膳宏
語感トレーニング◆	中村明
日本語の古典	山口仲美
ことばと思考	今井むつみ
漢文と東アジア	金文京
外国語学習の科学	白井恭弘
日本語の源流を求めて	大野晋
英文の読み方	行方昭夫
ことば遊びの楽しみ	阿刀田高
日本語の歴史	山口仲美
日本の漢字	笹原宏之
ことばの由来◆	堀井令以知
コミュニケーション力	齋藤孝
漢字と中国人	大島正二
日本語の教室	大野晋
伝わる英語表現法	長部三郎
日本人はなぜ英語ができないか	鈴木孝夫
心にとどく英語	マーク・ピーターセン
日本語練習帳	大野晋
翻訳と日本の近代	丸山真男 加藤周一
日本語ウォッチング	井上史雄
教養としての言語学	鈴木孝夫
日本語の起源〔新版〕	大野晋
日本人の英語 続	マーク・ピーターセン
日本語と外国語	鈴木孝夫
日本人の英語	マーク・ピーターセン
日本語〔新版〕上・下	金田一春彦
ことばの道草	岩波書店辞典編集部編
日本語の構造	中島文雄
ことばとイメージ	川本茂雄
外国語上達法	千野栄一
記号論への招待	池上嘉彦
翻訳語成立事情	柳父章
ことばと国家	田中克彦
日本語の文法を考える	大野晋

文学

- 川端康成 孤独を駆ける　十重田裕一
- いちにち、古典 〈とき〉をめぐる日本文学誌　田中貴子
- 芭蕉のあそび　深沢眞二
- 森鷗外 学芸の散歩者　中島国彦
- 万葉集に出会う　大谷雅夫
- 大岡信 架橋する詩人　大井浩一
- 源氏物語を読む　高木和子
- 『失われた時を求めて』への招待　吉川一義
- 三島由紀夫 悲劇への欲動　佐藤秀明
- 有島武郎　荒木優太
- ジョージ・オーウェル　川端康雄
- 大岡信『折々のうた』選 詩と歌謡　蜂飼耳編
- 大岡信『折々のうた』選 短歌(一)・(二)　水原紫苑編
- 大岡信『折々のうた』選 俳句(一)・(二)　長谷川櫂編
- 日曜俳句入門　吉竹純
- 短篇小説講義〔増補版〕　筒井康隆
- 日本の同時代小説　斎藤美奈子
- 武蔵野をよむ　赤坂憲雄
- 中原中也 沈黙の音楽　佐々木幹郎
- 戦争をよむ 70冊の小説案内　中川成美
- 夏目漱石と西田幾多郎　小林敏明
- 『レ・ミゼラブル』の世界　西永良成
- 北原白秋 言葉の魔術師　今野真二
- 漱石のこころ　赤木昭夫
- 夏目漱石　十川信介
- 村上春樹は、むずかしい◆　加藤典洋
- 「私」をつくる 近代小説の試み　安藤宏
- 現代秀歌　永田和宏
- 言葉と歩く日記　多和田葉子
- 近代秀歌　永田和宏
- 杜甫　川合康三
- 古典力　齋藤孝
- 和本のすすめ　中野三敏
- 老いの歌　小高賢
- 魯迅◆　藤井省三
- ラテンアメリカ十大小説　木村榮一
- 正岡子規 言葉と生きる　坪内稔典
- 白楽天　川合康三
- ぼくらの言葉塾　ねじめ正一
- 季語の誕生　宮坂静生
- 和歌とは何か　渡部泰明
- 小林多喜二　ノーマ・フィールド
- いくさ物語の世界　日下力
- 漱石 母に愛されなかった子　三浦雅士
- アラビアンナイト　西尾哲夫
- 小説の読み書き　佐藤正午
- 季語集◆　坪内稔典
- 学力を育てる　志水宏吉
- 森鷗外 文化の翻訳者　長島要一
- 英語でよむ万葉集◆　リービ英雄
- 源氏物語の世界　日向一雅

岩波新書より

花のある暮らし　栗田勇
読書力　齋藤孝
一億三千万人のための小説教室　高橋源一郎
一葉の四季　森まゆみ
西遊記　中野美代子
中国文章家列伝　井波律子
太宰治　細谷博
ジェイムズ・ジョイスの謎を解く　柳瀬尚紀
三国志演義　井波律子
短歌をよむ　俵万智
新しい文学のために　大江健三郎
歌い来しかた　わが短歌戦後史　近藤芳美
万葉群像　北山茂夫
新折々のうた　1〜9◆　大岡信
続折々のうた　大岡信
詩への架橋　大岡信
アメリカ感情旅行　安岡章太郎
読書論　小泉信三

黄表紙・洒落本の世界　水野稔
詩の中にめざめる日本　真壁仁編
日本の現代小説　中村光夫
日本の近代小説　中村光夫
平家物語◆　石母田正
源氏物語　秋山虔
古事記の世界◆　西郷信綱
日本文学の古典〔第二版〕◆　西郷信綱・永積安明・広末保
李白　A・ウェイリー　小川環樹・栗山稔訳
新唐詩選　吉川幸次郎・三好達治
中国文学講話　倉石武四郎
ギリシア神話◆　高津春繁
文学入門　桑原武夫
万葉秀歌　上・下　斎藤茂吉

岩波新書より

日本史

読み書きの日本史　八鍬友広
日本中世の民衆世界　三枝暁子
森と木と建築の日本史　海野 聡
幕末社会　須田 努
江戸の学びと思想家たち　辻本雅史
上杉鷹山 「富国安民」の政治　小関悠一郎
藤原定家『明月記』の世界　村井康彦
性からよむ江戸時代　沢山美果子
景観からよむ日本の歴史　金田章裕
律令国家と隋唐文明　大津 透
伊勢神宮と斎宮　西宮秀紀
百姓一揆　若尾政希
給食の歴史　藤原辰史
大化改新を考える　吉村武彦
江戸東京の明治維新　横山百合子
戦国大名と分国法　清水克行

東大寺のなりたち　森本公誠
武士の日本史　髙橋昌明
五日市憲法　新井勝紘
後醍醐天皇　兵藤裕己
茶と琉球人　武井弘一
近代日本一五〇年　山本義隆
語る歴史、聞く歴史　大門正克
義経伝説と為朝伝説 日本史の北と南　原田信男
出羽三山 山岳信仰の歴史を歩く　岩鼻通明
日本の歴史を旅する　五味文彦
一茶の相続争い　高橋 敏
鏡が語る古代史　岡村秀典
日本の近代とは何であったか　三谷太一郎
戦国と宗教　神田千里
古代出雲を歩く　平野芳英
自由民権運動 〈デモクラシー〉の夢と挫折　松沢裕作
風土記の世界　三浦佑之

京都の歴史を歩く　小林丈広・高木博志・三枝暁子
蘇我氏の古代　吉村武彦
昭和史のかたち◆　保阪正康
「昭和天皇実録」を読む　原 武史
生きて帰ってきた男　小熊英二
遺骨 戦没者三一〇万人の戦後史　栗原俊雄
在日朝鮮人 歴史と現在　水野直樹・文 京洙
京都〈千年の都〉の歴史　髙橋昌明
唐物の文化史◆　河添房江
小林一茶 時代を詠んだ俳諧師　青木美智男
信長の城　千田嘉博
出雲と大和　村井康彦
女帝の古代日本◆　吉村武彦
コロニアリズムと文化財　荒井信一
特高警察　荻野富士夫
古代国家はいつ成立したか　都出比呂志
渋沢栄一 社会企業家の先駆者　島田昌和

岩波新書/最新刊から

2010 〈一人前〉と戦後社会
―対等を求めて―
禹宗杬・沼尻晃伸 著
弱い者が〈一人前〉として、他者と対等にふるまうことで社会を動かしてきた。私たちの原動力を取り戻す方法を歴史のなかに探る。

2011 魔女狩りのヨーロッパ史
池上俊一 著
ヨーロッパ文明が光を放ち始めた一五～一八世紀、魔女狩りという闇が口を開いたのはなぜか。進展著しい研究をふまえ本質に迫る。

2012 ピアノトリオ
―モダンジャズへの入り口―
マイク・モラスキー 著
日本のジャズ界でも人気のピアノトリオ。エヴァンスなどの名盤を取り上げながら、その歴史を紐解き、具体的な魅力、聴き方を語る。

2013 スタートアップとは何か
―経済活性化への処方箋―
加藤雅俊 著
経済活性化への期待を担うスタートアップ。アカデミックな知見に基づきその実態を見定め、「挑戦者」への適切な支援を考える。

2014 罪を犯した人々を支える
―刑事司法と福祉のはざまで―
藤原正範 著
「凶悪な犯罪者」からはほど遠い、社会復帰のために支援を必要とするリアルな姿。司法と福祉の溝を社会はどう乗り越えるのか。

2015 日本語と漢字
―正書法がないことばの歴史―
今野真二 著
漢字は単なる文字であることを超えて、日本語に影響を与えつづけてきた。さまざまなかたちから探る、「変わらないもの」の歴史。

2016 頼山陽
―詩魂と史眼―
揖斐高 著
詩人の魂と歴史家の眼を兼ね備えた稀有な文人の生涯を、江戸後期の文事と時代状況のなかに活写することで、全体像に迫る評伝。

2017 ひらがなの世界
―文字が生む美意識―
石川九楊 著
ひらがな＝女手という大河を遡ってその源流を探り、「つながる文字」の本質に迫る。貫之の名品から顔文字、そしてアニメまで。

(2024. 6)